AF546514

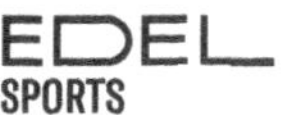

DAS PHÄNOMEN DJOKOVIC

MARK HODGKINSON

AUF DER SUCHE NACH NOVAK

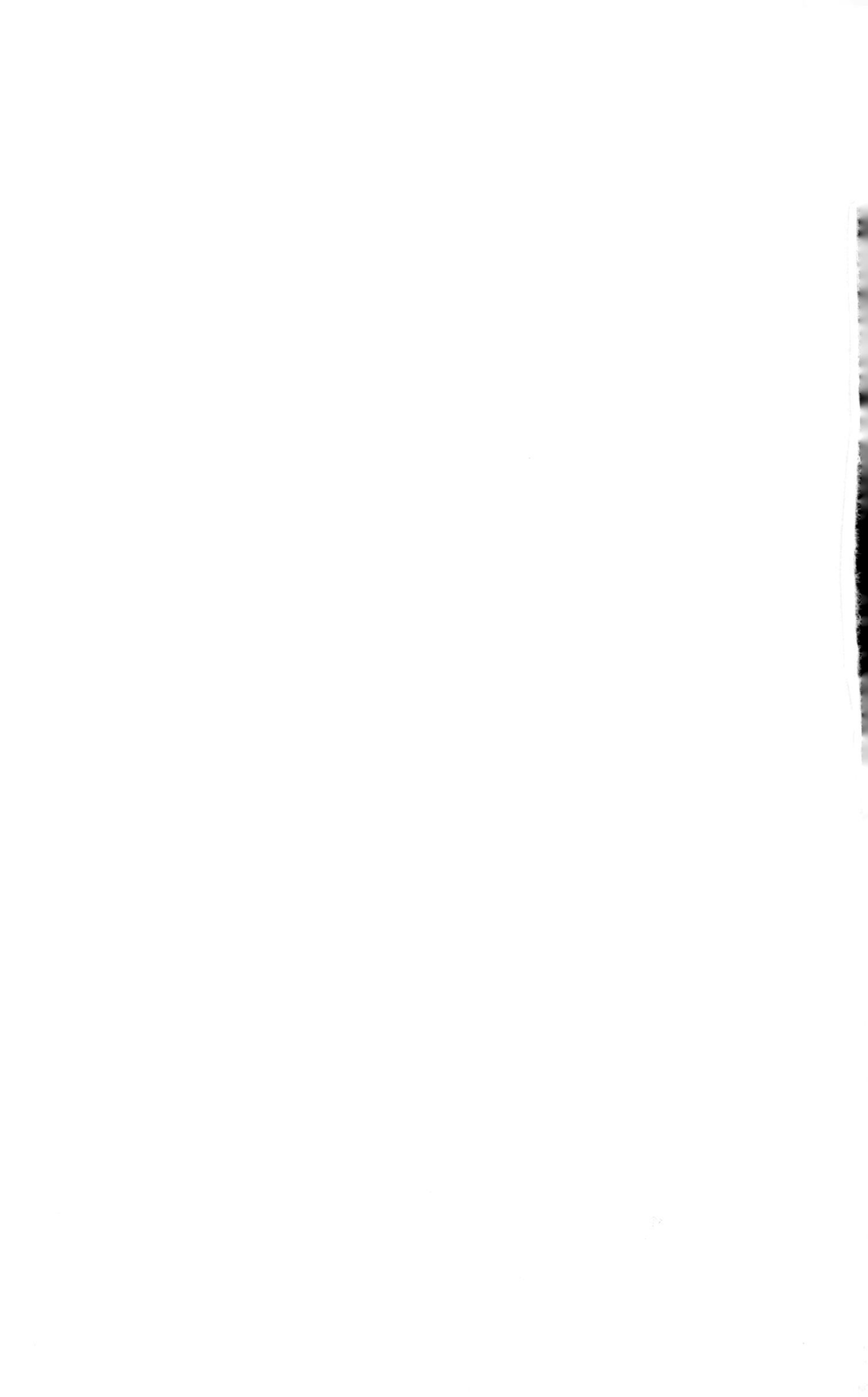

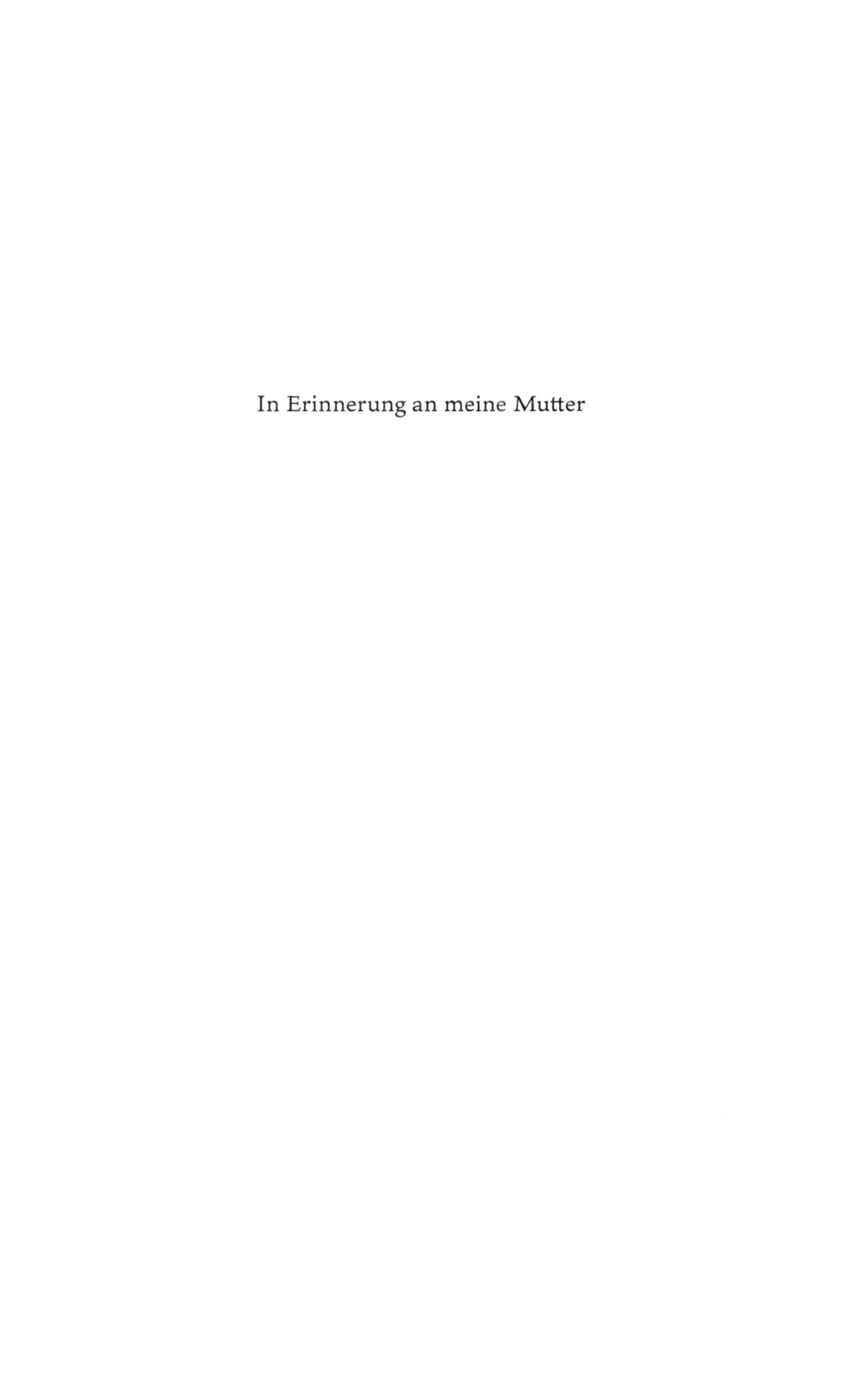

In Erinnerung an meine Mutter

INHALT

EINLEITUNG

Dezent ist es nicht gerade, aber wer bucht schon einen Tisch im Novak-Restaurant, wenn er Bescheidenheit erwartet. In einer glorreichen Endlosschleife der Tennis-Nostalgie – oder auch Novalgie – werden auf den Monitoren an den Wänden frühere Matches und Novaks beste Ballwechsel abgespielt. Novak Djokovic empfiehlt natürlich, während des Essens nicht fernzusehen, da das unsere Nahrung schlechten Emotionen aussetzen könnte, aber für sein eigenes Restaurant in Belgrad macht er eine Ausnahme: Hier gibt es ohnehin nur gute Vibes.

Wenn man das Restaurant betritt, kommt man am Djokovic-Wasserspiel vorbei und wird am Kopf der Treppe von einer überdimensionierten Statue des Tennisspielers als Terrakotta-Krieger empfangen – teilnahmslos und irgendwie auch allwissend und unerschütterlich – und erst dann vom Oberkellner. Alles hier sprengt den Rahmen – warum auch nicht? –, sogar die riesigen Vitrinen mit einigen von Djokovics Trophäen. Auf dem Weg zum Tisch sticht ein gerahmter Motivationsspruch ins Auge: „Make it happen!" Er ist von brennenden Kerzen umgeben, die den Worten etwas Sakrales verleihen. An anderer Stelle prangt eine Art metallene 3-D-Skulptur seines Logos. Fast jeder Fleck an der Wand, der nicht von Bildschirmen eingenommen wird, ist mit Fotografien von Djokovic bedeckt, wie er Bälle schlägt und Pokale in die Höhe hält.

Eine Säule ist mit Hunderten von alten Tennisbällen befüllt, von denen er vielleicht sogar einige selbst gedroschen hat. Als bildeten all die Mühen und der Schweiß des Tennisplatzes das Fundament dieses Restaurants. Es gibt sogar ein grelles, fast psychedelisches Kunstwerk, das Djokovic als kleines Kind zeigt, einen Schläger schwingend – eine Erinnerung daran, wie alles begann. Wer es noch nicht bemerkt hat: Wir sind in Novak Djokovics Welt eingetaucht (in der es auch glutenfreie Alternativen gibt).

Wenn Sie also gerade in Belgrad gelandet und auf der Suche nach Djokovic sind, wenn Sie besser verstehen möchten, wer er ist und wie er tickt, dann eignet sich das Novak-Restaurant besonders gut als Einstieg. Frisch aus dem Flieger, beginnt man die mit Tennisbällen verzierte Speisekarte zu psychoanalysieren. Wie schmeckt Erfolg? Das ist die Frage, die dieses Restaurant geben will. Aber wenn man hier sitzt und Pilzrisotto, Tomatensalat und ein Stück Novak-Tarte verspeist, während man von den bewegten und unbewegten Bildern des Spielers umgeben ist, fragt man sich schon: Wer ist hier eigentlich in wessen Kopf? Es dürfte auf der Welt kaum ein zweites Restaurant geben, das eine Person des öffentlichen Lebens auf eine solch umfassende, multimediale Art und Weise feiert, geschweige denn eines, das sich im Besitz eines Spitzensportlers und dessen Familie befindet. Das alles ist weder abfällig noch bissig gemeint. Es ist ein lustiger, fröhlicher Ort, das Essen ist gut, und falls Sie sich je in Belgrad aufhalten, sollten Sie hingehen. Das Novak-Restaurant ist aber auch – auf gute Art – ziemlich überwältigend. Es ist viel mehr, als man sich vorstellen kann. Aber das gilt für fast jeden Aspekt von Djokovics Leben.

Djokovic ist der erfolgreichste Tennisspieler aller Zeiten. Er ist der GOAT, der Greatest of All Time. Das an sich ist schon interessant. Noch fesselnder ist, wie er diese Größe erreicht hat: von den Bomben und Entbehrungen seiner Jugend über Erfahrungen jüngeren Datums, wie zum Beispiel das „Gefängnis" in Melbourne, bis hin zu all den psychologischen Kämpfen, die mit dem Streben nach großen Erfolgen einhergehen. Hinzu kommt, dass Djokovic der neugierigste, unkonventionellste und progressivste aller Tennisspieler ist. Ja,

Djokovic kann rutschen und mit mehr Flexibilität und Elan in den Spagat gehen als jeder andere Spieler. Auch gibt es niemanden, der Aufschläge so perfekt retourniert wie er, was er teils den Beatles zu verdanken hat (dazu später mehr). Und doch ist das Faszinierendste an ihm nicht, wie er sich bewegt oder wie er den Ball schlägt, sondern wie er denkt. Er ist der originellste Kopf im Tennis, womöglich sogar in allen Sportarten.

Vielleicht sind Sie bereits ein riesiger Djokovic-Fan und Teil der #NoleFam. Oder nicht, finden ihn aber dennoch faszinierend. Wo auch immer Sie ansetzen, wenn Sie das moderne Tennis mit all seinen Psychodramen wirklich schätzen und begreifen möchten, müssen Sie einen Blick in Novaks Kopf werfen. Sich auf die Suche nach Novak zu begeben, bedeutet, so tief wie möglich in seine Psyche einzutauchen.

DAS GOLDKIND

Tief in Novak Djokovics Luftschutzkeller hinabzusteigen – jenen Ort, an dem er während der Nato-Bombardierungen im Jahr 1999 viele Nächte verbrachte –, fühlt sich an, als würde man in jugoslawischen Beton hinabsteigen. Niedrige Decken, feuchte, fleckige Wände, die erdrückend wirken – selbst die Luft, die hier unten Mangelware ist, riecht schwach nach Beton. Man hat schon oft von der Belgrader Betonlandschaft gehört oder von zubetonierten Stadtteilen. Aber nichts bereitet einen auf das Grau und die Strenge dieses Bunkers vor, der sich ein paar Kilometer südlich des Stadtzentrums unter einem brutalistischen Wohnblock im Banjica-Viertel befindet.

Es ist aber nicht nur der kalte, raue, unversöhnliche Beton, der mehr als irritierend wirkt. Man stellt sich vor, wie sich Djokovic und all die anderen Menschen in diesem Bunker gefühlt haben mögen, und hat das Gefühl, dass es immer noch ein Ort der Angst, Verwirrung und aufsteigenden Wut ist, als ob der Beton um einen herum diese Emotionen aufgesaugt hätte und sie nun daraus abstrahlten.

Für Djokovic, der elf Jahre alt war, als die Nato-Flugzeuge begannen, Serbien zu bombardieren, ist das der Ort, an dem er Angst und Schrecken empfand, wo er „emotional verstört" war, weil er nicht wusste, was ihn, seine beiden jüngeren Brüder Marko und Djordje und seine Eltern Srdjan und Dijana erwartete. Dies war der sicherste Ort in der Umgebung, ursprünglich errichtet als Atombunker. Um in das Herz des Bunkers zu gelangen, muss man eine Stahltür in der Farbe von frischem, sauerstoffreichem Blut passieren, eine Betontreppe hinabsteigen und zwei Stahltüren öffnen, deren dickere etwa dreißig Zentimeter stark ist – eine Tür, wie man sie sich in einem Banktresor oder U-Boot vorstellt. Die Menschen verschlossen die Türen hinter sich und riegelten sich hermetisch ab, indem sie an den riesigen Rädern drehten, um sich vor Explosionen und Feuer zu schützen.

Aber selbst hier drinnen, in diesen angeblich bomben- und feuersicheren Räumen, wussten sie, dass sie nirgendwo absolut sicher waren, dass selbst ein Atombunker nicht vor einem direkten Treffer schützte. In der fast vollkommenen Dunkelheit starrte Djokovic in das Gesicht seiner Mutter, um zu verstehen, was er fühlen sollte – wenn sie ängstlich aussah, und das tat sie meist, wusste er, dass auch er Angst haben musste.

Versteckt und verewigt in Beton, sieht der Keller noch fast genauso aus wie in den 1990er-Jahren, es ist eine Zeitkapsel, die einen in die Zeit zurückversetzt, in der Djokovic ein verängstigtes, verwirrtes Kind war inmitten vieler anderer verängstigter, desorientierter Kinder und auch Erwachsener. In eine Zeit, in der er auf Tiefflieger horchte, die Löcher in den Belgrader Nachthimmel zu reißen schienen, und dann den verheerenden, endlosen Donner der Bomben und Raketen erleben musste (der zwar durch den Beton gedämpft wurde, was jedoch die Angst der Schutzsuchenden in diesen langen, schrecklichen Nächten nicht minderte).

Wenn man den Bunker betritt, hat man das Gefühl, Djokovic näher zu sein, ihn besser zu verstehen. Der Bunker besteht aus einer Abfolge von kleinen Räumen und düsteren Ecken, und während man herumläuft und sich durch die Spinnweben kämpft, wird einem klar, dass das kein Ort ist, den Djokovics ehemalige Nachbarn oder die neuen Bewohner allzu oft aufsuchen dürften. Er ist selbst nur ein paarmal zurückkehrt, um sich genau daran zu erinnern, wie der Bunker aussieht; was er aber nie vergessen wird, ist die Intensität seiner Emotionen und wie es sich anfühlte, dort unten zu sein.

Alte Sessel und ein paar Korbstühle stehen verstreut herum; wahrscheinlich schon seit 1999. Der Müll auf den Tischen und am Boden dürfte ebenfalls ein Vierteljahrhundert alt sein. Nackte Glühbirnen baumeln von den Decken und verbreiten ein diffuses, chemisch-gelbes Licht, das kaum die Dunkelheit zu durchdringen vermag. Ein Nachbar, der den Keller aufgeschlossen hat, sagt, der einzige Unterschied zwischen damals und heute ist, dass 1999 Matratzen auf dem Boden lagen. Dort fror Djokovic unter einer Decke, als Belgrad eine grausame Premiere erlebte und als erste europäische Hauptstadt von der Nato bombardiert wurde, um den Rückzug des serbischen Militärs aus dem Kosovo zu erzwingen.

Djokovic war, um es in seinen ernüchternden Worten zu sagen, „von Tod umgeben“. Außerhalb des Bunkers, so erinnert er sich, „glühte Belgrad wie eine reife Mandarine“. Die Stadt war entweder verdunkelt oder von Nato-Kampfjets erleuchtet, dazwischen gab es nichts. In 78 aufeinanderfolgenden Nächten kamen die Flugzeuge und warfen ihre Bomben ab. Sobald die Sirenen ertönten, drängte die Familie in den Bunker im Keller des Wohnhauses seines Großvaters Vladimir. Zu Beginn der Bombardierung wohnten Djokovic, seine Brüder und seine Eltern etwa 200 Meter entfernt in einem Gebäude ohne Schutzraum und mussten sich ihren Weg durch die Dunkelheit, das Chaos und den Lärm bahnen.

Laut Novaks Vater, Srdjan Djokovic, löste eine solche Situation im Frühjahr 1999 bei seinem Sohn ein lebenslanges Trauma aus. Am erschütterndsten für Djokovic war eine Nacht in der ersten Woche der Bombardierung, als gegen drei Uhr morgens die Geräusche von Explosionen und berstendem Glas die Familie aus dem Schlaf rissen. Seine Mutter sprang auf, schlug mit dem Kopf gegen einen Heizkörper und wurde ohnmächtig. Eine gefühlte Ewigkeit, vielleicht aber auch nur ein paar Sekunden, lag sie bewusstlos auf dem Boden. Alle drei Kinder weinten. Als Dijana wieder zu sich kam, brachen sie zum Luftschutzbunker auf, konnten jedoch kaum etwas sehen – die Beleuchtung war ausgefallen, und die Straßen waren voller Rauch. Der Lärm der Flieger und der Detonationen war so enorm, dass sie einander nicht hören konnten, selbst wenn sie sich in die Ohren schrien.

Überwältigt und voller Panik stürzte Djokovic zu Boden, und als er mit aufgeschürften Händen und Knien dalag, blickte er auf und sah ein stählernes graues Dreieck „über den Himmel rasen"; einen F-117-Tarnkappenbomber, wie ihm später bewusst wurde. Dieses Bild ist ihm für immer im Gedächtnis geblieben: ein todbringendes Dreieck, das aus dem Nichts kommt und Bomben auf ein wenige Blocks entferntes Krankenhaus abwirft. Der horizontal gelagerte Bau hatte sich in ein „riesiges, mit Feuer gefülltes Sandwich" verwandelt. Djokovic dachte, er würde sterben. Einen Moment später war der Bomber verschwunden, und die Familie lief weiter zum Bunker. Sosehr sich Djokovic heute bei einem gewonnenen Punkt nach dem Jubel der Menge sehnt, so sehr fürchtet er sich immer noch vor plötzlichen, lauten Geräuschen. Wenn ein Feueralarm losgeht, kann es passieren, dass er vor Schreck aufspringt.

Um näher am Bunker zu sein, zog die fünfköpfige Familie in die Zweizimmerwohnung im ersten Stock des großväterlichen Hauses, die sowohl über eine normale Eingangstür als auch über eine schützende Gittertür verfügte. Außerhalb des Bunkers wurden die Straßen von Explosionen erschüttert; drinnen zitterten die Kinder vor Angst.

Zumindest in den ersten Nächten. Danach verschob sich etwas. Die Familien im Bunker fanden sich allmählich mit ihrer neuen Realität ab, und da sie nun einmal hier unten sein würden, konnten sie genauso gut versuchen, sich abzulenken. Dicht gedrängt – Djokovic schätzt, dass sich etwa 50 Wohnungen in dem Gebäude befanden, sodass jeder Zentimeter Betonboden besetzt war – spielten die Bewohner Karten, sangen oder spielten Monopoly, Risiko und andere Brettspiele. Eine Normalität, die nur vorgetäuscht war, und doch wurden an diesem äußerst unbehaglichen Ort starke, lebenslange Bindungen geknüpft: In dieser Zeit lernte Djokovic einen gleichaltrigen Jungen kennen, Neven Markovic, der ebenfalls im ersten Stock des Gebäudes wohnte. Markovic, inzwischen ehemaliger Profifußballer, Trauzeuge von Djokovic und Jelena Ristic, ist bis heute einer der engsten Freunde des Tennisspielers.

Schon nach ein paar Minuten im Keller sehnt man sich nach Luft und Tageslicht. Allein die Vorstellung, Nacht für Nacht in diesen Bunker zurückkehren zu müssen, ist grauenhaft. Draußen setzen Wandgemälde mit Darstellungen von Djokovic ein paar Highlights in dem grauen Viertel. Hinter dem ehemaligen Zuhause der Familie befindet sich ein Bild von ihm und seinem Großvater auf der einen Seite, auf der anderen eines von seiner ersten Trainerin, Jelena Gencic. Wenn man den betonierten Bolzplatz passiert, auf dem Djokovic als Kind Tennisbälle schlug, stößt man auf ein weiteres Gemälde, darauf steht in serbischer Sprache: „Auf Gott vertrauen wir." Ein Nachbar weist auf einen Fehler in dem Bild hin, da es Djokovic beim Schlagen einer Linkshänder-Rückhand zeigt, aber das schmälert kaum die Kraft des Gemäldes und seiner Aussage für die Menschen in Banjica: Einer der Ihren hat es auf die Weltbühne geschafft.

Einige Jugendliche, die sich in der Nähe von Djokovics einstigem Wohnblock die Zeit vertreiben, sprechen in höchsten Tönen von ihm – ihre Großmütter informieren sie immer, wenn seine Matches im Fernsehen laufen, damit sie es sich auch ansehen –, aber weniger wegen seiner sportlichen Leistungen als wegen seiner Großzügigkeit. Sie erzählen davon, wie viel Geld er der Schule vor Ort gespendet hat, um das Nötige zu kaufen, und wie er, wenn er in der Stadt war, die Zeit gefunden hat, den

Siegern eines Fußballturniers, das auf den Betonplätzen ausgetragen wurde, ihre Trophäen zu überreichen. Trotz der Schrecken, die Djokovic in Banjica erleben musste, sind auch schöne Erinnerungen geblieben, zum Beispiel, wie er mit seinen Freunden im Freien Fußball spielte (obwohl er sich so oft die Knie auf dem Betonplatz aufgeschürft hat, dass er bis heute kaum glauben kann, dass sie überhaupt heil geblieben sind), wobei manchmal versehentlich eine Fensterscheibe in der Erdgeschosswohnung zu Bruch ging und sie schnell das Weite suchen mussten.

Doch das Trauma bleibt. Auf der Rückfahrt ins Zentrum von Belgrad kommt man an einem alten Militärgebäude vorbei, das 1999 zerbombt und nicht wieder aufgebaut wurde. In dieser Stadt muss man nicht lange suchen, um die Narben des Krieges zu sehen. Aber wie Djokovic wollen die meisten hier die Vergangenheit hinter sich lassen.

Über Jahre nagte die Wut an Djokovic. Er empfand die Bombardierung von 1999 als „ultimative Grausamkeit“, und wie viele andere Serben war er voller Zorn, ja Rachegedanken. Bis ins Erwachsenenalter spürte er diese Wut in sich. Er konnte nicht verstehen, warum sich die Nato-Staaten zusammengeschlossen hatten, um ein so kleines Land zu bombardieren, warum sie Bomben auf diese, wie er sagt, hilflosen Menschen auf der Straße abwarfen. „Die Narben dieses Gefühls, dieser Wut, sind bis heute in uns allen gegenwärtig“, sagte Djokovic einmal. Zu Beginn seiner Karriere nutzte er diese Wut als Treibstoff, der ihm auf der Tour einigen Erfolg bescherte. Auch wenn er in Hass und Wut „feststeckte“, wie er sagte, hatte er das Gefühl, sie zumindest zu seinem Vorteil genutzt zu haben. Er spielte mit Wut im Bauch, und diese Wut brachte ihn voran.

Mit der Zeit musste Djokovic jedoch einsehen, dass Gefühle wie „Hass, Rache und Verrat“ auch belasten und bremsen können, beruflich wie privat. Er wollte diese Gefühle loswerden. Für Djokovic passt das Gleichnis von der Schlange und der

Säge zu seiner Erkenntnis, dass man sich mit seiner Wut nur selbst schadet. Als sich die Schlange versehentlich an einer Säge verletzt, glaubt sie, das Werkzeug hätte sie angegriffen, und windet sich wütend und rachsüchtig darum herum, woraufhin sie verblutet.

Djokovic ist bewusst, dass das serbische Volk in sehr unterschiedlicher Weise von Leid und Trauma heimgesucht wurde. Seine Familie hatte noch Glück, weil sie im Unterschied zu vielen anderen weder ihr Zuhause noch enge Freunde oder Familienmitglieder verloren hat. In den Zeitungen wurden seinerzeit Listen mit den Namen der Toten abgedruckt, von denen seine Eltern einige kannten. Den Schmerz derer, die Verwandte oder Freunde auf diesen Listen entdeckten, mochte er sich kaum vorstellen. Obwohl Djokovic die Nato-Bombardierungen, den Tod und die Verwüstung, die sie über sein Land brachten, nie vergessen wird und die „Fuck Nato"-Graffiti in Belgrad gesehen haben dürfte, entschied er sich zu vergeben. Es war eine bewusste Entscheidung, an sich zu arbeiten und mit seinen Gefühlen und seiner Wut umzugehen. Djokovic wollte nicht mehr von Wut angetrieben werden, sondern von Liebe, denn „Liebe ist Vergebung".

Das war nicht einfach, aber Djokovic hat einen offenen Geist – worauf wir später genauer eingehen werden – und sagt selbst, dass er sein Herz öffnen wollte. „Novak hat gelernt zu vergeben und ist wahrscheinlich früher zu dieser Einsicht gelangt als andere", sagt Dusan Vemic, der Djokovic kennt, seit der zukünftige Tennisstar sechs oder sieben Jahre alt war, und ihn später auf der ATP-Tour trainierte. „Novak ist ein Mensch, der sich immer weiterentwickelt und dazulernt. Er möchte über sich hinauswachsen und erforscht das Leben unermüdlich. Er ist an einem Punkt in seinem Leben, wo er versucht, die Entscheidungen anderer Menschen zu verstehen, sich in sie hineinzuversetzen und so rational wie möglich zu sein."

Die Überwindung der Wut habe Djokovic geholfen, ein stärkerer Mensch zu werden, sagte die Serbin Jelena Jankovic, eine ehemalige Weltranglistenerste im Dameneinzel. „Als Nation ist man wütend, wenn man von jemandem bombardiert wird. Das ist beängstigend. Aber wir normalen Menschen können nichts dagegen tun“, sagte sie. „Doch sobald man diese Angst überwunden hat, wird man als Person stärker und versucht, sein Bestes zu geben, um sich seinen Lebensunterhalt zu verdienen und sich einen Namen zu machen.“

Djokovics Glaube als orthodoxer Christ habe ihm geholfen zu verzeihen, meint sein Jugendtrainer Bogdan Obradovic, der ihn kennt, seit er zehn Jahre alt war. „Das ist Novaks Philosophie, die nicht nur ihn, sondern auch viele andere orthodoxe Serben prägt“, sagt Obradovic. „Wir sind in der Lage zu vergeben.“ Djokovic schaffte es, weiterzumachen, sich zu lösen. „Wenn man in der Wut feststeckt“, hat Djokovic einmal gesagt, „was kann man dann noch aus seinem Leben machen?“

*

Djokovic war gern möglichst einen Tag nach den Bombern vor Ort. Nachdem er sich für das Tennistraining angezogen und seine Schlägertasche so sorgfältig gepackt hatte, als würde er zum Country Club aufbrechen, verließ er im Morgengrauen die Wohnung und ging auf die Jagd nach der Zerstörung in Belgrad. Er suchte nach frisch geschwärztem Gras, neuen Kratern, deformiertem Stahl und Beton. Nach den Orten, die die Wunden des Vortages trugen.

So pervers oder grauenhaft es heute klingen mag, es hatte eine gewisse Logik, dass Djokovic und seine Familie sich über das Radio informierten, wo die Bomben in der Nacht zuvor abgeworfen worden waren: Sie gingen auf die Tennisplätze in den getroffenen Stadtteilen, da die Nato ja mit großer Wahrscheinlichkeit nicht ein und dieselbe Stelle zweimal hintereinander bombardieren würde. Djokovic musste auch die Tageszeit im Blick behalten: Ein aufstrebender junger Tennisspieler in Belgrad im Jahr 1999 zu sein, bedeutete, ein Amateur-Analytiker der Nato-Bombardierungsmuster zu sein. Man musste lernen – und das fühlte sich manchmal trotz des Grauens wie ein Spiel für ihn an –, wann die sicherste Zeit des Tages war, um auf dem Platz zu stehen. Oft war es in der Morgendämmerung am ruhigsten, manchmal mittags.

Wenn Djokovic heute in Belgrad ist, trainiert er meist woanders, in einer eleganteren, schickeren Anlage, wo die Szene hingeht, exklusiv gekleidete Damen und Herren, die auf der Terrasse mit Blick auf die Außenplätze (Hallenplätze gibt es natürlich auch) Espresso schlürfen. Aber als Junge spielte er oft im Tennisclub Partizan, einem mit seinem schmuddeligen Look, den Graffiti an den Außen- und abblätternder grüner Farbe an den Innenwänden nicht gerade instagramtauglichen Verein. Dafür ist die Atmosphäre freundlich, unaufdringlich und bescheiden – und Djokovic kein großes Thema. Im Eingangsbereich hängen zwar Plakate von ihm, doch sind sie verblasst und vergilbt – sie stammen aus der Zeit, als er noch für Adidas warb. Gegenüber hängen gleichberechtigt Poster von Ana Ivanovic, die einen Grand-Slam-Titel gewonnen hat. Ansonsten gibt es an den Wänden noch ein paar alte Fotos, die Djokovic unter anderem im schwarz-weiß gestreiften Trikot des Clubs zeigen, aber keine Statue oder etwas anderes Offizielles, das daran erinnert, dass der erfolgreichste Tennisspieler der Geschichte hier trainiert hat; dafür wiederum die Büste eines Generals, der in der Clubgeschichte eine Rolle spielte.

In einer Zeit, da fast jede Entscheidung, die man traf, große Risiken mit sich bringen konnte, war es besonders gewagt, im Tennisclub Partizan zu spielen, der zwar in der Nähe von Banjica lag, aber auch nicht weit von einer Militärschule, was die Bomber in diese Gegend lockte. Novaks Mutter war dann besonders nervös: Was, wenn die Nato eine Bombe auf den Trainingsplatz ihres Sohnes abwarf?

Einige Wochen nach Beginn der Nato-Bombardierung geschah jedoch etwas Erstaunliches: Viele Menschen in Belgrad beschlossen, keine Angst mehr zu haben. „Nach all dem Tod und der Zerstörung haben wir einfach aufgehört, uns zu verstecken", schrieb Djokovic in seinem Buch *Siegernahrung*. Es war befreiend für ihn zu erkennen, dass man angesichts der Feuerkraft der Nato machtlos war, und sein Schicksal zu akzeptieren. Djokovic und seine Familie waren Teil dieses Mentalitätswandels. Sie gingen nicht mehr in den Bunker. Die Mutter entwickelte einen gewissen Fatalismus angesichts der Möglichkeit des Todes und erklärte ihrer und anderen Familien im Luftschutzkeller, dass sie verrückt würde, wenn sie dort auch nur eine weitere Nacht verbringen müsste. Sie würde mit ihrer Familie in die Wohnung zurückkehren, und sollte die Nato eine Bombe auf ihr Gebäude abwerfen, wäre das ihr Schicksal. Djokovic, zweifellos von der Haltung seiner Eltern beeinflusst, dachte ähnlich. „Wenn wir getroffen werden, werden wir getroffen, wir können nichts dagegen tun."

Der Krieg ließ die Familie zusammenrücken. Physisch, da alle fünf im selben Bett schliefen, die Fenster zum Schutz vor Glassplittern mit Decken verhängt, aber auch emotional. Es ist eine der stärksten Erinnerungen Djokovics an die Zeit der Bombardierung – ein eindringlicher, verbindender, aber auch subversiver Moment –, als sich Tausende von Menschen auf einer Belgrader Brücke versammelten und alle T-Shirts mit Zielscheiben auf der Brust trugen. Einige hatten sich sogar Zielscheiben auf die Stirn gemalt und sangen. Sie verhöhnten die Nato-Piloten. Wenn seine Familie und seine Nation das überleben konnten, dachte er, würde ihnen nichts mehr etwas anhaben und er könnte mit dem Rest seines Lebens anfangen, was er wollte. Im Vergleich dazu wäre alles andere ein Kinderspiel – auch Tennis.

Die Bomben fielen, und Djokovic spielte weiter Tennis. Mit seinem Bedürfnis, inmitten all der Schrecken weiterzutrainieren, hielt er sogar in Kriegszeiten an seiner Ausbildung fest (nur kurz, in den ersten Tagen der Bombenangriffe, verlor er seinen Fokus). Tatsächlich intensivierte er sein Training sogar, weil die Schulen geschlossen waren. Aber noch wichtiger war, dass die Konzentration auf Djokovics Training – jeden Tag vier bis fünf Stunden – der ganzen Familie half weiterzumachen und allen ein Gefühl von Normalität und Routine vermittelte, auch wenn er durch die ganze Stadt streifte, um einen geeigneten Trainingsplatz zu finden.

Djokovics Mutter war unerbittlich. Die Familie sollte nicht den ganzen Tag zu Hause herumsitzen und heulen. Hätten sie das getan, sagte sie, wären sie vor lauter Sorge, dass die Wohnung bombardiert würde, verrückt geworden. Djokovic war fasziniert von Tennis, seit er mit drei Jahren zum ersten Mal einen Tennisplatz gesehen hatte. Seine Liebe zu dem Sport gab ihnen einen Grund, jeden Tag hinauszugehen und weiterzuleben. Oft hatte der Platz, den sie fanden, nicht einmal ein Netz, oder der Belag war aufgerissen und kaputt. Kollateralschäden des Krieges. Aber das spielte nie eine Rolle. Und auch wenn es gefährlich war, sich in Belgrad auf einem Tennisplatz aufzuhalten – an anderen Orten der Stadt war es nicht weniger gefährlich. Djokovics damalige Trainerin Jelena Gencic zum Beispiel hatte bei einem Bombenangriff ihre Schwester verloren. Um sieben Uhr abends waren die Djokovics wieder zu Hause und zogen die Vorhänge zu wie angeordnet. Nicht selten kollidierte Djokovics Sehnsucht nach Normalität mit der Realität einer Stadt unter Beschuss. Mitten im Training heulten die Sirenen, die Flugzeuge fegten über den Himmel. Und als Djokovic seinen zwölften Geburtstag im Tennisclub Partizan feierte und seine Familie ihm ein Geburtstagsständchen brachte, donnerte plötzlich ein Jet über sie hinweg und übertönte alles.

Diese für ihn entsetzlichen Momente, in denen er sich völlig hilflos fühlte, überstanden zu haben, verlieh ihm die Kraft und Widerstandsfähigkeit, die ihn seine ganze Karriere hindurch begleiten sollte. Die Erinnerungen steigerten seinen Hunger und Ehrgeiz, als Tennisspieler zu bestehen. Er wollte beweisen, dass ein Junge, der die Schrecken des Krieges überlebt hatte, der Beste werden konnte in einer Sportart, die weltweit von Sportlern aus weitaus wohlhabenderen Ländern ausgeübt wird, die noch dazu nie bombardiert worden sind.

„Zerstört, aber noch am Leben – das war Djokovic während des Krieges“, so Bogdan Obradovic. Seiner Ansicht nach haben diese frühen Lebenserfahrungen Djokovic zusätzliche Energie, dauerhafte Stärke und Resilienz verliehen. „Die Menschen, die während dieses furchtbaren Krieges so sehr gelitten hatten, konnten nicht noch mehr leiden. Es musste irgendwann aufhören. Man erreicht einen Tiefpunkt. Danach wird es entweder schlimmer – oder man rappelt sich wieder auf. Es gibt keine anderen Optionen. Wenn man von etwas Bösem angegriffen wird, gewöhnt man sich daran. Man weiß genau, gegen wen man kämpft, und erkennt, dass selbst das Böse keinen Spaß daran hat“, sagt Obradovic. „Danach spürt man diese unerklärliche Energie. Das alles kann dich entweder zerstören oder stärker machen. So war es bei Novak – es hat ihn zu einem stärkeren Menschen gemacht.“

Bereits vor den Bombardierungen war das Leben in Belgrad aufgrund eines internationalen Handelsembargos immer schwieriger geworden. Djokovic erinnert sich, dass er morgens um 5.45 Uhr in der Schlange stand, um Brot für die Familie zu kaufen. „Ein Junge wie ich, der in Serbien aufwächst, soll eines Tages ein Tennis-Champion werden? Das war selbst unter günstigsten Bedingungen unwahrscheinlich. Und es wurde noch unwahrscheinlicher, als dann die Bomben fielen", schrieb Djokovic einmal. Aber war nicht vielleicht das Gegenteil der Fall? Konnte es nicht sein, dass die Bomben Djokovics Erfolgschancen als Tennisprofi vergrößerten? Genauso wie es Höhen und Tiefen im Leben gibt, geht es auch auf dem Tennisplatz auf und ab. Djokovic wusste es damals vielleicht noch nicht, aber die Brutalität des Krieges, und dazu gehörte unter anderem, Nacht für Nacht in einem Luftschutzkeller zuzubringen, hatte ihm noch größere innere Kraft verliehen.

Der Krieg scheint auch Djokovics Freundin Ana Ivanovic abgehärtet zu haben, die als Mädchen manchmal mit Trockenübungen am Boden eines leeren Schwimmbeckens trainierte und später zur Nummer eins im Damentennis avancierte. Mit Jankovic, einer weiteren Serbin, die die Weltrangliste anführen sollte, bildeten sie die goldene Generation der zukünftigen Weltranglistenersten. „Wir waren hungrig, weil wir nie etwas geschenkt bekommen haben", erklärt Jankovic. „Alles, was wir hatten, mussten wir uns verdienen, und wir mussten härter arbeiten als alle anderen aus anderen Nationen, um uns zu beweisen. Wir kamen aus einem Land, das nicht sehr reich war und keine tollen Einrichtungen oder Tennistraditionen hatte, und es fühlte sich manchmal wie eine ‚Mission Impossible' an. Aber wir hatten einen starken Willen. Als Nation sind wir nicht mit dem zweiten Platz zufrieden. Wir mussten die Nummer eins sein. Es gab keine Alternative. Entweder du bist der Beste, oder du bist nichts. Das ist unsere Mentalität."

Das serbische Wort *inat,* für das es keine direkte Übersetzung gibt, beschreibt eine Mischung aus Trotz, Sturheit, Starrsinn und „F... you"-Mentalität, eine gewisse Bissigkeit, gepaart mit ätzendem Humor. Einige würden sagen, dass Djokovic diese Art schon als Junge hatte und sie ihn bis heute prägt. „*Inat* bedeutet, wütend zu sein und diese wirklich starke Motivation zu verspüren, den Leuten das Gegenteil zu beweisen.

Man will wirklich gut sein. Ich glaube, Novak hatte dieses Gefühl während seiner ganzen Karriere", sagt Jankovic. „Ich hatte es auch. Wir wollten die Besten sein. Als Serben haben wir das im Blut. Wir wollen etwas erreichen, auch wenn wir aus einem kleinen Land kommen, das nicht das wohlhabendste ist oder die besten Einrichtungen hat. Aber wir haben etwas, was andere nicht haben. Wir haben *inat*. Und wir werden es euch beweisen."

Die Bombenangriffe von 1999 bestimmen weiterhin Djokovics Denken auf dem Platz. „Novaks Herkunft, der Krieg und die Bomben, die überall um ihn herum detonierten, haben ihn furchtlos gemacht", so Chris Evert, ehemalige Weltranglistenerste und 18-fache Grand-Slam-Gewinnerin im Dameneinzel. „Wenn man eine solche Kindheit hatte, mit solchen traumatischen Erfahrungen, hat man keine Angst mehr. Wenn einen das nicht zu einem bestimmten Typ Mensch formt, diese Erfahrungen in so jungen Jahren, dann weiß ich auch nicht. Novak nutzt alle negativen Momente in seinem Leben, um sich in seinen Matches zu stärken. Er sagt sich: ‚Okay, es steht fünf beide im fünften Satz, Novak, aber du hast schon viel Schlimmeres durchgemacht.' Der Krieg hat ihm die Angst genommen, im Tennis und im Leben. Er hat ihn stärker und resilienter gemacht. Er hat viel Kraft."

Es gibt aber auch Menschen in Djokovics Umfeld, die der Meinung sind, dass man den Einfluss des Krieges nicht überbewerten sollte. Der Krieg habe ihm zwar Auftrieb gegeben, aber es sei durchaus möglich, dass er auch in friedlicheren, ökonomisch stabileren Zeiten so erfolgreich geworden wäre. „Es stimmt schon, dass dieser Aspekt von Djokovics Geschichte extrem ist", überlegt Janko Tipsarevic, der selbst in Belgrad aufgewachsen ist, in die Top Ten aufstieg und einer der engsten Freunde von Djokovic ist (ihre Familien haben gelegentlich gemeinsamen Urlaub gemacht). „Viele Athleten stammen aus ärmlichen Verhältnissen, sind mit nur einem Elternteil aufgewachsen oder kommen aus Vierteln mit einer hohen Kriminalitätsrate – schauen Sie sich nur die NBA oder NFL in den USA an. Wir allerdings mussten jede Nacht um unser Leben fürchten. Zweieinhalb Monate lang gehörte es für uns zur Normalität, abends bombardiert zu werden, also gingen wir in den Luftschutzkeller – und tagsüber spielten wir Tennis. Ich bin mir sicher, dass das Novak letztlich noch widerstandsfähiger gemacht und ihm geholfen hat, seine Ziele zu erreichen. Aber das macht nur fünf oder zehn Prozent aus, mehr nicht. Ich vertraue auf seine mentalen Fähigkeiten, seine mentale Größe. Selbst wenn sein Vater Jeff Bezos und er in einem reichen Land aufgewachsen wäre, hätte er erreicht, wozu er bestimmt war: der Beste zu sein."

Daria Abramowicz, eine Sportpsychologin, die in den letzten Jahren Iga Swiatek auf ihrer Tour begleitet hat, teilt die Ansicht, dass Djokovics frühe Lebenserfahrungen und die Geschichte, die er sich und anderen erzählt, ihn außergewöhnlich widerstandsfähig gemacht haben. „Novak identifiziert sich als stolzer Serbe. Er fühlt sich seinem Land eng verbunden. Wenn das eigene Land eine solche Geschichte hat und man es danach schafft, ein glückliches Leben und eine erfolgreiche Karriere aufzubauen, kann einem das enorme Kraft und Widerstandsfähigkeit verleihen. Manchmal kann es auch eine Bürde sein, und in manchen Situationen beides zugleich. Es ist auf jeden Fall extrem individuell", so Abramowicz. „Meiner Meinung nach, und das kann man auf so vielen Ebenen beobachten, ist Novak unglaublich stark und widerstandsfähig geworden."

Die Bombenangriffe hatten aber noch andere nachhaltige Auswirkungen auf Djokovic. Die Gräuel des Krieges lehrten ihn, stets dankbar für alles zu sein, was er hatte. Und so seltsam es auch klingen mag, Djokovic ging aus dem Jahr 1999 mit einem Gefühl hervor, das noch stärker war: Hoffnung.

*

Ohne Übertreibung kann man sagen, dass Djokovic aus dem Nichts kam. Er wurde in einem Land geboren, Jugoslawien, das heute nicht mehr existiert und in dem es so gut wie keine Tenniskultur gab. Wie er einmal selbst einräumte, war Tennis damals in Belgrad ungefähr so beliebt wie Fechten. In jener Zeit „war der Sport nirgends zu finden – er war quasi tot", sagte Bogdan Obradovic, der Dojokovic im Alter von zehn bis sechzehn Jahren immer wieder trainierte und später zum Davis-Cup-Titel führte. Neben dem Beton war ein weiteres Erbe des Kommunismus, dass Tennis in Jugoslawien und auch danach in Serbien weiterhin als elitärer Sport angesehen wurde. Ein Club in Belgrad war allein Botschaftern und Diplomaten vorbehalten, während das serbische Fernsehen jahrelang nur ein einziges Tennismatch im Jahr übertrug: das Einzelfinale der Herren in Wimbledon. Die Bilder vom Centre Court mit ganz in Weiß gekleideten Spielern hätten die Zuschauer in Belgrad auch kaum davon überzeugen können, dass es sich hierbei um einen Sport für Arbeiter handelte. „Es war ein Sport für Aristokraten", erinnerte sich Obradovic. „Alle hatten ein bisschen Angst vor Tennis."

Hatte die serbische Regierung etwas Geld übrig, investierte sie es in Mannschaftssportarten wie Fußball, Basketball und Handball oder auch in Volley- und Wasserball. Warum das Risiko eingehen und in eine Einzelperson investieren, noch dazu in eine mit aristokratischen Bestrebungen?

Die Gegend um den Kapaonik, einst ein Ort der Ruhe in den Bergen, wo Kaninchen zwischen den Bäumen herumflitzten, wurde 1999 mit Streubomben übersät, weshalb Djokovic aufgrund der Gefahr durch nicht gezündete Munition jahrelang nicht in den „schönsten Tennisclub der Welt" zurückkehren konnte. Dort, auf den drei Hartplätzen in der Nähe der elterlichen Red Bull Pizzeria, hatte er zum ersten Mal Tennis gespielt. Erst zwanzig Jahre nach dem Krieg, als die Gegend wieder sicher war, durfte er zurückkehren. Der Wald hatte sich den Club wieder einverleibt, aber für Djokovic war es noch immer ein Ort mit größter Bedeutung. Eines der Steingebäude lag in Trümmern, die Hälfte einer Holzkonstruktion war in sich zusammengefallen, und die Tenniswand, wo er als Kind so viele glückliche Stunden und Tage verbracht und an seiner Technik gefeilt hatte, war von Bombensplittern durchlöchert. Aber zumindest hatte sie „standgehalten", wie Djokovic es ausdrückt, so, wie auch seine emotionale Verbindung zu diesem Fleckchen Erde überdauert hatte. Djokovics Liebe zu diesen Plätzen, die inzwischen überwuchert waren, lässt sich zum Teil auf den Ort zurückführen. Aber auch darauf, wie dieser sein Leben verändert hat. Niemand in Djokovics Familie hatte je Tennis gespielt. Es war reines Glück, unverschämtes Glück – oder, wie Djokovic sagen würde, „Schicksal" –, dass jemand beschlossen hatte, direkt vor dem Restaurant ein paar Tennisplätze anzulegen. Wären sie nicht genau dort gewesen, wäre er vielleicht nie so früh mit dem Sport in Berührung gekommen, wenn überhaupt. Hatte sich Djokovic die „Reise", auf der er sich befindet, überhaupt ausgesucht? Er selbst glaubt, dass seine Seele, wie die jedes Menschen, vorbestimmte Ziele und Aufgaben hat. Er musste nur herausfinden, welche das waren.

Ebenso glaubt er daran, dass seine Seele seine Eltern auswählte. Er wurde in eine skibegeisterte Familie hineingeboren – sein Vater, sein Onkel und seine Tante fuhren Ski und bewunderten den italienischen Skirennfahrer Alberto Tomba. Seine Eltern hatten sich sogar auf einer Skipiste kennengelernt – seine Mutter war gestürzt, woraufhin sein Vater, ein

Skilehrer, herbeifuhr und fragte, ob sie Hilfe bräuchte. Djokovic hat sich nie darüber gewundert, dass er sich für Sport interessierte; überraschend war eher, dass er sich für Tennis entschied, eine Sportart, für die seine Eltern ihre Komfortzone verlassen mussten. Es war eine Welt, die sie nicht kannten, und noch oft würden die Djokovics sich gedanklich öffnen müssen, ohne genau zu wissen, worauf sie sich da einließen.

Djokovic war sofort begeistert von dem Sport. Seine Liebe zum Tennis begann nicht erst, als er vier Jahre alt war und seinen ersten Schläger bekam. Er war gerade einmal drei und brachte den Männern, die die Tennisplätze vor dem Restaurant bauten, Essen und Getränke. Djokovics Vater bemerkte, wie sein Sohn die Plätze betrachtete, und kaufte „Nole" (Djokovics Spitzname) einen neonpinken Tennisschläger und einen Schaumstoffball. Djokovic war die Farbe egal, Hauptsache, er gehörte ihm. Wenn er nicht gerade mit dem Schläger ausholte – ein Video zeigt ihn in einem grünen Trainingsanzug, mit einer Baseballkappe und total konzentriertem Blick auf dem Platz –, trug er ihn den ganzen Tag mit sich herum, ohne ihn je zur Seite zu legen.

Ein zweiter Glücksfall war Jelena Gencic, die zuvor Monica Seles und Djokovics zukünftigen Coach Goran Ivanisevic trainiert hatte und auf diesen Plätzen Tennisunterricht für Kinder gab. Djokovic war fünf Jahre alt, als er zum ersten Mal teilnahm. Er war kein gewöhnlicher Fünfjähriger, wie Gencic feststellte. Er kam eine halbe Stunde zu früh zu seiner ersten Stunde und hatte eine riesige Tennistasche dabei, in der sich sein Schläger, ein Handtuch, eine Flasche Wasser, eine Banane und ein paar Armbänder befanden. „Wer hat denn deine Tasche gepackt, deine Mutter?", fragte Gencic erstaunt. Worauf Djokovic erwiderte: „Nein, ich habe sie selbst gepackt." Sie fragte ihn, woher er wusste, was er brauchen würde. Aus dem Fernsehen, antwortete er. Seinen Perfektionismus, heute für jeden offensichtlich, hatte Djokovic von Anfang an.

Wenige Tage später sagte Gencic zu Djokovics Eltern, dass ihr Junge, der kaum größer war als der Netzpfosten hoch, ein *zlatno dete* sei, ein goldenes Kind. Golden, weil er nicht nur Talent hatte, sondern auch die Konzentration, die auf eine große Zukunft im Profitennis hindeutete. Das gefiel Dijana, die Novak als ein „Kind Gottes" betrachtete. „Jelena machte Novak und seiner Familie Hoffnung, dass er es als Tennisspieler schaffen könnte", erklärt Jankovic. „Niemand hätte das für möglich gehalten, bis Jelena ihn unter ihre Fittiche nahm."

Djokovics Tennisträume begannen mit den Gesprächen, die er mit Gencic führte. „Jelena hat einen Traum in Novak geweckt, den er seitdem verfolgt", sagt Bogdan Obradovic. „Sie hat ihm die Liebe und die Leidenschaft für Tennis vermittelt. Es war wichtig für Novak und auch für seine Familie, jemanden zu haben, der ihn unterstützt und bestärkt, der ihm sagt, dass er sehr talentiert ist und eines Tages die Nummer eins werden kann. Sie liebte Tennis, und sie liebte harte Arbeit. Sie war sehr diszipliniert. Sie war wie ein Offizier, sehr *tough*. Aber sie hatte dabei immer ein breites Lächeln im Gesicht. Jelena hatte eine sehr positive Einstellung."

Man muss kein Psychologe sein, um zu erkennen, dass es kaum unterschiedlichere Tennispersönlichkeiten als Pete Sampras und Novak Djokovic gibt. In den 1990er-Jahren sprang Sampras auf dem Wimbledon-Rasen ab und zu hoch in die Luft wie ein Basketballspieler in der NBA, um einen Slum-Dunk-Smash zu schmettern. Aber davon abgesehen ging es dem Kalifornier nur ums Tennis und nicht darum, eine Show abzuliefern. Dennoch war es Sampras, der ruhige und eher reservierte König von Wimbledon, der den jungen Serben – einen später höchst extrovertierten Spieler – dazu inspirierte, auch in Wimbledon gewinnen zu wollen. Djokovics erste Erinnerung an das Turnier stammt aus dem Jahr 1993. Er war sechs Jahre alt und erlebte am Fernseher, wie Sampras den Titel gewann. Rückblickend ist Djokovic natürlich bewusst, dass er und Sampras sehr unterschiedliche Persönlichkeiten sind. Aber was ihm an seinem Idol gefiel, war die Art, wie er mit Druck umging, und dass er bei den wichtigen Punkten immer einen guten Aufschlag hinbekam. Djokovic hatte noch nie jemanden gesehen, der mental so unbeeindruckt von der Aura des Centre Courts in Wimbledon schien.

Djokovic bastelte sich sogar aus Plastik- und Papierresten eine Wimbledon-Trophäe. Ganz unbewusst nutzte er schon damals einen mentalen Ansatz, auf den er als Erwachsener noch oft zurückgreifen würde: Visualisierung. „Hallo“, sagte er zum Spiegel und hielt seine Plastiktrophäe hoch, „mein Name ist Novak Djokovic, und ich bin der Wimbledon-Champion.“ Jahre später, als er 2011 Wimbledon zum ersten Mal gewann und die echte goldene Trophäe mit der Ananas hochhielt, musste er an seine Kindheit und an all die Male zurückdenken, in denen er genau von diesem Moment geträumt hatte. Bis er sieben Jahre alt war, ging es beim Tennis für ihn nur um den Spaß. Dann wurde es ernst. Damals trat er im serbischen Fernsehen auf, erklärte den Zuschauern, dass Tennis sein „Job“ sei, und formulierte seine Vision für die Zukunft: Er würde die Nummer eins der Welt werden.

Etwa zu dieser Zeit lernte Dusan Vemic, der elf Jahre älter ist als Djokovic, den jungen Novak im Tennisclub Partizan kennen. Vemic staunte über die Ausdrucksweise des Jungen. „Seine Tennistasche war fast so groß wie er selbst. Erst dachte ich, er wäre einfach ein nettes kleines Kind, aber als wir uns unterhielten – er war gerade einmal sechs oder sieben Jahre alt –, merkte ich, dass ich mit ihm wie mit einem Erwachsenen sprechen konnte. Er war eins dieser Wunderkinder“, erinnert sich Vemic, der Jahre später zu Djokovics Trainerteam gehörte. „Novak hat einen in vielerlei Hinsicht brillanten Verstand. Er handelt, spricht und denkt wie jemand, der 20 Jahre älter ist als er. Er kann einen mit seiner Auffassungsgabe ziemlich überraschen. Das war schon so, als er noch ein Junge war. Mir fiel sofort auf, dass er intensiv nachdachte und genau wusste, was er tat, zum Beispiel, wenn er an seiner Technik und seiner Beinarbeit feilte. Man merkte, dass er meinte, was er sagte. Es war erstaunlich, jemanden so Junges zu sehen, der auf diese Art über Tennis nachdachte und nicht einfach herumblödelte. Ich hätte mir damals nicht vorstellen können, dass Novak der werden würde, der er heute ist. Aber ich dachte mir schon bei diesem ersten Gespräch, dass der Junge etwas Besonderes an sich hatte."

Djokovics Verstand – nicht seine Art zu spielen – war das erste Anzeichen dafür, dass ihn Großes erwartete. Als Kind hatte er selbst in den weniger spannenden Momenten eines Matches den Fokus, den selbst viele erwachsene Sportler nicht haben. „Manchmal kann Tennis ein bisschen langweilig sein, weil nicht jede Sekunde, jeder Punkt es in ein Highlight-Reel schafft", sagt Vemic. „Genau dann aber muss man konzentriert sein. Diese Art von Reife erreicht man erst nach Jahren als Profi. Er hat von Anfang an so gespielt, schon als Kind. Er hat sich, so gut er konnte, auf jedes Match vorbereitet und war bei jedem Punkt voll konzentriert. Er hatte Respekt vor jedem einzelnen Punkt."

Glücklicherweise hatte Djokovic Gencic, seine „zweite Mutter", die so viel mehr für ihn war als nur eine Tennistrainerin. Wie man einen Tennisball schlägt, war nur eine Lektion in der Erziehung, die Djokovic bei Gencic genoss. Bei ihr lernte er von klein auf, wie wichtig Ernährung ist. Sie erklärte ihm, dass Monica Seles weder Coca-Cola trank noch Cheeseburger aß, und wie wichtig Schlaf für sie war. Es war, als wäre Seles in seinem Kopf. Er fing an, die neunfache Grand-Slam-Gewinnerin zu bewundern und zu lieben (und fragt sich als Erwachsener, wie viele Grand-Slam-Titel sie wohl noch gewonnen hätte, wäre ihr 1993 in Hamburg nicht auf dem Platz in den Rücken gestochen worden). Klassische Musik war ein weiterer wichtiger Baustein. Gencic machte ihn mit Tschaikowskys *Ouvertüre 1812* vertraut und fragte ihn, wie er sich beim Zuhören fühlte – sie wollte, dass er sich an diesen Adrenalinrausch erinnerte, die Kraft der Musik abspeicherte, damit er sie auf dem Platz abrufen konnte, wenn er einen schweren Tag hatte und einen Weg finden musste, um sein Niveau zu steigern. Sie ermutigte ihn, Sprachen zu lernen, zu singen, Gedichte zu lesen, darunter die Werke des russischen Romantikers Alexander Puschkin, und „bewusst zu atmen“. Wer verstehen möchte, warum Djokovic anders tickt als die meisten Sportler, der kommt an Gencic nicht vorbei; sie hat im beigebracht, seinen Geist zu öffnen.

Mitten im Grand Slam, bei den French Open 2013, ereilte Djokovic die Nachricht, dass Gencic gestorben war. Da er bei ihrer Beerdigung nicht anwesend sein konnte, schrieb er einen Brief, den seine Mutter verlas. Djokovic nannte Gencic darin einen „Engel“ und dankte ihr für ihre Geduld, Unterstützung und „unermessliche Liebe“.

*

„Goldkind“ oder „Tennisalien“? Im Alter von zehn Jahren strahlte Djokovic eine unglaubliche Energie auf dem Tennisplatz aus. Als Bogdan Obradovic den Jungen zum ersten Mal spielen sah, spürte er das sofort. „Novak spielte nicht das beste Tennis. Seine Technik war nicht überragend. Aber alle in seinem Umfeld waren fasziniert, weil man diese Energie spüren und sehen konnte.“

Djokovics Vater hatte Novak zu Obradovic in einen Tennisclub in einem Belgrader Vorort gebracht, um den Trainer zu fragen, wie er die Aussichten des Jungen einschätzte. Abgesehen von Novaks „außerirdischer“ Energie und seinem offensichtlichen Talent gab es noch etwas, das Obradovic im Zuge dieser ersten Begegnung „vollkommen überraschte“: die Professionalität des Kindes. Nicht nur dass der „stille Junge“ seine Tennistasche gepackt hatte, wie er es schon seit Jahren tat, er hatte auch unaufgefordert begonnen, sich aufzuwärmen und über den Platz zu laufen. Anderen

Zehnjährigen musste man erst beibringen, wie sie ihren Körper auf das Training vorzubereiten hatten, und sie dann immer wieder daran erinnern; Djokovic wusste bereits, was zu tun war. Obradovic staunte, mit welcher Konzentration Djokovic jeden Ball schlug und dass er bereits eine richtige Warm-up- und Cooldown-Routine hatte.

Nach seiner ersten Trainingsstunde fragte Obradovic das Kind: „Was erhoffst du dir vom Tennis? Was ist dein Ziel?" Das wusste Novak genau: „Ich will die Nummer eins der Welt werden." Obradovic antwortete: „Das sagt sich so leicht, aber man muss sehr viel tun, um dorthin zu kommen." Djokovic ließ sich davon nicht beirren. „Das ist okay. Ich werde alles tun, was notwendig ist, um dorthin zu kommen. Das ist mein Traum, und ich werde es schaffen!"

Elektricni Orgazam, oder Electro Orgasm, ist eine Rockband aus Belgrad, die in den 1980er-Jahren in Jugoslawien erfolgreich war. Ohne dass sie es wussten, spielten sie eine wichtige Rolle in Djokovics Tennisentwicklung und halfen ihm, der beste Returnspieler in der Geschichte des Tennis zu werden. Obradovic, dessen zwei Leidenschaften Tennis und Musik sind, brachte eines Tages seine Gitarre mit auf den Platz und spielte Djokovic den Song „Everyone in Yugoslavia is Playing Rock 'n' Roll" vor. Er wollte ihm zeigen, dass einen gegnerischen Aufschlag zu retournieren viel mit dem Hören und Spielen von Musik gemeinsam hat: Es geht immer um den Rhythmus. „Hör genau hin, Novak, du musst dem Rhythmus des Songs folgen", sagte Obradovic. „Und dann wirst du den Rhythmus in deinem Return, in deiner Bewegung, in allem spüren. Es ist wie ein Song. Alles ist miteinander verbunden."

„Die Musik", sagte der Trainer zu Djokovic, als er auf seiner Gitarre spielte, „ist zwischen den Noten." Was er ihm damit vermitteln wollte, war, dass es beim Tennis wie in der Musik auf das Timing ankommt und bei einem großartigen Rückschläger entsprechend darauf, „ein gutes Rhythmusgefühl zu haben und etwas im richtigen Moment zu tun". Er forderte Djokovic dazu auf, auf jedes Detail des gegnerischen Aufschlags zu achten. Dabei sollte er auch auf das Geräusch des Balls beim Abprall achten, denn darauf würde er ebenso reagieren müssen wie auf die Aufschlagbewegung. Obradovic riet Djokovic, sich auf den Aufschlagrhythmus seines Gegners einzustimmen: seine Hände, wie er den Ball in die Luft wirft, wie er in die Luft springt, um den Ball zu treffen, wie er ihn trifft und was dabei mit dem Schläger passiert. „Du wirst lernen, den Rhythmus zu lesen und zu reagieren", sagte Obradovic, der Djokovic auch mit den Beatles bekannt machte, indem er ihm „Yesterday" und viele andere ihrer Songs vorspielte.

In vielerlei Hinsicht reichte seine Lektion zu Electro Orgasm weit über den Tennisplatz hinaus. Bevor er seine Gitarre weglegte, hatte Obradovic noch eine weitere Botschaft: „Das Wichtigste, Novak, ist Folgendes: Wenn du Musik hörst und sie verstehst, wirst du ein glücklicherer Mensch."

OPFER

Schlaflos und nervös ging Srdjan Djokovic manchmal nachts durch die Straßen. In seiner Verzweiflung hatte er sich von Kredithaien Geld geliehen, um das Tennistraining seines Sohnes bezahlen zu können. Bei einem seiner nächtlichen Streifzüge wurde er sogar verhaftet, nachdem die Polizei auf ihn aufmerksam geworden war. Als er jedoch erklärt hatte, dass er nur ein Tennisvater mit Geldproblemen wäre, saß er mit den Beamten lachend und Schnaps trinkend bis zum Morgen auf dem Revier.

Das war einer der eher amüsanten Momente in einer Zeit der extremen finanziellen Belastung. Kein Wunder also, dass Srdjan Djokovic, den obsessivsten und unerbittlichsten aller Tennisväter, gelegentlich Zweifel beschlichen. Es gab Tage, erinnert sich Djokovics Jugendtrainer Bogdan Obradovic, an denen Srdjan und seine Frau Dijana darüber nachdachten, das Projekt, ihrem Erstgeborenen zu ewigem Tennisruhm zu verhelfen – das von Anfang an unrealistisch geklungen hatte –, aufzugeben. „Novaks Eltern waren so erschöpft von allem, dass sie ans Aufhören dachten. Sie dachten: Wir können einfach nicht mehr. Wenn sie Novak morgens nicht mehr auf den Tennisplatz bringen müssten, wären sie all ihre Probleme los."

Obradovic, der der Familie damals sehr nahestand, sagt, Srdjan sei „emotional eingebrochen", ausgelaugt von der Belastung, die Tenniskarriere seines Sohnes zu finanzieren. Srdjan arbeitete jeden Tag fünfzehn Stunden, aber es war nie genug. Seine Gesundheit litt. „Srdjan sagte, er hätte alles getan, was er konnte, aber sie hätten immer noch kein Geld", sagte Obradovic. „Die Familie war am Boden. Das war ein großes Problem. In dieser Zeit litt unser Land unter einer immensen

Wirtschaftskrise. Es gab Sanktionen, und alles, auch Lebensmittel und Benzin, war sehr teuer. Sie hatten wirklich zu kämpfen. Srdjan sagte mir, dass er die vielen Ausgaben nicht mehr bewältigen könnte und sich um Sponsoren bemühen wollte. Es war offensichtlich, dass Novak Probleme mit seinen Schlägern hatte, den Saiten, seinen Schuhen, den Reisekosten, mit allem. Novak litt, und alle um ihn herum – mich eingeschlossen – litten mit. Es war ein Kampf. Es passierten viele schlimme Dinge mit dem Geld und allem anderen. Das war eine schwere Zeit, in der alle um Novak herum völlig erschöpft waren."

Diese Erfahrungen, so schlimm sie auch waren, rüttelten Djokovic wach. Er machte sich klar, dass Scheitern keine Option war, dass er keine andere Wahl hatte, als erfolgreich zu sein. „Srdjan hat natürlich versucht, die Geldsorgen vor Novak zu verheimlichen, aber der Junge wusste in etwa, was vor sich ging, und spürte den Druck, der auf ihm lastete", erinnert sich Obradovic. „Aber selbst damals, in diesem jungen Alter, war Novak mental stark und konnte mit dem großen Druck umgehen. So ein Mensch war er damals, und so ist er heute noch."

Sie seien nie eine wohlhabende Familie gewesen und hätten, wie Djokovic einmal erzählte, im Krieg alles verloren, sogar ihr Restaurant in den Bergen. In den schwierigen Nachkriegsjahren, als es für viele Familien ums reine Überleben ging, darum, ein paar Münzen und Scheine zusammenzukratzen, um sich an diesem Tag ernähren zu können, waren Djokovics Eltern gezwungen, das Geld für seine Tenniskarriere aufzutreiben. Die Ausgaben stiegen sprunghaft an, als sie den zwölfjährigen Novak nur wenige Monate nach dem Ende der Bombenangriffe in Niki Pilics Tennisakademie in Oberschleißheim bei München anmeldeten. Sie erhielten zwar einen Preisnachlass, aber die Gebühren waren immer noch schmerzhaft hoch. Trotz aller Hoffnungen, die man in Djokovic steckte, fehlte es an Sponsoren; die serbische Wirtschaft war durch den

Krieg und die Sanktionen am Boden, und es erwies sich als Herausforderung, internationale Unternehmen zu finden, die mit einem serbischen Athleten in Verbindung gebracht werden wollten.

In seiner Verzweiflung wandte sich Srdjan, nachdem er das Familiensilber veräußert und sich bereits von Freunden Geld geliehen hatte, erneut an die Kredithaie. „Kriminelle", nennt Djokovic sie und erinnert daran, was für ein gefährliches Pflaster Serbien damals war. Meist verlangten sie von Srdjan zehn oder zwölfeinhalb Prozent Zinsen, wenn sie aber merkten, wie dringend er das Geld benötigte, erhöhten sie sogar auf fünfzehn Prozent. Es gab Zeiten, berichtete Djokovics Mutter, in denen ihr Mann einen Kredit aufnahm, nur um einen anderen Geldverleiher ausbezahlen zu können. Ein paarmal konnte Srdjan seine Schulden nicht rechtzeitig begleichen und hatte prompt ein Messer an der Kehle.

Als Djokovic in einem Jahr mit seinem Vater nach Paris reiste, um an einem Juniorenturnier in Roland-Garros teilzunehmen, hatte seine Mutter, die mit seinen Brüdern in Serbien geblieben war, nicht einmal genug Geld, um Brot zu kaufen. Djokovics Brüder litten allzu oft darunter, dass das ganze Geld für das Training und Essen des jungen Sportlers aufgewendet wurde, und es schmerzte die Eltern, dass sie nicht immer alle drei Kinder mit dem Nötigsten versorgen konnten. Alles drehte sich um Novak. Alles, was sie hatten, wurde in ihn investiert.

„Damals gab es nicht viel Geld in Serbien, und obwohl Novaks Eltern weniger zahlten als die anderen Familien, deren Kinder an der Akademie waren, konnte ich sehen, dass es schwer für sie war", erzählt Pilic, dessen Frau Djokovic liebevoll „Jacket" nannte, da er keine Jacke zu haben schien, als er zum ersten Mal die Akademie besuchte. „Sie hielten drei oder vier Jahre durch. Novaks Eltern taten alles, um an Geld zu kommen, da sie an Novak glaubten. Sie hatten drei Kinder, aber alles, was sie verdienten, gaben sie für Novak und seinen Sport aus." Sie konnten nicht dieselbe Energie für alle drei Kinder aufwenden. „Nur Novak zählte", sagte Srdjan einmal dem Magazin *Newsweek*. Es mache ihn traurig, dass er für seine anderen beiden Söhne nicht einmal ein Prozent des Kampfgeistes und der Kraft übrig hatte, die er in Novak und die Förderung seiner Träume steckte.

Serbien galt damals als Pariastaat, darum konnte Djokovic oft nicht direkt von Belgrad dorthin fliegen, wo er als Junior Turniere bestritt. Die einzige Möglichkeit bestand darin, mit dem Bus ins mehr als 200 Kilometer entfernte Budapest zu fahren und von dort aus zu fliegen. „Wir mussten stundenlang an der Grenze warten", erinnert sich Obradovic. „Für jedes einzelne Land mussten wir ein Visum beantragen, und auf diese Visa zu warten, war auch schrecklich. Wir warteten stundenlang, ohne zu wissen, ob wir sie bekommen würden oder nicht. Die Zeit seiner Juniorenkarriere war sehr hart, einfach schlimm. Ich habe wirklich keine Ahnung, wie er all diese Schwierigkeiten aushalten konnte und dann als Profi der GOAT wurde, der Beste aller Zeiten. Das ist schon eine unglaubliche Geschichte." Serbiens „schlechter Ruf in der Welt", wie Djokovic es einmal ausdrückte, brachte allerlei Probleme mit sich. Wenn er schließlich bei den Turnieren ankam, waren einige der Menschen, die er traf, nicht sehr gastfreundlich. Manche schreckten sogar vor ihm zurück, wenn er sagte, dass er aus Serbien kam (während andere, die noch nie von dem Land gehört hatten, dachten, er hätte Sibirien gesagt).

Irgendwie wurde Djokovic trotzdem erst U14- und dann U16-Europameister. Und irgendwie überstand die Familie diese Zeit. Wenn Djokovics Eltern zu Bett gingen und glaubten, nicht mehr weitermachen zu können, so Obradovic, dachten sie mitten in der Nacht oder am frühen Morgen plötzlich: Wir machen weiter, zumindest noch ein bisschen. „Das ist eine seltsame Energie. Man weiß nicht, was einen antreibt", sagt Obradovic, der vermutet, dass es Djokovic selbst war, der das Projekt am Laufen hielt. „Während alle um ihn herum völlig erschöpft waren, fand Novak irgendwie die Energie, alles neu zu beleben, alle wachzurütteln und jedem von uns wieder Energie zu geben."

Um die Familie bei Laune zu halten, sprach Srdjan manchmal von den Sportwagen, die sie kaufen würden, sobald Novak ein Superstar wäre. Aber meist gab es kein Entrinnen aus der täglichen Realität. Djokovic kann sich noch gut an den Moment erinnern – der sich filmreif anhört, aber eine schreckliche Erfahrung war –, als sein Vater einen Zehnmarkschein auf den Tisch knallte und sagte: „Das ist alles, was wir noch haben." Von dem Geld mussten alle fünf satt werden. In seiner Kindheit verbargen Djokovics Eltern ihre finanziellen Probleme meist vor ihm. Er sollte nicht wissen, wie arm sie waren, damit ihn das nicht vom Sport ablenkte. Aber es gab auch Zeiten, in denen Srdjan und Dijana es nicht mehr verbergen konnten. Mit dramatischen Worten machte der Vater dem jungen Novak dann klar, dass er an der Verantwortung dafür mittrug, dass sie das gemeinsam durchstehen mussten.

Diese wohl holprigste aller Tennis-Erfolgsgeschichten hätte auch im Sande verlaufen können. Djokovics Eltern wussten immer um die Gefahr, dass sich ihr Sohn verletzen oder das Interesse am Tennis verlieren könnte, und dann wären all die Mühen und das Geld, das sie in das Projekt gesteckt hatten, umsonst gewesen. Aber dazu kam es nie. Djokovics Liebe zum Tennis ist nie erloschen.

Was den Vater in dieser ganzen Zeit antrieb, war seine Überzeugung und die seines Umfeldes, dass Novak der Beste aller Zeiten werden würde, eine Ansicht, die er nur allzu gern der gesamten serbischen Tennisszene mitteilte. Djokovics Mutter fand erst, dass sich ihr Mann lächerlich machte – wie konnte er nur so etwas über ein Kind sagen? Aber Srdjan war sehr überzeugend, und irgendwann glaubte auch Dijana daran.

So unglaublich es klingen mag, aber in Belgrad diskutierte man schon in den 1990er-Jahren darüber, ob Djokovic einmal der GOAT werden würde. Das hätte ihn ziemlich abheben lassen können. „Novaks Dad scheute nicht davor zurück, als sein Sohn noch ein kleiner Junge war, öffentlich zu sagen, dass er der Beste aller Zeiten werden würde", erinnert sich Dusan Vemic. „Seit Novak klein war, hat er immer ins gleiche Horn geblasen. Viele Spieler sagen, dass ihre Familien ihre größte Unterstützung waren. Aber Novaks Familie wusste haargenau, wohin die Reise gehen sollte, und Novak bestätigte sie jeden Tag darin, woraufhin sie noch selbstsicherer wurden. Novaks Vater hat einen sehr starken Charakter, darum waren die Leute so schnell überzeugt davon, dass er recht hatte. Und es war gut, dass er Novak mit echten Profis umgab, die emotional sehr engagiert waren und ihn beschützten."

Es gab aber auch Momente, in denen Djokovic seinen Eltern grollte. In denen er das Gefühl hatte, nicht unter den besten Bedingungen aufzuwachsen, oder nicht mochte, wie sein Vater über ihn und sein Leben sprach – wohl eine ganz normale Phase im Leben eines Teenagers oder jungen Mannes. Meist war er, wie Djokovic seinem Freund, dem Wellness-Unternehmer Chervin Jafarieh, erzählte, unglaublich dankbar dafür, dass er durch all die Opfer, die seine Familie gebracht hatte, seine Träume leben konnte. Jahre später, bei den US Open 2011, mokierten sich einige über Srdjan, weil er ein T-Shirt mit dem Foto seines Sohnes trug. Sicher hätte die New Yorker Stylepolizei mehr Nachsicht walten lassen, wenn sie ein bisschen mehr darüber gewusst hätte, was Djokovics Eltern alles durchgemacht hatten, damit ihr Sohn im Arthur Ashe Stadium spielen konnte.

*

Die anderen Schüler von Niki Pilics Tennisakademie bekamen „Gänsehaut“ angesichts von Novak Djokovics Hyperkonzentration und Intensität, die sie jeden Tag aus der Nähe beobachteten. Er ließ nie auch nur einen Deut nach. Djokovic war unerbittlich, schon als Teenager, das waren die anderen Jugendlichen nicht gewohnt. Natürlich war er inspirierend, aber gleichzeitig fühlten sie sich auch unwohl, weil sie die Kluft sahen zwischen dem, was sie für ihre Tennisambitionen taten, und dem, was Djokovic jeden Tag für seinen Traum zu geben bereit war.

Djokovic war vielleicht nicht einmal der begabteste Junge an der Akademie; das war laut Djokovics ehemaligem Zimmergenossen Cosmin Georgescu vielmehr Ernests Gulbis, der angeblich aus einer der reichsten Familien Lettlands stammte (ein paar Jahre später, als er auf der ATP-Tour spielte, ging das Gerücht um, dass er im Privatjet seines Vaters zu den Turnieren reiste, worauf er grinsend erwiderte: „Ja, und ich habe einen Hubschrauber, ein U-Boot und ein Raumschiff“). Gulbis sei eher ein Naturtalent, erklärt Georgescu. Aber Djokovic war Gulbis und allen anderen trotzdem überlegen, weil er den Willen hatte, hart an sich zu arbeiten. In Djokovics Teenagerwelt gab es keine freien Tage. Nicht ein einziges Mal hörte Georgescu Djokovic sagen, wie es die anderen Kids manchmal taten: „Ich bin müde – heute hab ich keine Lust.“ – „Novak hat sich immer den Arsch aufgerissen“, erinnert sich der Rumäne. Djokovic war jeden Tag gleich. Seine Mitschüler an der Akademie „lästerten“ zwar über seine „kalkulierte“, „strenge“ Herangehensweise, aber nie auf gehässige Art, eher tuschelten sie voller Ehrfurcht und Staunen hinter seinem Rücken über ihn.

Gulbis, dessen Vorname nach dem Schriftsteller Ernest Hemingway ausgewählt worden war, war das Rich Kid mit dem künstlerischen Hintergrund und den „coolen Klamotten“, der nach dem Training oft ausging, auch wenn er am nächsten

Morgen wieder auf dem Platz stehen musste. Gulbis, so Georgescu, legte gern eine Mir-egal-Haltung an den Tag. Mit ihm abzuhängen, galt als interessant. Mit Djokovic war es auch lustig, aber nie so lustig wie mit Gulbis, was vor allem daran lag, dass Djokovic zum Arbeiten hier war, um besser zu werden. Abseits des Platzes alberte und scherzte Djokovic mit seinen Freunden herum, sah sich Filme an, redete über Mädchen und das Leben und ging sehr gelegentlich bis 22 Uhr in Münchner Bars. Aber er war immer sehr strikt: Nachts wurde geschlafen, nicht gefeiert. „Novak war viel ernster als alle anderen an der Akademie. Mit seiner Leistungsbereitschaft konnte es niemand aufnehmen, und daran hat sich bis heute nichts geändert", sagt Georgescu.

Auf den bayerischen Trainingsplätzen zog es Djokovic und seinen Gegenpol immer wieder zueinander, sie waren die besten Spieler in ihrer Altersklasse. Was das familiäre Umfeld, ihre Persönlichkeit und ihre Haltung betraf, waren Djokovic und Gulbis jedoch grundverschieden. „Sicherlich spielte ihr Hintergrund bei ihrer Herangehensweise an den Sport eine Rolle", so Georgescu. „Aber Novak sprach nie über die finanzielle Situation seiner Familie. Für einen Serben war es sicher schwieriger, aber ich glaube, es hat ihn auch zusätzlich motiviert. Ich erinnere mich, wie uns Niki Pilic einmal darüber belehrte, wie es ist, wenn man alles bekommt, und wie es ist, wenn man nichts bekommt. Novak ist in einem viel raueren Umfeld aufgewachsen als die meisten von uns. Aber er hat sich nie über irgendetwas beschwert. Er war sehr reif für sein Alter. Ich glaube, Novak ist schon mit der Mentalität eines Champions auf die Welt gekommen, als hätte er es im Blut."

Einen Ort gab es aber, an dem sich Gulbis – der zukünftige Roland-Garros-Halbfinalist und die Nummer zehn auf der Weltrangliste – so richtig reinhängte, und zwar auf dem Platz, wenn er und Djokovic sich einen Wettkampf lieferten. Wenn die beiden Trainingssätze spielten, „brannte der Platz“, so beschreibt es Georgescu, dann beschimpften sich die Rivalen und zertrümmerten ihre Schläger. „Sie spielten stundenlang. Sie wollten einfach nicht aufhören“, erinnert sich Georgescu. Und es stellte sich heraus, dass Plackerei und Fitness (Djokovic) in den meisten Fällen das reine Naturtalent, gepaart mit einer lässigeren, rebellischeren Haltung zum Sport und dem Leben (Gulbis), übertrumpfte. Djokovic brauchte in jener Zeit keinen Extra-Ansporn, um zu wissen, dass er auf dem Weg zu wahrer Größe war, aber dennoch wird jeder Satzgewinn gegen Gulbis eine schöne Bestätigung gewesen sein.

Niki Pilic, ein Kroate, der Anfang der 1970er-Jahre das French-Open-Finale erreicht hatte, nahm keine Spieler unter vierzehn Jahren auf. Für Djokovic, der erst zwölf war, machte er eine Ausnahme, weil er sein Potenzial erkannte. „Jelena Gencic hat mich mehrmals angerufen und gesagt, dass sie einen Jungen hätte, dem sie nichts mehr beibringen könne. Sie fragte, ob ich ihn nehmen könnte“, erzählt Pilic. „Novak kam an die Akademie. Meine Frau sprach mit ihm und sagte, dass er ein sehr intelligenter Junge sei. Dann fing ich an, ihn zu trainieren, und war begeistert. Novak zu entdecken, war, wie einen Diamanten in einer Mine zu finden. Im Laufe der Monate und Jahre strahlte er immer heller und heller.“

Djokovic hing ihm an den Lippen, er wollte sein ganzes Wissen abspeichern. Er sagte zu Pilic, dass er weder seine Chancen noch seine Karriere vergeuden wolle. „Novak ist sehr klug und diszipliniert, und er hat versucht, das Beste aus meinem Wissen und meiner Erfahrung zu machen, um selbst besser zu werden“, so Pilic. „Er war ein junger Mann mit einer unglaublichen Konzentration – er war sehr leicht zu trainieren. Er wollte lernen. Ich konnte nicht ahnen, dass er eines Tages mehr als 400 Wochen die Nummer eins sein würde, oder auch nur irgendetwas in der Art, aber ich wusste, dass er Weltniveau hatte.“

Djokovic betrachtete Pilic als seinen „Tennisvater“ und „Mentor“. Bestimmt war es nicht einfach für ihn, so weit von seiner Familie weg zu sein, zumal sie ihn aus finanziellen Gründen in den ersten Monaten nicht besuchen konnten. „Es war eine schwere Zeit. Aber meine Frau und ich haben uns um Novak gekümmert wie um einen eigenen Sohn – und das hat er uns nie vergessen“, berichtet Pilic. „Wir mochten ihn sehr und wollten ihm das Gefühl geben, dass er offen über alles mit uns sprechen konnte und wir Probleme gemeinsam lösen würden. Als er älter war und die Akademie verlassen hatte, kam er immer wieder zurück, um mich zu besuchen und vor seinen Turnieren in Deutschland hier zu trainieren. Manche Trainer geben ihren Spielern viel und bekommen nichts zurück. Ich habe immer viel von Novak zurückbekommen, viel Respekt. Wir schreiben uns Nachrichten und reden immer noch miteinander, wenn auch nicht mehr so oft wie früher, und sehen uns ein- oder zweimal im Jahr. Wenn Novak einen Titel gewonnen hat, rufen meine Frau und ich Novaks Eltern an und gratulieren ihnen. Wir reden über Gott und die Welt.“

Pilic erklärte den anderen Schülern, dass Djokovic zur Weltspitze gehören würde, und das nicht nur wegen der Art, wie er den Ball schlug und sich bewegte, sondern auch wegen seines Hungers und Ehrgeizes. Djokovic hatte eine Vision davon, wo er hinwollte, und einen Plan, wie er dorthin gelangen würde: indem er sich jeden Tag abrackerte. Georgescu erinnert sich, dass Djokovic bis an den Rand des physischen Zusammenbruchs an seiner Technik und Fitness arbeitete – manchmal war er kurz davor, vor Erschöpfung umzufallen – und dann noch ein wenig weiterackerte.

*

Eine der seltsamsten Episoden in Djokovics Laufbahn ereignete sich ausgerechnet bei einem Abendessen in Schottland im April

2006. An dem Wochenende wurde in Großbritannien die serbische Davis-Cup-Mannschaft empfangen, und die Lawn Tennis Association hatte eine Veranstaltung in einem Hotel am Stadtrand von Glasgow organisiert. Der Abend versprach den üblichen Small Talk und Tennisplausch. Doch dann wandte sich Djokovics Mutter an Stuart Smith, den damaligen Präsidenten der LTA. Sie machte keinen Small Talk, sondern erzählte Smith, dass sie darüber nachdachten, aus Novak einen Briten zu machen. Dijana spricht gut Englisch; alle hatten genau verstanden, was sie da lancierte – unklar war nur, ob Novak selbst zu diesem Zeitpunkt davon wusste.

„Novak ist Serbien, und Serbien ist Novak“, sagte Dijana in Belgrad, als 2022 während der Einreisedramen vor den Australian Open die Emotionen hochkochten. Wenn man ein paar Tage in der serbischen Hauptstadt verbringt und sich mit Djokovics alten Nachbarn in Banjica oder den Mitgliedern des Tennisclubs Partizan unterhält, stellt man schnell fest, dass in ihren Worten viel Wahrheit steckt. Hier sieht man, dass er wirklich eine Galionsfigur für Serbien ist, und wenn man bedenkt, wie viel Kraft er selbst daraus zieht, sein Land zu repräsentieren, dann erscheint es umso verwunderlicher, dass er fast Brite geworden wäre. Verständlicherweise denken nicht alle aus dem serbischen Team gern an diese Episode zurück, diesen sonderbaren Moment, als die Familie in Erwägung zog, nach London zu ziehen und Djokovic zu Andy Murrays Davis-Cup-Teamkollegen zu machen.

Anders als häufig berichtet – etwa von Roger Draper, der damals erst seit einem Monat Geschäftsführer der LTA war –, war es die Familie Djokovic, die sich an die LTA wandte, nicht umgekehrt. Obwohl der jugendliche Djokovic damals bereits zu den Top 100 gehörte, stand längst nicht fest, wie weit er es im Tennis bringen würde. Noch konnte niemand vorhersehen, dass er zahlreiche Grand Slams gewinnen und der beste Spieler aller Zeiten werden würde. Djokovics Eltern standen weiterhin unter extremem finanziellem Druck; sie brauchten mehr Unterstützung, und vom serbischen Tennisverband, dessen Präsident und Funktionäre bei dem Dinner in Glasgow ebenfalls anwesend waren, erhielten sie die offensichtlich nicht. „Novaks Karriere war damals ein wenig zum Stillstand gekommen, weshalb seine Eltern wohl das Gefühl hatten, dass sie etwas Schwung brauchte", so ein LTA-Insider.

Vielleicht konnte ihnen ja die vermögende LTA mit ihren vielen Millionen Pfund, die sie jedes Jahr mit Wimbledon verdiente, das Geld geben, das sie benötigten? „Die Message, die wir von der Familie Djokovic erhielten, lautete: ‚Novak bekommt nicht die Unterstützung, die er braucht – und er braucht echte Unterstützung, um die Nummer eins der Welt zu werden", erinnert sich Draper. „Djokovic war ein aufsteigender Stern, so wie Andy. Die Familie Djokovic kam zu Stuart und sagte: ‚Können wir darüber reden?' Dann informierte Stuart mich, worauf ich sagte: ‚Ein Gespräch zu führen, kann ja nicht schaden."' Draper wollte Djokovics Eltern an diesem Wochenende jedoch nicht treffen, weil er fürchtete aufzufliegen. Stattdessen ließ er Dijana und Srdjan eine Nachricht zukommen. „Warten wir ab bis nach dem Davis Cup. Die Presse ist in Glasgow, und wir wollen nicht, dass jemand hiervon erfährt."

Wenige Wochen später meldeten sich Djokovics Eltern erneut bei der LTA: „Wir kommen nach London. Können wir uns treffen?" Eine streng geheime Besichtigung des Nationalen Trainingszentrums der LTA, das sich damals im Queen's Club im Westen Londons befand, wurde arrangiert. An diesem Abend trafen sich Smith und Draper mit den Djokovics zu einem informellen Abendessen in Smiths Haus in Kent. Dort besprachen sie, wie die LTA Djokovics Karriere fördern könnte, so wie sie damals auch Murray ihre volle finanzielle Unterstützung anboten, der eine Woche älter ist als Djokovic. Nach

Drapers Erinnerung wurden keine konkreten Zahlen genannt, auch lockte die LTA Djokovics Eltern nicht mit Jobs, einem Auto und einem Haus in London, wie manchmal angedeutet wurde. Zweifelsohne jedoch war die LTA sehr daran interessiert, das Davis-Cup-Dreamteam der Zukunft zusammenzustellen: Djokovic und Murray. Srdjan und Dijana sprachen auch über ihre anderen beiden Söhne, die Tennis spielten und Förderung benötigten. Aber aus Drapers Sicht war die LTA immer nur an Novak interessiert.

„Wie alle Eltern wollten sie das Beste für ihr Kind und hatten das Gefühl, dass sie Hilfe brauchten, um Novak dorthin zu bekommen, wo er sein wollte", sagt Draper über Djokovics Eltern. Er hatte nach dem Gespräch das Gefühl, dass Djokovic womöglich schon auf dem Weg nach London war. Es wäre nicht das erste Mal gewesen, dass so etwas geschah. An diesem Davis-Cup-Wochenende besiegte Djokovic Greg Rusedski, der in den 1990er-Jahren von Kanada nach Großbritannien gewechselt war. Dijana Djokovic hatte erkannt, dass England 2006 aktiv auf Heldensuche war.

Es gab nur einen Haken – der Security-Mitarbeiter an der Pforte des Queen's Club war Serbe, und er hatte Djokovics Eltern bei ihrer Ankunft erkannt. Die Besichtigung war insofern nicht so „streng geheim", wie sich Srdjan und Dijana erhofft hatten. Bald kursierten Gerüchte in der Tennisszene. Erst sprach es sich in London herum, dann in Belgrad: Da war etwas im Busch. Bei der LTA gingen Anrufe ein, auch von den Medien, und alle wurden damit abgespeist, dass Djokovics Eltern nur zu Besuch in London waren und alles ganz harmlos sei. Die Djokovics, so Draper, bekamen es mit der Angst zu tun. „Wir hatten den Eindruck, dass sie die Kontrolle über das Narrativ verloren." Hinter den Kulissen schossen die E-Mails zwischen Belgrad und London hin und her. Der Austausch von Nachrichten zwischen der LTA und der Familie zog sich über den

Frühling bis weit in den Sommer hinein. Kurz nach Wimbledon fragte Draper Srdjan und Dijana geradeheraus: „Machen wir das jetzt oder nicht?"

Für Djokovic hatte es sich nie richtig angefühlt, Brite zu werden. Aber er verstand, dass es nicht nur um ihn und sein emotionales Bedürfnis ging, mit seinem Land, seiner Sprache, seinen Freunden und seiner erweiterten Familie verbunden zu bleiben. Letzten Endes beschlossen die Djokovics, die Diskussion abzubrechen. Als Draper im Spätsommer 2006 im Zuge der US Open in New York zufällig Djokovics Eltern begegnete, war klar, dass die Gespräche beendet waren. Vielleicht lag es am serbischen Sicherheitsmann, der die serbische Tenniswelt alarmiert hatte. Vielleicht, so Draper, hatten Djokovics Eltern das Treffen mit der LTA als Druckmittel nutzen können, um vom serbischen Tennisverband das zu bekommen, was sie wollten. Jahre später, als Drapers Sohn Jack 2021 in der ersten Runde von Wimbledon gegen Djokovic antrat, musste Draper daran denken, was hätte sein können.

Es sei lustig, so Draper, sich ein Paralleluniversum vorzustellen, in dem die Djokovics zugestimmt und Novak derjenige gewesen wäre, der den Geist Fred Perrys aufgeschreckt hätte, der das britische Tennis seit den 1930er-Jahren heimsuchte. Am Ende war es Murray, der 2012, mehr als 70 Jahre nach Perry, als erster Brite mit seinem Sieg bei den US Open einen Grand-Slam-Titel im Herreneinzel gewann, worauf ein „goldener Moment" folgte, als er 2013 als erster männlicher Heimchampion nach 77 Jahren Wimbledon gewann, indem er Djokovic im Finale bezwang. Wäre Djokovic ebenfalls Brite gewesen, hätte Murrays Triumph bei Weitem nicht diese emotionale Power gehabt – schließlich hatte Djokovic Wimbledon bereits 2011 gewonnen. Hinzu kommt, dass Djokovic als Brite sich selbst und Serbien um viel mehr beraubt hätte: um eine Symbolik, die weit über den Tennisplatz hinausreicht. Für Djokovic wie für Murray war es letztlich eine kluge Entscheidung, dass der Junge aus Belgrad, der Teenager, der jenseits des Tennissystems aufgewachsen war, Serbe geblieben war.

Mit Monica Seles gab es zwar bereits eine große serbische Spielerin, die mehrere Grand-Slam-Einzeltitel gewonnen hatte, aber sie hatte im Verlauf ihrer Karriere die US-amerikanische Staatsbürgerschaft angenommen. Djokovics Karriere würde anders verlaufen – alles, was er im Tennis erreichen würde, würde er als Serbe erreichen, nicht als Brite oder unter einer anderen Flagge. Letzten Endes konnte er sich selbst treu bleiben, was ihm Frieden und Kraft gab. Psychologisch gesehen war das für Djokovic von großem Vorteil.

„Es war wichtig für Novak, zu zeigen, dass niemand ihn kaufen konnte", stellt Jelena Jankovic fest. „Selbst als sich Serbien in einer schwierigen Lage befand und ihn finanziell nicht so unterstützen konnte, wie es Großbritannien angeboten hat, zeigte er, dass er sein Land trotzdem liebte. Ich bin mir sicher, dass er immer noch glücklich darüber ist, das Angebot Großbritanniens abgelehnt zu haben und unter serbischer Flagge zu spielen. Novak ist in Serbien geboren, er ist Serbe, fühlt sich als Serbe und sollte Serbe bleiben. Kein Geld der Welt sollte daran etwas ändern."

Nicht nur Großbritannien, auch andere Länder wären daran interessiert gewesen, ihn für sich spielen zu lassen. „So läuft das eben manchmal, dass Athleten aus kleinen Ländern Verträge mit großen Ländern unterschreiben", erklärt Bogdan Obradovic. „Novak hatte die Möglichkeit, für Großbritannien zu spielen. Aber ich glaube, dass seine Familie das Thema eher locker angegangen ist, dass es nie eine ernste Sache war. Er hatte schon früh – ich glaube, da war er zwölf – den Traum, den Davis Cup für Serbien zu gewinnen. Sein Land zu repräsentieren, gibt einem so viel Energie, so viel Selbstvertrauen als Tennisspieler, und das hätte Novak in Großbritannien nicht bekommen."

Djokovic sah den Reichtum der LTA, den Glanz der Einrichtungen in Großbritannien, aber er spürte, alles zu haben, macht einen nicht zum Sieger. Das viele in Aussicht stehende Geld hätte seinen Preis gehabt.

Über die Jahre konnte man sich immer weniger vorstellen, dass Djokovic etwas anderes als Serbe sein könnte. Kurz nach seinem ersten Grand-Slam-Titel bei den Australian Open 2008 und angesichts der Unabhängigkeitserklärung des Kosovos schickte er eine Video-Botschaft auf eine riesige Leinwand in Belgrad, die von rund 150 000 Menschen verfolgt wurde: „Wir sind bereit zu verteidigen, was rechtmäßig uns gehört. Der Kosovo ist Serbien", sagte er. In der darauffolgenden Nacht griffen Demonstranten mehrere ausländische Botschaften an und setzten die US-amerikanische Botschaft in Brand. Djokovics Vater, gebürtiger Kosovare, bezeichnete den Kosovo als „das Zentrum der serbischen Geschichte, die Wiege der serbischen Kultur".

Auch 2023 machte Djokovic seine Haltung deutlich – in Roland-Garros, also auf einem Turnier, wo, wie man meinen sollte, es darauf ankäme, sich voll und ganz auf den Sport zu konzentrieren: Mit einem weißen Filzstift schrieb er auf die Linse einer Kamera: „Kosovo ist das Herz Serbiens – stoppt die Gewalt." Der kosovarische Tennisverband warf Djokovic daraufhin vor, die Spannungen zwischen dem Kosovo und Serbien zu schüren, und der französische Sportminister erteilte ihm eine Ermahnung. Aber Djokovic zeigte sich unbeeindruckt. Was er geschrieben hatte, war seine Überzeugung, und dazu stand er.

„Die Geschichte unseres Landes ist grausam", konstatierte Djokovic einmal nonchalant. Angesichts seines Ansehens und seines Einflusses war die Empörung groß, als er sich mit Milan Jolovic zusammen ablichten ließ, einem berüchtigten ehemaligen Kommandeur der paramilitärischen Drina-Wölfe, die am Massaker von Srebrenica beteiligt waren, bei dem

1995 über 8000 muslimisch-bosnische Jungen und Männer ermordet wurden. Oder als ein Video in Umlauf geriet, auf dem zu sehen ist, wie Djokovic auf einer Hochzeit mit Milorad Dodik singt, einem bosnisch-serbischen Politiker, der das Massaker von Srebrenica als einen „erfundenen Mythos" bezeichnet (wobei die gute Beziehung 2023 endete, nachdem sich Dodik beleidigend über die Familie Djokovic geäußert hatte, was in einem Tonmitschnitt festgehalten worden war).

Djokovic versucht, Serbien auf nach seinem Verständnis positive Weise zu repräsentieren und andere, nicht zuletzt seine Landsleute, dazu zu bringen, ihre Meinung zu Serbien zu überdenken. „Serbien war früher für Kriege und schlimme Dinge bekannt", sagt Jankovic. „In diesen schwierigen Zeiten für Serbien waren Athleten, und vor allem wir Tennisspieler, die besten Botschafter für das Land. Wir haben das Bild, das die Menschen von Serbien hatten, verändert. Wir wurden bekannt als ein Land mit unglaublichen Sportlern, wirklichen Sportlegenden wie Novak, die alle Rekorde gebrochen haben."

Früher gehörten Gangster und Drogendealer zu den Vorbildern serbischer Kinder, sagte Djokovics Mutter einmal mit Blick auf die harten, manchmal gesetzlosen 1990er- und 2000er-Jahre. Ihr ältester Sohn habe dazu beigetragen, dies zu ändern, indem er sich durch harte Arbeit ein Leben aufgebaut habe und so zu einem Symbol für ein neues, wiedererstarktes Serbien geworden sei. Ein Serbien, das den Schmerz und die Dunkelheit hinter sich gelassen habe. Djokovics Vater geht noch weiter: Im schlimmsten Moment der serbischen Geschichte sei Novak von Gott gesandt worden, um zu zeigen, dass Serbien keine Nation von Mördern und Wilden sei.

AM SCHEIDEWEG

„Clown prince" nannten sie ihn. Er war der Showman, der Witzbold, der „Djoker". Und trotzdem, hinter der albernen, grinsenden, herumblödelnden Fassade herrschten auch Ängste und Zweifel. Man hätte es vielleicht nicht vermutet, wenn man ihm dabei zusah, wie er vergnügt Rafael Nadal nachahmte und sich hinten an den Shorts herumzupfte, aber in seinen frühen Zwanzigern war sich Novak Djokovic manchmal nicht ganz im Klaren über seinen Platz im Tennis und wo die Reise für ihn hingehen sollte. Im Tennis gibt es keinen Körperkontakt, man kann sich aber auf andere Weise aufreiben, und der Umgang mit Nadal und Roger Federer war nicht immer gut für seine Psyche.

Etwas nagte an Djokovic. Der extrovertierte Spieler, der den Blick dennoch mehr nach innen richtete als die meisten, der große Denker des Tennis, hatte das Gefühl, seine wahre Bestimmung noch nicht gefunden zu haben. Mit dem Sieg bei den Australian Open 2008 war er bereits ein Grand-Slam-Gewinner und doch noch „ein Kind" im Vergleich zu dem Mann und Sportler, der er heute ist, wie sein damaliger Trainer Todd Martin sagt. Was wollte er erreichen? „In dieser Phase seiner Karriere", erinnert sich Martin, der 2009 und 2010 neben Marian Vajda, der Djokovic über viele Jahre begleitete, zu Djokovics Trainerteam gehörte, „stand Novak an einem Scheideweg und dachte darüber nach, was seine Absicht oder Bestimmung war. Er fragte sich: ‚Was wäre ein angemessenes Ziel für meine Karriere?'"

Djokovic wusste, dass er noch jahrelang als der dritte Mann im Tennis hätte weitermachen und gelegentlich einen

Grand-Slam-Titel mitnehmen können, wenn Federer und Nadal nicht ganz in der Spur waren, und das wäre auch keine Schande gewesen. Er bemitleidete sich zwar nicht selbst, aber er hörte, wie manche aus seinem Umfeld einige seiner Ergebnisse entschuldigten, und vielleicht waren es diese Äußerungen, die sich festsetzten und ihn dazu brachten, sich und sein Spiel zu überdenken. Man gratulierte ihm zu seinen sporadischen Erfolgen und bedauerte ihn, weil er in der goldenen Ära des Tennis spielte.

Was würde geschehen, wenn er mehr wollte, als der dritte Mann im Tennis zu sein? Was, wenn er über die Chance nachdachte, sich zu erheben und zur zentralen Figur dieses Sports zu werden? „Novak ist nicht wie wir gewöhnlichen Sterblichen. Wir wussten, dass Größe in ihm steckt", sagt Martin. Aber der Serbe musste sich entscheiden, ob er diese Größe tatsächlich zum Vorschein bringen wollte. Martin spürte, dass der Sportler es wissen wollte, aber vielleicht noch nicht an dem Punkt war, sein Leben und den Sport wirklich in die Hand zu nehmen. „Djokovic war definitiv noch nicht so weit, als ich ihm geholfen habe. Er war einfach nicht bereit", sagt Martin. Djokovic war noch nicht der obsessive Sportler, der später so viele Grand Slams einheimsen sollte. „Novak war unreif, also suchte er Ablenkung. Das ist schmerzhaft, oder nicht?"

In mancher Hinsicht war er vielleicht noch nicht reif genug, doch seine inneren Widersprüche machten Djokovic auch klug und philosophisch. Schon früh in ihrer Partnerschaft erklärte Djokovic Martin und der Gruppe, mit der sie zusammensaßen, dass „der Champion aus dem Inneren kommt". Diese Bemerkung ließ Martin vermuten, dass Djokovic sich zu „Großem berufen fühlte". „Novak, der aus dem kriegsgebeutelten Serbien stammt und damals gerade einmal 22 Jahre alt war, klang wie eine Weiser. Er ist hochphilosophisch und nachdenklich, was wahrscheinlich daher kommt, dass er sehr belesen ist.

Dass er das in dieser Phase seines Lebens sagte, war, glaube ich, teils Veranlagung, teils lag es aber auch an seiner Kindheit und der Erziehung, die er genossen hat, und der Verantwortung, die ihm früh im Leben auferlegt wurde."

Als der noch junge Djokovic gegen Federer oder Nadal spielte, schien es manchmal, als hätte er Angst zu gewinnen. Angst, weil er zu viel Respekt vor ihnen hatte. Weil er eingeschüchtert war. Einmal, bevor er bei den French Open gegen Nadal antrat, hüpfte der Mallorquiner in der Umkleidekabine herum und absolvierte Sprints und Känguru-Sprünge, wodurch der gemeinsame Raum für Djokovic plötzlich sehr eng wurde. Verstärkt wurde das klaustrophobische Gefühl noch dadurch, dass Djokovic die Musik aus Nadals Kopfhörern hören konnte. Sie waren noch nicht draußen auf dem Platz, und schon kam es Djokovic vor, als hätte Nadal ihm etwas voraus. Er war „angepisst". Djokovic war naiv und hatte noch nicht verstanden, dass es zum Spiel dazugehört, den Gegner zu verwirren.

Die Lektion, die Djokovic ebenso von Nadal wie von Federer lernte: Der Wettkampf beginnt lange vor dem ersten Punkt oder sogar noch bevor man die Umkleide verlässt. Er begriff, dass er das auch mit anderen Spielern machen konnte, dass er mit seiner Körpersprache und seinem Verhalten vor einem Match zum Ausdruck bringen konnte, wie er in der Nachrichtensendung *60 Minutes* erwähnte, dass er „für die Schlacht, für den Krieg bereit" war. Djokovic schaute sich bei Federer ab, wie er sein berufliches und privates Leben organisieren und dennoch ein Champion sein konnte, der sich auf dem Platz würdevoll und anständig benimmt, und bei Nadal, wie man mit kompromisslosem Kampfgeist in ein Match geht.

In den Anfängen seiner Rivalität mit Federer und Nadal hatte Djokovic das Gefühl, dass sie ihm den „Hintern versohlten". Sie waren bereits mehrfache Grand-Slam-Gewinner, wohingegen er noch seinen Weg suchte. „Das Alter war der wichtigste Faktor, denn Novak war der jüngste der drei“, sagt Chris Evert. „Roger und Nadal waren die etablierten Stars, Novak war der Newcomer. Ganz bestimmt war es anfangs einschüchternd für ihn, gegen die beiden zu spielen. Aber wenn man jung ist, spielt man weiter und spürt, wie sehr man die großen Turniere gewinnen will. Man erkennt, dass es nichts Persönliches ist. Man will nicht zwingend jemanden besiegen, sondern man will gewinnen. Je öfter man gegen jemanden spielt, desto roboterhafter und mechanischer wird es, und die Emotionen und Nerven spielen nicht mehr so sehr mit hinein. Man merkt, dass die Spieler, zu denen man aufschaut, auch nur Menschen sind und ihre Schwächen haben. Sobald Novak die beiden zum ersten Mal geschlagen haben würde, würden sie nicht länger auf einem Podest stehen, sondern mit ihm auf einer Stufe.“

Eine der Herausforderungen für Djokovic war, dass Tennis – wenn er nicht gerade gegen Federer oder Nadal spielte – manchmal zu einfach für ihn war. Er war in der Lage, fast jeden anderen Gegner ohne größere Strategie zu schlagen, indem er den Ball einfach noch einmal zurückspielte, nur war das ein Ansatz, der ihn auslaugte. Er dachte dann auch nicht so taktisch wie sonst. „Gegen 99 Prozent der Spieler war Novak so gut und so ausdauernd, dass es genügte, keinen Ball zu verfehlen“, fasst Martin die Situation zusammen.

„In gewisser Weise hatte es Novak gegen fast alle zu leicht. Er konnte sie schlagen, indem er einfach nicht bereit war zu verlieren. Aber ein solches Arbeitspensum holt einen Athleten irgendwann ein. Am offensten spielte er wohl gegen Nadal. In seinen frühen Zwanzigern hatte Novak eine großartige Bilanz gegen Rafa, denn ihm war klar, wenn er nicht angriff, keine Risiken einging, würde der ihn plattmachen, wie er alle plattmachte. Novak musste aber auch herausfinden, wie er alle anderen Spieler angreifen konnte, jene, gegen die er gewann, indem er sich einfach weigerte zu verlieren.“

Während alldessen musste Djokovic wie alle jungen Sportler aushalten, dass er für sämtliche Misserfolge in der Öffentlichkeit angeprangert wurde, was sich darauf auswirkt, wie man seinen Platz im Tennis sieht und ob man dazu bereit ist, seine wahre Größe zum Vorschein zu bringen. „Abermillionen Menschen bekommen die Misserfolge dieser Athleten mit und kritisieren sie dafür", sagt Martin. „Sportler wie Novak müssen letztlich lernen, damit umzugehen, wenn sie groß sein wollen. Sie müssen sich sagen: ‚Ich werde manchmal scheitern, egal was passiert. Ich kann mich dafür entscheiden, das zu akzeptieren, und aus meinen Fehlern lernen.' Die sozialen Medien sind gnadenlos. Es gibt kein Entrinnen. Wenn du ein richtig guter, aber kein großer Tennisspieler bist, werden deine Erfolge erwähnt, deine Misserfolge aber meistens nicht. Bei den Großen wird dagegen alles durchgekaut, sowohl die Erfolge als auch die Misserfolge. Im Fernsehen, den traditionellen Medien, in allen Social-Media-Feeds und so weiter."

Der Tiefpunkt kam für Djokovic aber nicht gegen Federer oder Nadal, sondern gegen Jürgen Melzer. Er führte 2010 im Viertelfinale von Roland-Garros mit zwei Sätzen Vorsprung, verlor dann und war so verzweifelt, dass er in Tränen ausbrach und alles rausließ; zum ersten Mal wollte er dem Sport den Rücken kehren. Noch schlimmer, er wollte wegrennen, weg von den Menschen, dem Umfeld und all dem Druck, der sich um ihn herum aufgebaut hatte. Djokovic sah keinen Sinn mehr darin weiterzuspielen. Er hatte bereits einen Grand-Slam-Titel gewonnen und Platz drei der Weltrangliste erreicht, konnte sich aber nicht vorstellen, seinen Traum zu verwirklichen, die Wimbledon-Trophäe in Händen zu halten und die Nummer eins der Welt zu werden. Nachdem er darauf seit seiner Kindheit hingearbeitet hatte, fühlte es sich nun an, als würde seine Welt zusammenbrechen. Wenn er nicht einmal Melzer auf Sand schlagen konnte, wie sollte er dann Federer oder Nadal bei einem Grand Slam besiegen?

Die meisten Trainer hätten versucht, etwas Motivierendes, Aufbauendes zu sagen, damit sich der Spieler schnell wieder stark fühlt. Vajda bot Djokovic die Chance, seine Schwachstellen anzugehen. Er ließ ihn weinen und half ihm, alle Emotionen „freizusetzen". Oder, um es mit Djokovics Worten zu sagen, alles „auszukotzen". Und wenn Vajda nicht dagewesen wäre, wenn er nicht diese Schulter zum Anlehnen gehabt hätte, hätte er sich noch einsamer gefühlt. „Nole hat eine Krise durchgemacht, die ihm half, an seine Dämonen zu rühren, an seine dunkle Seite. Das hat ihm sehr geholfen", verrät Igor Cetojevic, sein Vertrauter und ehemaliger Ernährungs- und Lebensberater. „Jede Art von Krise ist hilfreich. Manchmal müssen wir an einen Punkt kommen, an dem wir Dinge neu bewerten, damit wir sehen, wo wir stehen und was wir tun können. Das ist der Moment, in dem wir uns aufs Wesentliche besinnen und unser GPS neu einstellen. Wie ein Ferrari, der von der Straße abgekommen ist und wieder auf die Autobahn auffährt."

Djokovic lernte, sich in Momenten des Scheiterns selbst zu befragen: „Warum spielst du Tennis? Was hat dich von Anfang an dazu motiviert? Warum spielst du immer noch?" Als er beschloss, einen Schritt zurückzutreten und darüber nachzudenken, ob er weitermachen wollte, entschied sich Djokovic, nach seinem inneren Kind zu suchen. Er wollte wieder fühlen, was er als kleiner Junge in Serbien empfunden hatte, und die Lust wiederentdecken, mit der er einen Schläger in die Hand genommen und Bälle geschlagen hatte. Wenn Djokovic auf den Platz zurückkehren würde, dann nicht, weil das alle von ihm erwarteten, sondern nur, weil er noch immer eine kindliche Freude und Spaß dabei empfand. Er hoffte, dass seine Beziehung zum Tennis wieder so einfach und natürlich sein würde, dass sich seine Motivation zu trainieren, zu reisen und sich zu messen aus der reinsten Quelle speiste. Sosehr Djokovic auch von Vajda, seiner zukünftigen Frau Jelena und seinen

Eltern unterstützt wurde, war das im Grunde etwas, was er für sich selbst tun musste. Innerhalb weniger Tage gelang es Djokovic, sich mit seinem inneren Kind zu verbinden, und eine innere Stimme erinnerte ihn daran, was Tennis für ihn immer bedeutet hatte, was ihn überhaupt erst auf den Platz gezogen hatte und was der Sport immer noch sein konnte: „Hey, es ist ein Spiel – also spiele!“

Was Gebhard Gritsch, Djokovics damaliger Fitnesstrainer, als „Neuerfindung“ des Spielers bezeichnete – den disziplinierten, abgebrühten Athleten, den wir heute kennen und der seine kindliche Liebe zum Tennis mit grimmigem Engagement verknüpft –, begann mit der Niederlage gegen Melzer. „Als ich 2009 bei Novak anfing, war er nicht der Typ, den wir heute kennen“, sagt Gritsch. „Es gab Tage, an denen er nicht so fokussiert oder so diszipliniert war, aber er war ja auch noch jung. Ich würde sagen, ab 2010 hat er sich wirklich verändert und wurde sehr fokussiert, mit dem großen Ziel, die Nummer eins zu werden. Einer der entscheidenden Momente war seine Niederlage gegen Melzer in Paris. Dieses Match hat ihn hart getroffen. Er war sehr enttäuscht von sich und der ganzen Situation. Novak hat sich ein paar Tage freigenommen, um in sich zu gehen. Danach änderte er seine Einstellung in vielen Dingen. Er erkannte, dass er sich konzentrieren, alles richtig machen und ins Detail gehen musste.“

Djokovic hatte sich, so Martin, bereits seit einer Weile ganz bestimmte Fragen gestellt: „Ich spüre Größe in mir, aber wie bringe ich sie zum Vorschein? Traue ich mich? Bin ich mutig genug?“ So, wie Martin Djokovic kennt, muss es einen Moment gegeben haben, in dem sich der Sportler im Badezimmerspiegel betrachtete und ein Motivationsgespräch mit sich selbst führte, das ihn schließlich zu seinem „überirdischen Erfolg“ antrieb. Martin stellte sich diese aufmunternden Worte in etwa so vor: „Es ist an der Zeit, alles zu riskieren, auch zu scheitern. Ich muss mutig sein, mein Potenzial entdecken und alles dafür geben, großartig zu sein."

Die meisten Spieler in der härtesten Ära des Tennis schraubten ihre Ambitionen zurück. Dagegen ist nichts einzuwenden; sie waren realistisch. Aber einige aus Djokovics engstem Kreis sagen, dass er, von kurzen Ausreißern abgesehen, sich nie erlaubte, so zu denken. „Novak glaubte immer daran, die Nummer eins sein zu können, auch wenn er die Nummer drei war. Er war nie zufrieden damit, die Nummer drei zu sein. Novak hat nie versucht zu analysieren, warum er nicht die Nummer eins war. Er hat einfach nie lockergelassen", sagt Vemic. „Je mehr Erfahrung man als Spitzensportler hat, desto besser fühlt man sich in diesen Momenten, und allmählich beginnt man, das Rätsel zu lösen. Er hat immer daran geglaubt, dass er es verdient hat, ein Champion zu sein, weil er an sich selbst, seine harte Arbeit und seinen Lebensstil glaubte. Er spürte, dass es nur eine Frage der Zeit war. Sein Glaube an sich selbst war unerschütterlich."

Es dauerte eine Weile, bis Djokovic spürte, dass die Rivalität mit Federer und Nadal das Beste aus ihm herausholte. An ihnen konnte Djokovic sich messen und herausfinden, ob er sich als Sportler weiterentwickelte. Statt sich von Federers und Nadals Größe entmutigen zu lassen, ließ er sich von ihren Leistungen inspirieren und eiferte ihnen nach. Wie Djokovic seinem Freund Chervin Jafarieh gegenüber bemerkte, brauchte er diese Konkurrenz. Zur selben Zeit wie Federer und Nadal zu spielen, hatte Djokovic dazu gezwungen, noch höher hinauszuwollen. Hätte Djokovic mehr Grand-Slam-Titel gewonnen, wenn es Federer und Nadal nicht gegeben hätte? Möglich, aber wir können es nicht mit Sicherheit sagen, da er ohne die beiden vielleicht nicht so motiviert gewesen wäre. Was wir aber mit ziemlicher Sicherheit sagen können, ist, dass Federer und

Nadal ihn zu einem besseren Tennisspieler gemacht haben; sie haben ihm zu seiner Größe verholfen. Indem er Federer und Nadal jagte, brachte er sich selbst dazu, mehr Grand-Slam-Turniere zu gewinnen als jeder andere.

„Der Dritte zu sein, hat ihm mehr geholfen als geschadet", ist Craig O'Shannessy überzeugt, Djokovics ehemaliger Strategietrainer. „Novak blühte in dieser Situation auf, weil die beiden so genial waren und Dinge erreichten, die vorher undenkbar waren. Wenn du der Dritte bist und siehst, was die beiden vor dir leisten, dann denkst du dir: Was die können, kann ich auch. Ich glaube, dass er Roger und Rafa vor sich hatte, hat die Aufmerksamkeit ein wenig von ihm abgelenkt und ihm gleichzeitig etwas gegeben, wonach er streben konnte. Diese drei Jungs haben einander viel zu verdanken. In der Art, wie sie spielen, haben sie einander über die Jahre immer wieder nachgeeifert."

Mit seinen Rivalen befreundet zu sein, war allerdings nicht möglich. Spannungen waren unvermeidbar. In seinen ersten Jahren auf der Tour hatte Djokovic das Gefühl, dass Federer unzufrieden mit seinem Verhalten war, zum Beispiel, weil er offen über seine Absicht sprach, die Nummer eins der Welt zu werden. „Ich fand es immer gut, wenn Federer etwas über Novak sagte, sich über sein Verhalten beschwerte oder Ähnliches. Das hieß, dass er ihn als Bedrohung ansah", erinnert sich Ronen Bega, Djokovics ehemaliger Fitnesstrainer. Um sich zusätzlich zu motivieren, achtete Djokovic darauf, wie die anderen Spieler hinter den Kulissen behandelt wurden, ob sie zum Beispiel besseres Shampoo oder besseres Duschgel bekamen oder ein flauschigeres Handtuch. Zur jüngeren Generation – zu Spielern wie Carlos Alcaraz, Daniil Medvedev und Jannik Sinner – hat Djokovic heute ein besseres Verhältnis als seinerzeit zu Federer und Nadal. Einige Beobachter der Szene führen die Beziehung zwischen Chris Evert und Martina Navratilova als Beispiel dafür an, dass Tennisrivalen auch befreundet sein können, wobei sich die beiden nicht sehr nahestanden, als sie noch gegeneinander antraten. Evert hat Verständnis dafür, dass Djokovic und Federer keine Kumpel sein konnten. „Wenn man mit jemandem im Wettstreit steht, will man mit dieser Person nicht essen gehen, sich verletzlich zeigen und seine wahren Gefühle offenbaren, weil ihr das einen Vorteil verschaffen würde", sagt sie. „Erst wenn man sich vom Tennis zurückgezogen hat und nicht mehr gegeneinander antritt, kann man befreundet und menschlich sein statt Konkurrenten."

Wie nach der Niederlage gegen Melzer 2010 in Paris deutlich wurde, stärkte die „wunderbare Beziehung" zu Vajda Djokovics Selbstvertrauen. Er verhalf ihm als Trainer von 2006 bis 2017 und dann von 2018 bis 2021 zu 20 Grand-Slam-Titeln. „Zwischenmenschliche Beziehungen sind spannend, und manchmal kommen zwei große Geister nicht gut miteinander klar. Aber irgendwie haben sich die beiden – Novak und Marian – in vielfacher Weise ergänzt", sagt Vemic, der ihre Dynamik hautnah miterlebte. „Marian wuchs an seiner Rolle als Trainer, Mentor, großer Bruder und Onkel. Und er ermöglichte Novak zu wachsen. Er hat ihm geholfen, an sich selbst zu glauben. Ein Tennisspieler kann noch so gut trainieren, noch so viel lernen – es hilft alles nichts, wenn er nicht an sich glaubt. In den kritischsten Momenten stehen wir allein auf dem Platz und müssen in Sekundenschnelle Entscheidungen treffen. Je mehr wir auf uns selbst und unsere Fähigkeiten vertrauen, desto größer sind unsere Chancen. Die Beziehung zu Marian hat Novak geholfen, sich in diesen Momenten auf sich selbst zu verlassen."

Man stelle sich Vajda als den Jedi-Meister des Tennisplatzes vor. „Marian war wie Yoda", scherzt O'Shannessy. „Er blieb lieber ein wenig im Hintergrund. Aber wenn er sprach, hatten seine Worte Gewicht. Er hat unglaublich viel Erfahrung. Er kennt den Sport in- und auswendig, kennt die Spieler. Es war ein großes Vergnügen, mit ihm zu arbeiten und ihre Beziehung zu beobachten."

Manche Trainer sind gut in dem, was sie tun, können aber auch anstrengend sein und anderen damit Energie rauben. Vajda konnte ernsthaft sein, wenn es darauf ankam, aber auch unbeschwert. Im Wesentlichen war das der Grund, weshalb ihre Beziehung Bestand hatte, argumentiert O'Shannessy. „Marian passte gut zu Novak, weil er jemanden brauchte, der wusste, was er tat, aber nicht die ganze Zeit bierernst war. Sie haben sich richtig gut ergänzt. Novak hatte enormen Respekt vor allem, was Marian tat. Und so half er ihm auch, wenn er an sich zweifelte oder eine schwierige Zeit durchmachte – als Trainer geht es nicht nur um die Strategie und die Schläge und die Technik."

Vajdas Aura und Energie ermöglichten es Djokovic, eine positive Lebenseinstellung zu behalten, auch wenn die Dinge nicht so liefen, wie er es sich wünschte. „Marian ist ein unglaublicher Mensch", stellt Gritsch fest. „Für Novak war ihre Zusammenarbeit langfristig gesehen äußerst produktiv. Nicht nur für Novak, für das ganze Team. Es ist nicht einfach, sich jeden Tag aufs Neue optimal vorzubereiten. Deshalb war Marians Energie für alle im Team superwichtig. Natürlich macht man als Trainer auch viele andere Dinge, aber die positive Energie, die er mit ins Team brachte, war im Vergleich zu anderen Trainern einzigartig. Es gibt nicht viele große Trainer, die über eine solche Ausstrahlung verfügen. Jeder um Marian herum hat davon profitiert."

Wenn Djokovic in der Weltrangliste nur zwei Plätze nach oben käme, wäre das enorm. „Das klingt nicht nach einem gewaltigen Sprung", sagt Martin, „aber wenn man weiß, wie weit die Nummer drei damals von der Nummer eins entfernt war, war es das schon." In dieser Ära war ein Grand-Slam-Gewinn noch keine Garantie für den nächsten. Djokovic war sich bewusst, dass der Rest seines Tennislebens kein Spaziergang werden würde. Aber er war bereit, an sich zu arbeiten, wie Martin sagt.

Um seine eigene Größe zum Vorschein zu bringen, musste Djokovic noch einmal von vorn lernen, wie man sich ernährt, wie man atmet, wie man denkt.

DER MANN HINTER DEM DJOKER

Keine anderen Sportler werden im Fernsehen so häufig in Close-ups gezeigt wie Tennisprofis; egal ob beim Seitenwechsel oder wenn sie sitzen, die Kameras zoomen immer näher heran, bis es übergriffig wird. Die Kameraleute und die Zuschauer bekommen das Gesicht eines Spielers und seine Psyche in HD geliefert. Tennis ist ein Individualsport; die Kameras können nirgendwo anders hin, von der anderen Seite des Netzes abgesehen. Das Fernsehen ist einer der Gründe, weshalb es heißt, dass Tennis den Charakter offenbart. Auf dem Platz, auf der Bank – unweigerlich zeigen die Spieler der Menge und den Fernsehzuschauern ihre psychische Verfassung. Sosehr man es auch möchte, man kann nicht verbergen, wer man wirklich ist. Aber wie ist es, wenn man im Laufe der Karriere, ein paar Jahre nachdem man ein erstes großes Turnier gewonnen hat und zu einer führenden Persönlichkeit dieses Sports avanciert ist, seine Tennis-Persona ablegt und eine neue kreiert? Das klingt weit hergeholt, fast unmöglich, aber genau das hat Novak Djokovic getan.

Er schraubte seine Djoker-Persönlichkeit zurück, unterdrückte den Witzbold oder eben Joker in sich und brachte nicht mehr so viele spaßige Einlagen auf dem Platz. Das war die Revolution, die er als Sportler brauchte. Djokovic war noch der Djoker, als er 2008 bei den Australian Open seinen ersten Grand-Slam-Titel gewann. Aber schon in der Saison 2011, als er sich seinen Kindheitstraum erfüllte, Wimbledon zu gewinnen und die Nummer eins der Welt zu werden, war der Spaßmacher verschwunden. Oder zumindest war Djokovic nicht mehr der totale Joker, höchstens noch die Light-Version.

Schon früh in seinem Leben auf der Profitour, während seiner Djoker-Phase, war etwas Seltsames passiert. Indem er andere Spieler nachahmte, wurde Djokovic sozusagen er selbst. Das mag paradox erscheinen, aber er hatte gezeigt, dass er Temperament und Sinn für Humor hatte. Dass mehr in ihm steckte als überragende spielerische Qualitäten. Doch Djokovic hatte auch erkannt, dass der Djoker, trotz aller Lacher und schönen Momente, schlecht fürs Geschäft war.

Also verwandelte er sich. Erfand sich neu und wurde ein stillerer, vernünftigerer Sportler. Seine lustige Seite kam auch später noch gelegentlich zum Vorschein, wenn er auf dem Platz stand, zum Beispiel bei seinen Siegestänzen. Da durfte der Djoker durchscheinen. Aber im Großen und Ganzen hatte Djokovic diese Rolle abgelegt. Doch zu welchem Preis, muss man sich fragen, wo doch der Spaß ein so wichtiger Bestandteil seines Charakters war? Wer war Djokovic ohne dieses Element der Freude, zumal er begriffen hatte, dass das Publikum nicht nur die Tenniskünste, sondern auch die Persönlichkeiten der Spieler sehen wollte.

„Novak wurde auf dem Platz immer zurückhaltender", beobachtete Dusan Vemic, sein ehemaliger Trainer. „Das war einfach seine Reise, auf der er herausgefunden hat, wer er ist. Mit seinen Showeinlagen aufzuhören, gehörte zu seinem Wachstum dazu. Im einen Moment hatte Novak noch das Gefühl, dass es das Richtige war, und im nächsten merkte er, dass es auch in Ordnung war, nicht mehr der Typ zu sein, der diese Rollen spielt."

Wäre er kein Tennisspieler geworden, hat Djokovic einmal gesagt, dann wäre er in die Unterhaltungsindustrie gegangen. Unter den großen Spielern im Herrentennis ist Djokovic der bei Weitem extrovertierteste, und er ist am glücklichsten, wenn er sich von seiner menschlichen Seite zeigen kann – und noch ein bisschen mehr. Das wurde sichtbar, als er einmal in

Roland-Garros in einer Karaoke-Kabine auftrat, die ein französischer Sender für die Spieler organisiert hatte. Djokovic sang – oder schrie eher – begeistert Gloria Gaynors Song „I Will Survive“ ins Mikrofon und riss sich in Iggy-Pop-Manier das T-Shirt vom Leib. Noch gewagter war sein Auftritt bei einer Modenschau in Montreal eines Sommers, als er seinen Morgenmantel ablegte und nur noch in Unterhosen dastand, eine Vorstellung, die man niemals mit jemandem wie Federer in Verbindung bringen würde. Und genau darum ging es ja eigentlich; Djokovic wurde als der Rebell gesehen, der junge Mann, der das Tennis-Establishment aufmischt, und er fütterte dieses Image, indem er alles anders machte. Vor seinem allerersten Auftritt im Hauptfeld eines Grand-Slam-Turniers, dem Erstrundenmatch gegen Marat Safin bei den Australian Open 2005, ließ er sich seinen Pony färben (worüber seine Mutter nicht sehr glücklich war).

Außerhalb der Sportwelt nahm sich Djokovic weniger ernst. Als Belgrad 2008 den Eurovision Song Contest ausrichtete, warf Djokovic einen riesigen Tennisball von der Bühne ins Publikum, womit die Abstimmung eröffnet war. Und während er dort oben stand, nahm er vor den Augen von Millionen von Zuschauern in ganz Europa die Einladung der Moderatoren an, ein Lied zu singen. In dieser Situation war Selbstvertrauen kein Thema. „Es ist ja nicht so, als hätte Novak wegen des Tennis den Entertainer gegeben. Er ist einfach so“, sagt Chris Evert. „Roger und Rafa sind viel introvertierter als Novak, im Vergleich eher schüchtern. Novak war schon immer ein selbstbewusster Typ.“

Djokovic hatte sein Team und seine Freunde mit seinen Improvisationen schon unterhalten, bevor sein Talent für Nachahmungen berühmt wurde. Eines seiner Lieblingsopfer für eine Parodie war Maria Scharapowa. Dabei ging er ihre ganzen Rituale vor dem Aufschlag durch, strich sich die Haare hinter die Ohren, fingerte an den Saiten des Schlägers herum und starrte in Richtung der Ballfangnetze. Um Serena Williams nachzumachen, stopfte er sich ein Handtuch unter sein T-Shirt (als Caroline Wozniacki, eine dänische Tennisspielerin und Freundin von Williams, etwas Ähnliches tat und ihr Oberteil und ihren Rock mit Handtüchern ausstopfte, um Williams' Kurven zu imitieren, fanden das einige beleidigend, worauf die Amerikanerin erklärte, dass sie das nicht diskriminierend finde). Sein Repertoire umfasste außerdem Roger Federer und Andy Roddick sowie einige Tennislegenden wie John McEnroe, sein Idol Pete Sampras sowie seine zukünftigen Trainer Boris Becker und Goran Ivanisevic.

Die Bewegungen anderer Spieler auf dem Tennisplatz genau zu beobachten und zu kopieren, war etwas, was Djokovic seit seiner Kindheit getan hatte, als seine erste Trainerin Jelena Gencic ihn dazu angeregt hatte, sich Videoaufnahmen von Spitzensportlern anzuschauen und nachzuahmen, wie sie den Ball treffen. Jahre später, als er selbst zu einer Größe auf der Tour wurde, erfuhren viele Tennisfans als Erstes über ihn, dass er ein Imitator war. Bei den US Open 2007 forderte ein Reporter auf dem Platz Djokovic auf, ein paar seiner Imitationen vorzuführen, worauf sich der 27-Jährige nur zu gern einließ. Das Publikum war begeistert. In jenem Sommer in New York City lebte er sich so richtig aus und erreichte sein erstes Grand-Slam-Finale, das er gegen Federer verlor. Neben Scharapowa saß auch der Schauspieler Robert De Niro in Djokovics Gästeloge im Arthur Ashe Stadium, und der Tennisstar schien der Spaßvogel zu sein, den man sich in diesem Sport immer gewünscht hatte. Aber er ahmte die anderen Spieler nicht deswegen nach, weil er sich damit bei den Zuschauern einschmeicheln wollte, sondern weil es ihm selbst gute Laune machte. So schrieb Andy Murray zum Beispiel in seiner Autobiografie *Hitting Back* 2008 über den Rivalen: „Viele Menschen mögen seinen Charakter, auch seine berüchtigten Imitationen anderer Spieler. Seine

Aufschlagparodien sind großartig. Am besten sind die von Roddick und Scharapowa, aber auch Nadal, wie er an seinen Shorts herumfummelt."

Djokovic war reflektiert genug, um zu erkennen, dass er es gelegentlich zu weit trieb. Er verstand, dass sein Humor auf dem Platz ihm möglicherweise nicht immer nützlich war. Denn er wollte als Tennisspieler wahrgenommen werden, als „großer Champion", nicht als Komiker, der zufällig auch noch gut Tennis spielt; ein Balanceakt, den er lange nicht beherrschte. Während der US Open 2007 schien es ihm, als ob er mehr Lob für seine Imitationen erhielt als für die Qualität seines Tennisspiels, obwohl er bei einem Grand-Slam-Turnier weitergekommen war als je zuvor. Er dachte: Leute, bin ich wegen meiner Imitationen hier, um euch zu unterhalten, oder um Tennis zu spielen? Wenn es je einen Moment gab, in dem Djokovic das Gefühl hatte, den Djoker zügeln zu müssen, dann den, als er in einem wichtigen Match servierte und einen Zuschauer rufen hörte: „Hey, Novak, mach Scharapowa nach, wir finden das super, bring uns zum Lachen!" – „Und was ist mit Tennis?", rief ihm der Spieler zu. Der Zuschauer antwortete ganz offen, dass ihn das langweile. Was war Djokovic also, ein Tennisclown oder ein Sportler?

Vielleicht war er eine Weile beides, eine erfolgreiche Kombination beider Rollen. Selbst als Djoker hat Djokovic seinen Sport immer ernst genommen – man gewinnt kein Grand-Slam-Turnier, wenn man nur auf Lacher zwischen den Punkten aus ist. Als Tennisspieler, als Individualsportler spielt man in erster Linie für sich selbst, und wenn man damit andere Menschen glücklich macht, wie die eigenen Landsleute, die zu Hause oder im Stadion zuschauen, ist das ein netter Bonus. Eine Theorie, die an dem Tag ihrem Belastungstest ausgesetzt wurde, an dem Djokovic die Australian Open 2008 gewann. Das erste Mal siegreich aus einem Grand-Slam-Turnier hervorzugehen, ist für jeden Spieler von enormer Bedeutung. Aber für Djokovic fühlte es sich noch bedeutender an, als er den Norman Brookes Challenge Cup in die Höhe hob. Er war schließlich kein Amerikaner, der sich in die lange Liste der Champions aus seinem Land einreihte; nein, er war der erste Spieler aus Serbien – und das hieß, er war aus dem Nichts gekommen –, der ein Grand-Slam-Turnier gewonnen hatte. Djokovic konnte seinen Sieg nicht nur für sich selbst beanspruchen; es fühlte sich an, als hätte auch Serbien gewonnen. Damit war er seiner Jugendfreundin Ana Ivanovic knapp zuvorgekommen, die sich in derselben Saison in Roland-Garros den Titel im Dameneinzel sicherte.

Die unvergesslichste Leistung jener zwei Wochen war das Halbfinale, als Djokovic Federer, der bei den vorausgegangenen zehn Grand Slams das Finale erreicht hatte, ohne Satzverlust bezwang. Während Federer an diesem Abend nicht in Bestform war und sich später herausstellen sollte, dass der Schweizer an Pfeifferschem Drüsenfieber litt, lieferte Djokovic in der Rod Laver Arena souveränes und erstklassiges Tennis ab. Das Finale gegen Jo-Wilfried Tsonga dagegen verlief nicht ganz nach Wunsch – Djokovic verlor den ersten Satz, vielleicht, weil er mitbekommen hatte, dass sich seine Familie, die T-Shirts mit der Aufschrift „NOLE" trug, an einer Gruppe lautstarker französischer Fans in ihrer Nachbarschaft störte. Djokovic fand jedoch einen Weg, sich gegen den starken Franzosen durchzusetzen und die „Allez-Tsonga"-Rufe verstummen zu lassen. Dabei half sicherlich auch, dass er schon in einem großen Finale gestanden hatte. Djokovic war 20 Jahre alt. Er gehörte zwar nicht ganz zur Riege der Tennis-Wunderkinder wie Nadal, der nur Tage nach seinem 19. Geburtstag die Roland-Garros-Trophäe in Händen gehalten hatte, aber er war schneller als Federer, der mit 21 den Durchbruch in Wimbledon schaffte.

Djokovic feierte bis vier Uhr morgens, nachdem eine lokale Band eingeladen worden war, um für ihn, sein Team und weitere Gäste zu spielen. „Novak führte sich auf wie ein Kind, so aufgeregt war er nach seinem ersten Grand-Slam-Sieg", erinnert sich Craig Tiley, der CEO von Tennis Australia, damals Turnierdirektor der Australian Open. „Die Band spielte die ganze Nacht, und es war schön zu sehen, dass Novak solchen Spaß hatte." Bei den Australian Open 2008 war er zwar immer noch der Djoker, aber mit weit weniger Begeisterung als zuvor, und musste von dem Reporter auf dem Platz förmlich überredet werden, für das Melbourner Publikum seine Scharapowa-Imitation zum Besten zu geben. Djokovic fühlte sich unter Druck gesetzt – er wurde gezwungen –, was der ganzen Sache dann auch das Spaßhafte nahm.

Einige Spieler hatten offensichtlich nichts dagegen, dass Djokovic sie nachahmte. Djokovic scherzte, dass Scharapowa ihn „umbringen" würde, nachdem er sie so oft auf die Schippe genommen hatte. Aber hätte sie sich wirklich daran gestört, hätte sie bei den US Open 2007 wohl kaum in seiner Spielerbox gesessen. Dennoch musste Djokovic feststellen, dass andere Spieler seine Imitationen weniger lustig fanden. Nadal war anfangs nicht gerade begeistert, und Federer, die einflussreichste Figur in der Umkleidekabine, sagte: „Ich weiß, dass einige Spieler nicht happy waren. Manche finden es vielleicht lustig – auf jeden Fall bewegt er sich auf einem schmalen Grat." Tennis ist zwar ein Individualsport, aber trotzdem viel kollegialer, als manch einem bewusst sein dürfte – man reist gemeinsam um die Welt, und vor und nach den Matches verbringt man zwangsläufig viel Zeit zusammen. Djokovic genoss es, das Publikum zum Lachen zu bringen, aber wenn er andere damit ärgerte und schlechte Energie in die Umkleidekabine brachte, war es an der Zeit, die Rolle als Hofnarr des Tennis an den Nagel zu hängen. Der Djoker zu sein, schadete allmählich nicht nur seiner Performance, sondern er riskierte, wie er selbst einräumte, „alles und jedem zu schaden".

Janko Tipsarevic, einer der engsten Freunde Djokovics, vermutet, dass es auch langweilig geworden wäre, wenn Djokovic über die vielen Jahre seiner Karriere immer wieder seine kleinen Shows gebracht hätte. Wie oft möchte man sehen, wie sich Djokovic als Nadal die Unterhosen zurechtzupft? „Novak hat sich verändert und weiterentwickelt, so soll es ja auch sein. Man ist in seinen Dreißigern nicht derselbe Mensch, der man als Teenager oder in seinen frühen Zwanzigern war." Manche meinen, dass Djokovic den Djoker unterdrückte und sich infolgedessen auf dem Platz nicht mehr voll entfalten konnte, aber Tipsarevic sieht das anders. „Auch wenn er niemanden mehr nachahmt, bringt Novak immer noch etwas von sich zum Ausdruck. Und meiner Meinung nach ist er dabei nach wie vor sehr unterhaltsam und lustig."

„Novak trägt sein Herz immer noch auf der Zunge", erklärt Vemic. „Er scheut sich nicht, vor ein Publikum zu treten und sich als Sportler, Entertainer, Vorbild und Mentor zu präsentieren. So ist er eben. Wenn man Novak heute dazu drängen würde, könnte er wahrscheinlich immer noch sofort einige der aktuellen Spieler und ihre Aufschläge, ihre Vor- und Rückhandschläge und so weiter parodieren. Er ist ein außergewöhnlicher Athlet, der alle und jeden kopieren kann, bis ins letzte Detail ihrer Technik und ihres Verhaltens."

Djokovic wollte nichts tun, was seinem Hauptziel schaden würde: zu gewinnen. So löste er sich nach und nach von seinen Imitationen, auch wenn er manchmal einfach nicht widerstehen konnte, wie zum Beispiel 2009 bei der Pokalübergabe nach dem Finale in Rom, als er seine Nadal-Parodie direkt vor dessen Augen zum Besten gab. Oder 2009 bei den US Open, als er McEnroe nach einem Match auf dem Platz nachahmte und sogar scherzhaft „Das kann doch wohl nicht dein Ernst sein!?" rief. Aber das war etwas anderes. Damit riskierte er nicht, seine Kollegen in der Umkleide zu verärgern. Außerdem fand McEnroe die Frotzelei offenbar amüsant, denn er kam aus der Kommentatorenkabine, um ein paar Bälle mit Djokovic zu spielen.

Zweifelsohne jedoch ist Djokovic schon lange nicht mehr der Djoker oder der Showman, der er früher einmal war. Jeder Tennisspieler trägt eine Maske, so die Sportpsychologin Daria Abramowicz. Sportler zeigen in der Öffentlichkeit nicht ihr wahres Ich, weil sie sich einen psychologischen Schutzraum schaffen, um sich gesund und ausgeglichen zu fühlen. Das gilt umso mehr, seit die sozialen Medien eine Kultur um die Spieler herum aufgebaut haben, in der, wie Abramowicz es formuliert, „sehr viel Hass und Verurteilungen" herumgeistern. Djokovic hatte seine Djoker-Phase lange vor Twitter, Instagram und den Hatern, die den Spielern beiläufig schreiben, dass sie ihnen wünschten, ihre Familien würden an Krebs sterben (für Spielerinnen ist es mittlerweile fast normal, im Netz als Schlampe beschimpft zu werden). Djokovic hätte den Ausdruck „geschützter Raum" damals wahrscheinlich nicht benutzt, aber er zog sich ganz allmählich von der öffentlichen Bühne zurück. Einer der extrovertiertesten Menschen im Tennis entschied sich dafür, sein wahres Ich zu verbergen. Die Maske dauerhaft zu tragen, so Abramowicz, könnte schwierig werden, weil es mehr Energie kostet, als einfach man selbst zu sein. Aber welche Wahl hatte Djokovic? Dafür war er in anderer Hinsicht sehr offen. Wenn es darum ging, seine Ambitionen anzusprechen, aber auch seine Ängste und Zweifel, hätte er – wie wir später noch sehen werden – transparenter kaum sein können.

Der Djoker hatte aber noch nicht komplett abgedankt. Wie Djokovics Millionen von Followern in den sozialen Medien, auf Instagram und X, wissen dürften, ist sein Profilname eine Kombination aus „Djoker" und „Nole", und für ein bisschen Spaß ist er immer noch zu haben, vor allem, wenn es um seine Sponsoren geht. In einem Werbespot für seinen Ausrüster

HEAD spielte er zum Beispiel Tennis auf den Tragflächen eines Flugzeugs in der Luft, während er sich für einen anderen Clip eine blonde Perücke aufsetzte und als Scharapowa auftrat. An Halloween betrat er den Platz bei einem Hallenturnier in Paris mit einer Darth-Vader-Maske, und als er einmal vor Wimbledon an einem Freundschaftsspiel vor den Toren Londons teilnahm, zog er sein Shirt wie bei einem Striptease aus und ließ es unter dem Beifall des Publikums über seinem Kopf kreisen. Ganz selten parodiert er noch immer andere Spieler. 2023 ahmte er bei der Spielerparty eines Turniers in Monte Carlo Andy Murray nach (und verkleidete sich beim gleichen Event als Rapper Snoop Dogg). Im selben Jahr kehrte er bei den US Open auf dem Trainingsplatz aus Spaß wieder den Djoker heraus und führte einige Klassiker auf, wie die Scharapowa-Imitation. Und ein paar Tage vor den Australian Open 2024 richtete er seine Wohltätigkeitsveranstaltung „Novak and Friends" aus und veranschaulichte, wie man im Tennis Großes erreichen und sich gleichzeitig von seiner lockeren, humorvollen Seite zeigen kann, und scherzte völlig entspannt in der Rod Laver Arena mit den anderen Spielern und anderen australischen Sportlern.

Wie Jelena Jankovic sagt: „Novak macht gern Spaß. Er ist ein lustiger Kerl."

*

Maria Scharapowa sagte immer, wenn sie ihrerseits den Djokovic aus der Djoker-Ära imitieren sollte, würde sie sich an die Grundlinie stellen und ihren Aufschlag vorbereiten, ohne jemals aufzuschlagen, sondern stattdessen den Ball endlos tippen: „Ich würde einfach nur dastehen und den Ball ewig aufspringen lassen. Wir würden den ganzen Tag da stehen." Den Djoker gibt es zwar nicht mehr, aber diese Parodie könnte man auch heute noch bringen – Djokovic versucht zwar, den Ball nicht mehr exzessiv lange aufzutippen, weil er genau weiß, dass es den anderen auf die Nerven geht, und auch ihm selbst, aber ganz aufhören kann er damit nicht. Man könnte von einer Angewohnheit sprechen, aber es ist mehr als das: Den Ball aufspringen zu lassen, befriedigt ein Bedürfnis in Djokovic.

Ganz gleich, über wie viel mentale Stärke und Resilienz man verfügt – Tennis zählt zu den anstrengendsten Sportarten überhaupt. Erfunden für die Gartenpartys der gehobenen viktorianischen Gesellschaft in England, kann dieser Sport die Psyche eines modernen Sportlers stark beanspruchen und sogar beschädigen. Zu allem anderen, was Tennis so anspruchsvoll macht – die Reisestrapazen, die Umstellungen, die mit jedem Turnier einhergehen, die unterschiedlichen Beläge, neuen Bälle, neuen Bedingungen, neuen Umgebungen und neuen Menschen sowie auch die fast unausweichliche Niederlage, da jedes Spiel nur einen Sieger hat –, kommen die langen Unterbrechungen und Pausen zwischen den Punkten. Es bleibt zu viel Zeit, um Dinge zu fühlen, darüber nachzudenken. Viel mehr Zeit als bei den meisten anderen Sportarten. „Als Tennisspieler ist man die meiste Zeit über nicht in Bestform – man fühlt sich beschissen", sagt Daria Abramowicz. Djokovic wird solche Tage kennen. Und selbst wenn alles rund läuft, wird er immer wieder Momente der inneren Unruhe erleben oder solche, in denen er das Gefühl hat, sich zusammenreißen zu müssen.

Trotz all seiner mentalen Größe kann Djokovic nicht immer in jeder Hinsicht fit sein. Er ist nicht perfekt, und das Aufspringenlassen des Balls ist eine Möglichkeit, zur Ruhe zu kommen. Das Ball-Ritual hilft ihm auch, seine Atmung zu regulieren. Wenn Djokovic vor einem Breakball steht oder es sich um eine entscheidende Phase in einem Match handelt, tippt er den Ball häufiger auf, um mit seiner Anspannung umzugehen. „Vielleicht versucht er, die Ängste zu bewältigen, die er in sich verspürt“, sagt Abramowicz, die ihn auf der Tour beobachtet hat, während Chris Evert, eine Tennislegende und aufmerksame Beobachterin des Sports, vermutet, dass er versucht, „seine Nervosität zu bekämpfen und sich zu beruhigen“. „Es kann aber auch sein, dass er nachdenkt, während er den Ball aufspringen lässt, dass er überlegt, wohin er seinen Aufschlag spielen möchte, und den nächsten Punkt visualisiert.“

Falls Sie sich manchmal dabei ertappen, mitzuzählen, wie oft Djokovic vor seinem Aufschlag den Ball aufspringen lässt, sind Sie damit nicht allein. Djokovic zählte früher selbst mit, um sicherzugehen, dass er den Ball eine gerade Anzahl aufkommen ließ, wenn er von der Einstandsseite aufschlug, und eine ungerade Anzahl, wenn er von der Vorteilsseite aufschlug. Er hat damit aufgehört – er versucht nicht mehr, eine bestimmte Anzahl zu erreichen –, aber wenn er sich der Grundlinie nähert, weiß er nicht, wie oft er den Ball aufspringen lassen muss, bevor er serviert. Er wird es so lange machen, bis er das Gefühl hat, dass das Tempo stimmt und der Moment gekommen ist, den Ball in die Luft zu werfen.

Zu Beginn seiner Karriere hatte Djokovic manchmal das Gefühl, keine Kontrolle über seine Hand zu haben – er konnte einfach nicht aufhören, den Ball aufspringen zu lassen. Er bekam häufig Krämpfe und Rückenschmerzen, weil er so lange in dieser Position an der Grundlinie verharrte und sich fragte, ob er überhaupt würde aufschlagen können. Aber wie sollte er das Problem lösen, wenn er selbst keine Erklärung dafür hatte, warum er das tat? Am schlimmsten war es 2007 bei einem Davis-Cup-Einstand, als er den Ball fast 40-mal aufspringen ließ, bevor er aufschlagen konnte.

Während sich das Problem in den letzten Jahren gebessert zu haben scheint, hat Djokovic diese Angewohnheit nicht vollständig abgelegt, und verständlicherweise reagieren manche Zuschauer oder Gegner sehr frustriert. Aber man kann es auch von einer anderen Warte aus sehen, nicht als psychologischen Trick, um den Gegner zu nerven oder zu destabilisieren, sondern als einen Moment, in dem man mehr vom echten Djokovic zu sehen bekommt und an seine Schwächen und Unvollkommenheiten als Mensch und Sportler erinnert wird. Djokovics Leistungen sind umso interessanter und bewundernswerter, weil er eben nicht perfekt ist.

GEDANKENFUTTER

Djokovics Entscheidung im Jahr 2010, Gluten aus seiner Ernährung zu streichen, lange bevor daraus ein Modetrend wurde, und unter anderem seinen Fleischkonsum zu reduzieren, wird oft als der Einschnitt dargestellt, der alles für ihn veränderte. Und so war es letzten Endes auch. Zu Beginn bereiteten Djokovic die glutenfreie Ernährung sowie alle anderen Anpassungen im Ernährungsplan jedoch Probleme: Er näherte sich dem roten Bereich. Sein Fitnesstrainer Gebhard Gritsch war alarmiert, als ihm auffiel, dass der Serbe an manchen Tagen nicht die Energie aufbrachte, alle Trainingseinheiten zu absolvieren. Doch das war nötig, um als Spitzensportler zu bestehen. Gritsch sah, wie Djokovics Muskeln langsam, aber sicher zurückgingen, er „schwächer und schwächer" wurde.

Wenn man Gritsch offen über diese besonders kritische Phase im Leben Djokovics sprechen hört, wird umso deutlicher, dass die Umstellung auf eine glutenfreie Ernährung nicht ohne Komplikationen verlief. Wie er sagt, „leben Spitzensportler in einer fragilen Balance", und dieser „neue" Djokovic schien es mit seinem neuen Ansatz zu weit zu treiben. Nach Ansicht Gritschs ging er über seine Grenzen und nahm einfach nicht genug Kalorien zu sich. Die Ernährung des Tennisspielers war zu einem ernsthaften Problem geworden. Mehrfach suchte Gritsch das Gespräch mit Djokovic, um ihm zu erklären, dass sein Körper über zu wenig Energie verfügte und warum er an Muskelmasse verlor.

„Es war ein Prozess, und zu Beginn hat ihm die Umstellung sehr geholfen. Es gab aber auch Phasen, in denen seine Gesundheit und sein Energiehaushalt als Sportler auf der Kippe standen", sagte Gritsch. „Er hat ja nicht nur angefangen, sich glutenfrei zu ernähren; er hat auch seinen Fleischkonsum reduziert. Es lief wie bei jedem anderen, der diesen Weg einschlägt – man verliert an Gewicht und fühlt sich grundsätzlich besser, aber irgendwann kommt der Körper ans Limit. Irgendwann kommt der Punkt, an dem man sich fragen muss: ‚Bekommst du die nötigen Nährstoffe, um als Spitzensportler zu bestehen und dein tägliches Pensum zu schaffen?' Ihn ernährungstechnisch auf das richtige Level zu bringen, war nicht einfach."

Gritsch musste Djokovic gegenüber offen und ehrlich sein. „Die Menge an Nahrung, die er zu sich nahm, reichte einfach nicht aus, um leistungsfähig zu bleiben. Die Gefahr dabei ist, dass sich die Muskeln langsam abbauen und der Motor immer schwächer wird. Er hat immer versucht, sich zu optimieren, aber das kann auch nach hinten losgehen. Es ist schwer, die richtige Balance zu finden. Ich habe mehrmals mit ihm gesprochen und versucht, ihm zu erklären, was physiologisch mit ihm vor sich geht."

Mit der Zeit – und mit Gritschs Hilfe, von 2009 bis 2018 und noch einmal von 2018 bis 2019 – wurde Djokovic unglaublich dehnbar und beweglich und erstaunte mit biegsamen, fast gummiartigen Beinen, als könnte er jeden Moment einen Spagat machen. Gritschs Ansicht nach hat es nie einen beweglicheren Spieler gegeben. In den folgenden Jahren sollte es auch keinen explosiveren Spieler geben. Natürlich arbeiteten auch alle anderen Spieler an ihrer Schnelligkeit und Explosivität, weil sie wussten, wie extrem wichtig dieser erste Schritt war, wenn sie auf den Ball reagierten und sich auf ihn zubewegten, aber sie hatten weder seine Disziplin noch seine guten Gene. Gritsch zufolge verfügt Djokovic über die ideale genetische Ausstattung. Aber im Jahr 2010 war nicht klar, ob Djokovic die körperliche Verfassung erreichen würde, um das Maximum aus seinen „Sportgenen" herauszuholen. Zunächst einmal war er eher in Gefahr, wie es Gritsch sah.

Er sprach Klartext mit Djokovic: „Du führst deinem Körper nicht genug Kalorien zu. Du musst die richtige Balance finden."

Die richtige Balance zu finden, war entscheidend. Und wie Djokovic diese Balance fand, war auch ein Hinweis darauf, wie der Verstand des Serben funktioniert und wie er Informationen verarbeitet, ebenso wie Warnungen von Menschen, die ihm nahestehen.

*

„Wie viele Grand Slams gibt es im Jahr?"

Der Mann, der diese Frage stellte, war der Arzt, der den Lauf der Tennisgeschichte mithilfe einer Scheibe Brot verändern sollte. Die Frage richtete sich an Novak Djokovic und sein Team, die, Sekunden bevor sie in lautes Gelächter ausbrachen, unisono fragten: „Was? Das wissen Sie nicht?" Aber Dr. Igor Cetojevic war im Sommer 2010 nicht wegen seiner Tenniskenntnisse oder seiner Begeisterung für den Sport in Djokovics Leben getreten – er interessierte sich so wenig für Tennis, dass er nicht einmal die richtigen Begriffe kannte und zum Beispiel ein Match als „game" bezeichnete. Ein Fehler, der jeden auf die Palme bringt, der Tennis spielt oder verfolgt, aber Cetojevic kam damit durch, ebenso wie mit seiner ehrlichen Frage nach der Anzahl an Grand-Slam-Turnieren pro Jahr, weil er eine lockere, gewinnende Art hatte. Wenn man mit ihm spricht, versteht man sofort, wie es ihm gelang, für mehr Leichtigkeit und lachende Gesichter im Djokovic-Lager zu sorgen. Nicht nur ist Cetojevics WhatsApp-Profilbild das Graffito einer lächelnden Kuh, die „Go vegan!" sagt, auch in seinen Nachrichten wimmelt es nur so von Sonnenbrillen- und Bizeps-Emojis.

Womit sich der in Bosnien geborene Serbe Cetojevic jedoch absolut gut auskannte, war „energetische Medizin", ein

Konzept, das auf Quantenphysik beruht und sich auf die Energien und Schwingungen im Körper konzentriert. Verwurzelt in der traditionellen chinesischen Medizin, erfuhr es in den 1980er-Jahren durch die Entwicklung von Technologien, mit denen diese Schwingungen messbar wurden, immer größere Bekanntheit. Trotzdem gilt energetische Medizin bis heute als alternativ, darum sagt Cetojevic in der Regel, er verfolge einen „ungewöhnlichen" Ansatz. Wenn die Menschen hörten, dass er Pendel verwendet, um die „Löcher" in der Atmosphäre eines Körpers zu finden, klänge das für viele nach Zauberei. Der Mediziner erklärt, dass er nicht nur den physischen Körper eines Patienten untersuche, sondern sich auch für dessen mentalen, emotionalen und spirituellen Körper interessiere. Und wie man es von einem Spezialisten für Energiemedizin erwarten kann, brachte er gute Energie in sein Leben und seine Arbeit.

Djokovics Zusammenarbeit mit Cetojevic bewirkte einen grundlegenden Wandel. Sie beeinflusste seinen Körper und sein Spiel. Ohne Cetojevic hätte Djokovic 2011 keine so unglaublich gute Saison hingelegt und wäre danach nicht so ein starker Spieler geworden. Aber das war nicht alles. Die Zusammenarbeit prägte sein Denken und stattete ihn mit neuen Grundsätzen für seinen Sport und für sein Leben aus. Djokovic lernte, wie ein alternativer Ansatz – seinen Geist zu öffnen, sich vom Mainstream zu lösen und zu wagen, die Dinge anders anzugehen – für ihn funktionieren konnte. Er erkannte, dass er sich nicht ernähren muss wie alle anderen. Oder wie alle anderen denken muss. Djokovic verstand, so Cetojevic, dass er nicht „in den Massenmedien gefangen" sein musste, da er „selbstständig denken und seinen eigenen Weg gehen konnte".

„Man könnte sagen, dass ich sein Denken und seine Ernährungsweise beeinflusst habe. Er ist ein intelligenter Kerl. Wenn man jung ist und etwas ausprobiert und Ergebnisse erzielt, wird man empfänglich dafür und beginnt, selbst zu recherchieren. Man wird neugierig und denkt: Okay, was kann ich noch tun?"

Djokovics Einstellung zu Themen wie Gesundheit und Wellness – einschließlich einiger New-Age-Ansätze und seiner Entscheidung, sich während der Pandemie nicht impfen zu lassen – lässt sich auf Cetojevic zurückführen. Ihre Zusammenarbeit hätte jedoch nicht funktioniert, wenn nicht bereits eine Veränderung in Djokovics Denken eingesetzt und er nicht ohnehin schon das Ziel verfolgt hätte, seine wahre Größe zum Vorschein zu bringen. Andere Spieler hätten vielleicht gezögert, sich auf einen alternativen Arzt einzulassen. Sie wären wahrscheinlich nicht einmal bereit, jemanden wie Cetojevic kennenzulernen. Aber Djokovic hat einen „wunderbaren, offenen Geist", weiß der Mediziner.

Das war schon so, bevor Cetojevic in sein Leben trat. Djokovic war seit jeher überaus wissbegierig. Er suchte in Büchern und scheute auch vor komplexen Werken nicht zurück. Djokovic war überrascht, womöglich sogar ein wenig amüsiert, als man ihm ein Exemplar von Andy Murrays 2008 erschienener Autobiografie *Hitting Back* in die Hand drückte. Murray hatte ein Buch geschrieben? Djokovic war nicht bewusst, dass der Schotte, ein Rivale seit seiner Jugendzeit, überhaupt Bücher las – im Gegensatz zu Djokovic, der ständig ein Buch in der Hand hatte. Damals las er eine Biografie über Nikola Tesla, weil er mehr über den Tod des serbischen Erfinders in einem Hotelzimmer in Manhattan in Erfahrung bringen wollte und darüber, wer – Achtung, Verschwörungstheorie – seinen Tod gewollt haben könnte. Er las auch Bücher wie das eines Neurowissenschaftlers, der eine Nahtoderfahrung gemacht und seine spirituelle Erweckung erlebt hatte. Eine Zeit lang verbrachte er viel Zeit damit, seine und Jelenas umfangreiche Buchbestände zu sortieren, und er empfahl häufig Bücher über das Bewusstsein und andere Themen.

Djokovic zitiert gern den griechischen Philosophen Sokrates: „Ich weiß, dass ich nichts weiß." Als Cetojevic mit ihm in Kontakt trat, war er offen für neue Ideen und suchte einen Weg, um über seinen Status als dritter Mann im Tennis hinauszugelangen. Und so kam es, dass Cetojevic und Djokovic in einem Restaurant im kroatischen Split saßen und der Arzt dem Sportler eine Scheibe Brot reichte. „Was soll ich damit? Essen?", fragte Djokovic neugierig. Cetojevic lachte. Er hatte etwas anderes im Sinn.

Manchmal, glaubt Djokovic, verbündet sich das Universum, um einem auf seinem Weg zu helfen. Normalerweise hätte Cetojevic keinen Gedanken an Djokovics Grand-Slam-Wünsche verschwendet. Aber im Januar jenes Jahres hatte er einen tennisbegeisterten Freund zum Kaffee getroffen, der ihm dringend empfohlen hatte, sich den jungen Serben anzusehen, der gerade bei den Australian Open spielte. So kam es, dass Cetojevic zu Hause auf Zypern vor dem Fernseher saß und sich Djokovics Viertelfinale gegen Jo-Wilfried Tsonga ansah. Er interessierte sich nicht nur nicht für Tennis, er war auch kein „TV-Typ". Wenn man, wie Cetojevic, an Karma glaubt, war wohl das der Grund, weshalb er den Fernseher einschaltete und sich das Match ansah. Es war nicht das erste Mal, dass Djokovic einen Zusammenbruch auf dem Platz erlitt, aber dieser war weit schlimmer als alle zuvor. Cetojevic musste kein Experte sein, um zu erkennen, dass Djokovic „ganz gut gespielt" hatte, aber plötzlich nichts mehr auf die Reihe bekam, als hätte ihm jemand den Stecker gezogen und ihm alle Energie genommen. Vollgestopft mit klebrigem Gluten, Negativität und tiefer, dunkler, existenzieller Verzweiflung, welkte Djokovic schnell dahin.

Er fühlte sich schwach und leer, schnappte zwischen den Punkten nach Luft und kam nicht mehr hinterher. Er konnte nicht mehr klar sehen, und was zu Beginn des Matches in greifbarer Nähe schien, war in weite Ferne gerückt. Ein überwältigendes, erschreckendes Gefühl der Macht- und Hilflosigkeit hatte sich seiner bemächtigt. Djokovic, der mit zwei zu eins Sätzen geführt hatte, war zum Ende seiner Fünfsatzniederlage hin körperlich und geistig „gebrochen", und sein Schläger war schwer wie Thors Hammer. Er war wie ausgehöhlt. Djokovic bat aus dem Off um eine Toilettenpause und kehrte in die Umkleidekabine zurück, wo er sich fühlte, als hätte er seine verbliebene Kraft ausgespien, während Tsonga voller Energie, Leben und Ehrgeiz über den Hartplatz stürmte. „Das Ende kam schnell und gnädig, wie eine Hinrichtung", schrieb Djokovic später in seinem Buch *Siegernahrung*. Djokovic verlor den letzten Satz 1:6, was auch als „breadstick" bezeichnet wird, so wie ein 6:0 „bagel" heißt. Brot war wohl ein größeres Problem, als Djokovic je gedacht hätte.

Das war der Tiefpunkt seiner Karriere und ein qualvoller Anblick für seine Fans. Der Tennisneuling Cetojevic aber war fasziniert. Er kannte sich weder mit den technischen Aspekten von Djokovics Sport aus, noch verstand er die Grundlagen. Aber auf der Basis seines Studiums der chinesischen Medizin an einer Belgrader Hochschule und seines Abschlusses vom Indischen Institut für Magnetfeldtherapie in Neu-Delhi konnte er mit Sicherheit sagen, dass der Kommentator falsch lag, als er nicht nur einmal, sondern mehrmals mutmaßte, Djokovics Probleme könnten mit seinem Asthma zu tun haben. Cetojevic war anderer Meinung.

Asthma hätte Djokovics Atmung und Leistung beeinträchtigen können, wenn sie am Morgen gespielt hätten, aber das Match hatte abends stattgefunden. Außerdem sei es Djokovic körperlich gut gegangen, als er zu Beginn des Matches in Führung ging. Mit Asthma wäre Djokovic vom ersten Satz an beeinträchtigt gewesen. Cetojevic redete so laut auf den Fernseher ein, dass seine Frau aus der Küche kam, um zu hören, was los war: „Wer spielt denn?" Als Cetojevic antwortete, es sei

„dieser Serbe", ermutigte ihn seine Frau sofort, ihm seine Hilfe anzubieten. „Sie hat mich gedrängt, sagte: ‚Wenn er ein guter Kerl ist, dann geh hin und hilf ihm.' Wenn sie nicht gewesen wäre, hätte ich ihn nie kontaktiert."

Normalerweise läuft es auf dieser Ebene des Tennis so, dass man erst eine existenzielle Krise durchläuft – man konfrontiert sich mit seinen körperlichen, technischen und psychologischen Mängeln und behebt sie dann –, bevor man seinen großen Durchbruch hat und sein erstes Grand-Slam-Turnier gewinnt. Bei Djokovic verlief es anders. Falls er erwartet hatte, nach seinem ersten Grand-Slam-Sieg 2008 bei den Australian Open direkt ein paar weitere Majors zu gewinnen, hatte er sich getäuscht. Statt durch die Decke zu schießen, ging es für ihn bergab. Er gewann weder in dieser Saison oder diesem Jahr noch in der folgenden Saison einen weiteren Grand Slam. In den Jahren 2008 und 2009 stand er nicht einmal mehr in einem Grand-Slam-Finale. Djokovic hatte seinen ersten Grand-Slam-Titel gewonnen, bevor er seine Persönlichkeit veränderte, seine Djoker-Persona zurückschraubte und an seiner Reizbarkeit arbeitete. Er war auch ein großer Champion geworden, bevor er herausfand, was in seinem Körper vor sich ging, oder bevor er überhaupt wusste, dass es etwas herauszufinden gab. Djokovics Entwicklung war für Tennis ungewöhnlich: zuerst der Grand-Slam-Sieg und erst danach der große Kampf, währenddessen er sogar mit dem Gedanken spielte, seine Karriere zu beenden.

Tennis, so heißt es oft, ist ein mentaler Sport, und das ist zweifellos richtig. Wenn man jedoch nicht in der Lage ist, sich über fünf oder gar drei lange Sätze auf dem Platz zu bewegen, dann bringt es einem auch nichts, der mental stärkste Spieler zu sein. Wenn man Djokovic jetzt, mit Mitte/Ende dreißig, mit seiner enormen Beweglichkeit spielen sieht, kann man sich kaum vorstellen, dass er mit Anfang zwanzig derartige Beschwerden hatte.

Bereits als kleiner Junge hatte Djokovic oft Atemprobleme, fühlte sich ständig „beengt“ und verstopft und bekam nicht den Sauerstoff, den seine Muskeln brauchten. Nachts war es am schlimmsten, wenn er gelegentlich das Gefühl hatte zu „ersticken“. Nachdem er mit Djokovic gesprochen hatte, hatte Cetojevic den Eindruck, dass der Tennisspieler unter Schlaflosigkeit litt und sich damit abgefunden hatte, schlecht und unregelmäßig zu schlafen – neben allen anderen gesundheitlichen Problemen, die ihn plagten und seine Freude am Tennis und am Leben schmälerten. „Schlecht zu schlafen, war für Novak normal“, erinnert sich Cetojevic. „Wenn man etwas Falsches isst, versucht der Körper klugerweise, es loszuwerden. Dann kann er sich nachts nicht ausruhen. Wissen Sie, was wichtig ist für einen Sportler? Gut zu schlafen. Sich in der Nacht zu regenerieren. Novak konnte das nicht immer.“

Djokovic versuchte, seine gesundheitlichen Probleme in den Griff zu bekommen; er ließ eine „Verkrümmung“ in seiner Nase operativ korrigieren und suchte einen Belgrader Opernsänger auf, um Atemübungen zu lernen. Aber die Probleme blieben. Man sah an seinem Gesicht, dass etwas nicht stimmte. Ein paar Jahre später sah sich Jelena alte Fotos von Djokovic aus dieser Zeit an und stellte fest, dass seine Oberlippe und Nase oft geschwollen waren. Mit den Jahren verstärkten sich seine gesundheitlichen Probleme, vor allem auf dem Platz, was alles andere als ideal war. Kombiniert man diese Schwäche mit dem psychologischen Druck und den Emotionen, die man als Profitennisspieler aushalten muss, entsteht eine unberechenbare, beunruhigende Mischung. An manchen Tagen fühlte sich Djokovic, als hätte er Beton in den Beinen und bekäme nicht genug Luft. Hitze bekam ihm nicht, und er brauchte lange, um sich zu regenerieren.

Als er neu auf der Tour war, hatte sich der Teenager Djokovic den schlimmsten denkbaren Ruf in einem so anspruchsvollen

Sport wie Tennis erworben: labil zu sein. 2005, in seinem ersten Jahr bei den French Open, gewann er in der zweiten Runde den ersten Satz gegen den Argentinier Guillermo Coria – ein vielversprechender Anfang gegen einen so guten Sandplatzspieler. Doch dann hatte er das Gefühl, auf dem Sand nicht mehr atmen zu können, und schied im dritten Satz aus. Aber noch beunruhigender für Djokovic und die Zuschauer war, als er während seines Auftaktmatches bei den US Open in derselben Saison mehrfach medizinische Betreuung brauchte. Ein unglücklicher erster Auftritt. Djokovic gewann zwar das Match – er schlug den Franzosen Gaël Monfils in fünf Sätzen –, aber die Zuschauer waren sich nicht sicher, was an dem Sieg noch echt war. Als er den Platz verließ, hörte er sogar Buhrufe.

Während einige Tennisspieler hinter den Kulissen vermuteten, dass Djokovic manchmal zu schwach war, um mitzuhalten, zählte Federer zu den Spielern, die mutmaßten, dass der Serbe seine Verletzungen gelegentlich nutzte, um seine Gegner aus dem Tritt zu bringen. „Ich glaube nicht an seine Verletzungen. Im Ernst. Er ist einfach lächerlich mit seinen Verletzungen", sagte Federer 2006 bei einer Davis-Cup-Begegnung zwischen der Schweiz und Serbien, nachdem er kritisiert hatte, dass Djokovic bei seinem Match gegen Stan Wawrinka zu oft nach seinem Trainer verlangt hatte. Als Djokovic das Halbfinale gegen Federer abbrechen musste – aufgrund von Halsschmerzen, Schwindelgefühlen und Atemproblemen –, bekam er allerlei Kommentare zu hören. Die Andeutungen, dass er aufgab, wenn er am Verlieren war, verletzten ihn.

Es ist für keinen Spieler leicht, ein Match abzubrechen. Vor allem mitten in einem Grand-Slam-Turnier muss die Verzweiflung schon groß sein. Aber Djokovic passierte das zu oft. Ein Jahr nachdem er gegen Coria in Paris aufgegeben hatte, erreichte er 2006 sein erstes Grand-Slam-Viertelfinale in Roland-Garros und spielte gegen Nadal. Doch nachdem er die ersten beiden Sätze verloren hatte, schied er wegen einer Rückenverletzung aus. Djokovics Ziel, Wimbledon zu gewinnen, schien näher als jemals zuvor, als er 2007 das Halbfinale erreichte. Doch nachdem sowohl er als auch Nadal jeweils einen Satz gewonnen hatten, hatte er das Gefühl, nicht weiterspielen zu können. Er fühlte sich erschöpft, sein Rücken schmerzte, und am Morgen vor dem Match hatte er wegen einer entzündeten Blase am kleinen Zeh kaum mehr laufen können.

Ein Muster zeichnete sich ab. Wie seine alte Freundin Maria Scharapowa bemerkte, spielte Djokovics Körper schon seit einer ganzen Weile nicht mehr richtig mit. Sie sah ihn spielen und dachte: Wann kriegst du endlich dein Spiel auf die Reihe? Seinen deprimierendsten Grand-Slam-Ausfall erlebte er bei den Australian Open 2009. Zum ersten Mal nahm er wieder als Titelverteidiger an einem Grand-Slam-Turnier teil, was ihm einen besonderen Status verlieh. Doch dann schwächelte er in der Hitze von Melbourne und schied im Viertelfinale gegen Andy Murray aus. Djokovic krampfte. Sein ganzer Körper fühlte sich wund an, und er konnte sich nicht bewegen, wie er wollte. Er konnte nicht mehr gegen seinen eigenen Körper ankämpfen. Federer, für den Aufgeben keine Option ist, teilte gegen den Serben aus: „Es ist ja nicht so, als ob er noch nie aufgegeben hätte … es ist enttäuschend“, und fügte hinzu: „Ich würde fast sagen: Weißt du was? Wenn du nicht fit bist, dann geh doch nach Hause!“

Im Sommer zuvor hatte Roddick bei den US Open einen Scherz über Djokovics körperliche Wettkampfbereitschaft gemacht und behauptet, der Serbe leide unter einer verdächtig langen Liste an Verletzungen und Beschwerden: „Krämpfe, Vogelgrippe, Milzbrand, SARS und die üblichen Erkältungen und Husten.“ Was Federer und Roddick damals nicht wissen konnten: Djokovic täuschte seine Verletzungen keineswegs vor; das Gefühl der Hilflosigkeit und Ohnmacht war nur allzu real.

Er trainierte hart, dehnte sich gewissenhaft und war der Meinung, sich gut zu ernähren. Trotzdem hatte er in den Matches oft das Gefühl, kräftemäßig nicht mithalten zu können.

Djokovic ging in die Matches und fragte sich, wann der körperliche Zusammenbruch und vielleicht sogar der emotionale folgen würde. „Wenn dein Körper nicht gut funktioniert, wirkt sich das natürlich auf den Geist aus. Man fühlt sich nicht gut“, erklärt Gritsch. „Als Spieler achtet man auf zwei Dinge: Man möchte erstens ein gutes Energielevel halten, und genauso wichtig ist es zweitens, während des gesamten Spiels fokussiert zu bleiben. Wenn man körperlich nicht in Topform ist, ist beides sehr schwierig.“

Oft ist von One-Slam-Wonders die Rede. War dies Djokovics Bestimmung? Wenn es mit seiner Karriere irgendwohin ging, dann eher bergab als steil bergauf. Zwei Jahre nach seinem Sieg über Tsonga im Finale der Australian Open 2008 traf er erneut auf den Franzosen, diesmal im Viertelfinale, und das Match verlief völlig anders. Cetojevic – der seinen E-Mails ein Zitat von Hippokrates beistellt: „Lass die Nahrung deine Medizin sein und Medizin deine Nahrung!“ – glaubte, dass etwas mit Djokovics Verdauungssystem nicht stimmte, was zu einer Ansammlung von Giftstoffen geführt haben könnte.

Am nächsten Tag traf sich Cetojevic erneut mit dem Freund, der ihm vorgeschlagen hatte, den Fernseher einzuschalten und Djokovic zuzusehen. Er sagte ihm, dass Djokovic seiner Überzeugung nach kein „Asthma“ habe, und erklärte sich bereit, den Spieler zu treffen. Der Freund kannte einen Bekannten der Familie. Wenig später rief Djokovics Vater an. Doch bevor sich Djokovic und Cetojevic treffen konnten, erlitt der Sportler einen weiteren Grand-Slam-Zusammenbruch, als er in Roland-Garros gegen Jürgen Melzer antrat. Anschließend dachte er daran aufzuhören. Doch er kehrte auf den Platz zurück. Im Sommer erreichte er das Halbfinale von Wimbledon, wo er gegen den Tschechen Tomas Berdych verlor, und reiste von dort nach Serbien zum Davis Cup gegen Kroatien, wo er sich dann erstmals mit Cetojevic traf.

Ob man an Ernährungskonzepte glaubt oder nicht, Djokovics Karriere lässt sich ohne Zweifel in zwei Abschnitte teilen: in eine Zeit, in der er viel Gluten aß, und in eine meist glorreiche restliche Karriere, die in dem Moment begann, als Cetojevic ihm im Sommer 2010 eine Scheibe Weißbrot auf den Bauch legte. In dem Restaurant in Split drückte er erst Djokovics rechten Arm runter und forderte ihn auf dagegenzudrücken. Dann folgte das große Experiment, als er ihm das Brot an den Magen hielt und erneut seinen Arm nach unten drückte. Djokovic spürte, dass er schwächer war. Er wollte aber sichergehen, dass er tatsächlich weniger Kraft hatte, wenn er dem Brot ausgesetzt war. Also wiederholten sie das Experiment. Und wieder spürte Djokovic, wie ihn das Gluten schwächte.

Vielleicht überzeugt Sie dieser kinesiologische Armtest nicht, wenn Sie diese Zeilen lesen, aber Djokovic sprach einmal von einem Partytrick, der veranschaulicht, wie der Körper geschwächt werden kann, wenn man etwas gegen ihn hält. Zuerst, so Djokovic, muss man die Armkraft der Person testen. Dann drückt man sein Handy gegen deren Bauch und führt den Test erneut durch. Djokovic ist überzeugt, dass die Testperson nicht in der Lage sein wird, mit derselben Kraft dagegenzudrücken, wenn man ihr ein Handy an den Leib hält, da die „Strahlung des Handys bewirkt, dass der Körper negativ reagiert und dadurch die Widerstandskraft des Arms geschwächt wird. Genauso ist es bei einem Nahrungsmittel, das man nicht verträgt." Wenn man einmal gesehen habe, so Djokovic weiter, wie sich ein Handy auswirke, müsse man sich fragen, ob man es den ganzen Tag in der Hosentasche mit sich herumtragen wolle.

Djokovic weiß, dass einiges, was er über Cetojevic gesagt oder geschrieben hat, unglaublich klingen mag. „Aber das waren die

Ergebnisse ja auch", bekräftigt er. Einige zweifelten den Brottest an. Cetojevic schien sich nicht daran zu stören, dass Skeptiker die Wissenschaft dahinter infrage stellten. Er brauche keine Bestätigung, er wisse, wer er sei und warum er tue, was er tue. Es gebe Menschen mit „geringem Wissen" und „limitierter Wahrnehmung". „Es greift mich nicht an, wenn andere skeptisch sind. Überhaupt nicht. Es ist einfach eine Frage des Wissens. Menschen kommen aus unterschiedlichen Realitäten und mit unterschiedlichem Wissensstand. Ich bin ein offener Mensch und akzeptiere die Meinungen anderer. Was für mich funktioniert, funktioniert nicht für jeden. Was zählt, ist das Ergebnis."

Djokovic litt zwar nicht an Zöliakie, einer Autoimmunerkrankung, aufgrund derer Betroffene negativ auf Weizenproteine (Gluten) reagieren. Ein Bluttest ergab aber eine hohe Unverträglichkeit und bewies, wie er in *Siegernahrung* schreibt, dass er kein „Hypochonder oder Asthmatiker oder Sportler [ist], der einfach zusammenklappt, wenn die Matches schwierig werden". Er war ein Sportler, der sich viel zu lange völlig falsch ernährt hatte.

Als wäre eine Glutenunverträglichkeit für den Sohn von Pizzabäckern nicht schon schlimm genug, deckten die Tests auch noch eine Milchunverträglichkeit und eine leichte Unverträglichkeit von Tomaten auf, sprich sein Körper kam mit den drei Hauptzutaten einer Margarita nicht zurecht. Gluten war in Djokovics Kindheit allgegenwärtig. In Serbien viel Pizza und Pasta gegessen, gefühlt an jeder Straßenecke gibt es eine Bäckerei. Wenn Djokovic Pizza aß, nahm er sich oft noch ein Stück Brot als Beilage dazu. Brot zählte in Serbien immer schon zu den wichtigsten Nahrungsmitteln, umso mehr während des Krieges. Wenn das Geld knapp war, war es Brot, das seine Familie und so viele andere „ernährte". Brot war nicht nur etwas, das Djokovic aß; es repräsentierte viel mehr als das.

Djokovic hatte für sein Leben gern Weizenprodukte zu sich genommen, und manchmal fragte er sich, ob die Menge an

Gluten, die er seinem Körper von Kindheit an zugeführt hatte, die Unverträglichkeit bedingt hatte, die ihm als Erwachsener so viele Probleme bereiten sollte. Cetojevic hält das für möglich, auch wenn er das nicht mit Sicherheit sagen könne, da jeder Mensch unterschiedliche „Trigger" habe. „Es ist für mich kein Thema, dass Menschen Pizza essen. In Maßen ist das unproblematisch, aber man sollte sie nicht allzu oft auf den Speiseplan setzen, weil man dann übersättigt. Man erreicht eine Grenze, und der Körper kann dann nicht mehr damit umgehen." Djokovic hatte geglaubt, seinen Körper für den Wettkampf zu rüsten, doch laut Cetojevic war das Problem, dass der Sportler „Diesel in einen Ferrari" geschüttet hatte.

Ein paar Jahre zuvor hatte sein damaliger Trainer Ronen Bega Djokovic im Rahmen einer kleinen Intervention einer Ernährungsberaterin vorgestellt, die ihn auch zu Hause besuchte. „Die Ernährungsberaterin öffnete Novaks Kühlschrank und sagte: ‚Schau mal, das ist nicht gut, das ist nicht gut, das ist nicht gut.' Sie nahm alles aus dem Kühlschrank, warf es weg und ging mit ihm in den Supermarkt, um zusammen einzukaufen", sagte Bega. „Ich habe sie nicht ohne Grund zu ihm geschickt. Ich sah ja, was er aß. Fettige Sachen wie Würstchen. Als Sportler kann man so nicht essen. Danach änderte er seine Ernährungsweise, der Prozess begann also schon in meiner Zeit, wenn auch nicht in dieser extremen Form wie später, als ich nicht mehr mit ihm arbeitete und er anfing, sich glutenfrei zu ernähren."

Dass sich Djokovic so lange so schrecklich auf dem Platz gefühlt hatte, war schlimm, aber genauso schlimm war es, mit Cetojevic neu lernen zu müssen, wie man isst, und auf all die Nahrungsmittel zu verzichten, die er seit seiner Kindheit geliebt hatte. Als Cetojevic ihn bat, sich zwei Wochen lang glutenfrei zu ernähren, verspürte er anfangs noch ein gewisses Verlangen nach Brot, Pizza und Hefegebäck, aber das verging schnell. Sobald er den Unterschied spürte. Er fühlte sich morgens nicht mehr schläfrig und träge, sondern hatte eine Energie, die er seit Jahren nicht mehr empfunden hatte. Nach dem vierzehntägigen Testlauf bat der Mediziner Djokovic überraschend um einen Gefallen, um zu beweisen, dass der Verzicht auf Gluten ihm einen kompletten Neustart beschert hatte: Er sollte einen Bagel essen. Am nächsten Morgen fühlte sich Djokovic elend und schwer, als hätte er die ganze Nacht Whisky getrunken. Er hatte eine Art Gluten-Kater – eine Erfahrung, die er auf keinen Fall jemals wiederholen wollte.

Während der gesamten Umstellung seiner Ernährung und seiner Einstellung zum Essen allgemein fragte Djokovic immer wieder: „Warum machen wir das?“ Wenn er schon seinen Ernährungsplan über den Haufen warf und bei null anfing, musste er wissen, was ihm das bringen würde. Cetojevic scherzte, Djokovic hätte eine „deutsche Mentalität“. „Wenn wir diesen Ausdruck in Serbien verwenden“, erklärt Cetojevic, „beschreiben wir damit Menschen, die sich gut vorbereiten und fest entschlossen sind, ihre Ziele zu erreichen.“

*

Da es so wichtig ist, *was* man isst, erklärte Cetojevic dem Tennisspieler, sei auch entscheidend, *wie* man esse. Daher riet er ihm auch davon ab, vor dem Fernseher zu essen, da dies zu einer „Spaltung“ des physischen, mentalen und emotionalen Körpers und zu gespaltenen Emotionen führe. „Wenn man beim Fernsehen isst, kann das Allergien bedingen, da jede Allergie einen emotionalen Hintergrund hat. Die Nahrung gelangt unvorbereitet in den Körper, der anders reagiert.“ In Zeiten von Fast Food und unreflektiertem Konsum begann Djokovic, gegen den Strom zu schwimmen und möglichst langsam und bewusst zu essen. Nicht nur schaute er kein Fernsehen während des Essens, sondern er verzichtete auch darauf, dabei seine E-Mails zu lesen, Nachrichten zu schreiben oder zu telefonieren, da er sonst riskierte, dass das Essen an Geschmack und Energie verlor. Stattdessen konzentrierte er sich auf seine Mahlzeiten und das, was er von ihnen erwartete. Wenn er zum Beispiel abends Proteine zu sich nahm, sagte er: „Ihr müsst das Durcheinander in Ordnung bringen, das ich angerichtet habe."

Die größte Veränderung für Djokovic lag darin, wie er sich fühlte, nämlich stärker, schneller, frischer und sogar beweglicher. Nun, da er sich richtig ernährte, konnte er durchatmen und verfügte über mehr Energie, Konzentration und geistige Klarheit als in den Jahren zuvor. Kurz gesagt, er fühlte sich wie neu geboren. Zum ersten Mal seit Jahren schlief er gut. Der erschöpfte, mit Gluten übersättigte Djokovic hatte einem neuen Djokovic Platz gemacht, der morgens bereit war für den neuen Tag. Heute bezeichnet sich Djokovic als geheilt – er wache nachts nicht mehr ständig auf und bekomme die achteinhalb Stunden Schlaf, die er brauche, was er als wichtigsten Aspekt seiner Regenerationsroutine betrachte.

In Form zu sein, war für Djokovic immer mehr als nur eine Frage der körperlichen Fitness. „Novak hat viel über die mentale und emotionale Seite gesprochen. Es bringt zum Beispiel nichts, die Rückhand besonders zu trainieren, wenn man dabei die mentale und emotionale Seite vernachlässigt. Unter Druck kommt deine Schwäche zum Vorschein", so Cetojevic. „Man trainiert physisch, um in Form zu sein. Aber dafür muss man auch emotional trainieren und mental. Und spirituell. Alles muss miteinander in Einklang gebracht werden. Novak war sehr verantwortungsbewusst und wach. Er hat Ziele. Und man muss jeden Tag auf sie hinarbeiten."

Als Gritsch 2009 anfing, mit Djokovic zu arbeiten, hatte sich der Fitnesstrainer bei der Konkurrenz umgesehen und festgestellt, dass viele der anderen Spieler an Muskelmasse zugelegt hatten. „Damals bin ich in die Umkleidekabine gegangen, habe mir die anderen Sportler angesehen und dachte: Wow, sind hier viele Muskeln, das sind ein paar richtig schwere, starke Jungs. Ich war mir sicher, dass das nicht der richtige Weg war. Die Spieler hatten zu viel Gewicht, das auf ihre Gelenke drückte. Sie mussten zu viel Masse bewegen, wenn sie stundenlang Tennis spielten. Ich war mir sicher, dass das unmöglich durchzuhalten war. Novak war noch nicht so leicht, als wir anfingen. Er hat erst später sein Gewicht reduziert. Für einen Spitzensportler können bereits ein paar Kilo einen großen Unterschied ausmachen."

Djokovic hatte sich nicht mit Cetojevic getroffen, um schlanker zu werden. Die Auswirkungen dieser neuen Ernährungsweise beunruhigten Gritsch jedoch. Auch einige Familienmitglieder und Freunde von Djokovic waren besorgt, weil er zu viel Gewicht verloren hatte. Erst als sein Zustand fast ein „gefährliches" Stadium erreicht hatte, gelang es Djokovic, Ausgleich zu schaffen. „Das war etwas, was Novak selbst tun musste: die Balance finden", erinnert sich Gritsch.

Cetojevic wurde zu einer zentralen Figur in Djokovics Leben und begleitete den Sportler auf Turniere, wo er feststellte, dass auch andere Spieler nicht die richtigen Nahrungsmittel zu sich nahmen, um ihre Körper auf das Training und die Wettkämpfe vorzubereiten. Nach einer Weile hatte Cetojevic genug vom Tenniszirkus und zog sich aus Djokovics Team zurück. Aber sein Einfluss blieb erhalten. Und jeder Titel, den Djokovic seit seiner Umstellung auf glutenfreie Ernährung gewonnen hat, ist auch Cetojevic zu verdanken.

Gluten war nicht das Einzige, was Djokovic aus seinem Ernährungsplan strich. Milchprodukte und raffinierter Zucker mussten ebenfalls weichen. Seit einer Weile hatte er auch das Gefühl, dass ihm die Verdauung von rotem Fleisch Energie raubte, die er besser auf das nächste Training oder Match aufgewendet hätte, also stellte er auf rein pflanzenbasierte

Nahrung um. Cetojevic ermutigte ihn dazu, seine Ernährung und Hydrierung komplett auf den Kopf zu stellen; schon bald begann er den Tag mit warmem Wasser und Zitrone, um seinen Körper zu entgiften, bevor er an einem Selleriesaft nippte und später einen grünen Smoothie mit verschiedenen Algen, Früchten und Superfoods zu sich nahm. Lebensmittel, die ihm geistige Klarheit verschafften, ein gutes Gefühl gaben und vielleicht sogar einen karriereverlängernden Effekt haben würden. Das bedeutete viel Obst sowie Quinoa, Hirse, Wildreis und Süßkartoffeln, manchmal auch normale Kartoffeln, aber nie gebraten, sondern gekocht oder gedünstet.

Ungefähr die Hälfte seiner Nahrung sei roh, verriet Djokovic. Andere wissen zu berichten, dass er beim Mittagessen seine Salatblätter und Karotten zählt und in Cafés bei Getränkebestellungen sehr genaue Vorstellungen formulieren kann; wenn er zum Beispiel einen Minztee bestellt, bittet er darum, dass die Blätter gepresst werden. Djokovic mag Kirschen und Wildapfelessig, da sie entzündungshemmende Eigenschaften haben. Und er trinkt den Essig nicht nur, trägt ihn auch auf Blasen an der Schlaghand auf, um die Wundheilung zu fördern.

Von jemandem mit einer solch mönchischen Disziplin wie Djokovic möchte man meinen, er sei abstinent, aber er gönnt sich gelegentlich ein Glas Wein. Für ihn ist Wein kein Alkohol, sondern ein heiliges Getränk. Dabei bevorzugt er italienischen Wein, französischen empfindet er als zu schwer.

Unter Cetojevics Anleitung ist er zu einem so überzeugten Verfechter dieser Ernährungsweise geworden, dass er nicht nur ein Buch darüber geschrieben hat – *Siegernahrung* –, sondern auch ein veganes Restaurant in Monte Carlo eröffnete und als Executive Producer von *Game Changers* agierte, einer Netflix-Dokumentation über die Kraft der Pflanzenkost. Für jemanden, der früher Cookies und Hefegebäck liebte und vor dem Training und den Matches zuckerhaltige Energieriegel aß, war er unglaublich diszipliniert. Er machte es sich sogar zur Gewohnheit, jeden Morgen zur selben Zeit die Farbe seines Urins zu überprüfen, um sicherzustellen, dass er hydriert, aber nicht überhydriert war (es sollte „ein kleines bisschen Farbe“ zu sehen sein).

Als Bodgan Obradovic eines Tages mit Djokovic nach dem Training zu Mittag aß, ging ein Alarm auf dem Handy des Spielers los. „Es ist jetzt genau ein Jahr her, seit ich das letzte Mal ein Stück Schokolade im Mund hatte“, informierte Djokovic seinen ehemaligen Davis-Cup-Kapitän. Das sagte derselbe Spieler, der nach einem Grand-Slam-Sieg um ein Stückchen Schokolade gebeten hatte – nur ein Stück, und lieber Zartbitter als Vollmilch –, um sich in Erinnerung zu rufen, wie sie schmeckte. Obradovic lachte bei der Vorstellung, wie sich Djokovic einen Wecker stellte, um die Finger von Schokolade zu lassen. „Ich sagte zu Novak: ‚Du hast echt ’nen Knall, Mann.‘ Aber er ist gern streng zu sich, um sich zu beweisen, dass er es kann und es ohne Probleme durchhält. Vielleicht hat er noch andere Wecker auf seinem Handy gestellt. Novak ist ein interessanter Mensch. Er hat sich seine eigene Welt erschaffen, und er spielt in ihr.“

VOLLENDETE ZUKUNFT

Novak Djokovic verfolgte bereits früh eine langfristige Strategie; er blickte fast zwanzig Jahre in die Zukunft. Tennisspieler konzentrieren sich in ihren Anfängen meist auf das, was direkt vor ihnen liegt. Das nächste Turnier, das nächste Match, die ersten Schläge am Morgen. Djokovic war, ist anders. Es war kein Zufall, dass er mit Mitte/Ende dreißig immer noch Grand Slams gewann. Darauf hatte er hingearbeitet, kaum dass er volljährig war. Als er Gebhard Gritsch im Frühling 2009 in Belgrad kennenlernte, woraus eine fast zehnjährige Zusammenarbeit wurde, sagte er ihm als Allererstes, dass er mit vierzig noch gesund sein wollte.

„Novak sagte, dass er nicht so trainieren wollte, dass sein Körper litt, damit er mit vierzig noch topfit sein würde", erinnert sich Gritsch. „Das war ihm sehr wichtig, weil er wusste, dass viele Sportler mit Anfang/Mitte dreißig am Ende sind. Gut, dass er sich dieses Ziel schon mit einundzwanzig gesetzt hat. Ich kenne viele Sportler, die mit vierzig kaum mehr gehen können, weil sie von ihren Trainern so geschunden wurden. Ich habe in Österreich Sportwissenschaft studiert, wobei die Grundlagen aus Russland und Ostdeutschland stammten. Und ich wusste, dass ich diese Trainingskonzepte und -methoden bei Novak nicht anwenden konnte. Sie hatten schon so viele Sportler zerstört. Mir war klar, dass das der falsche Weg für Novak war."

Die Vermeidung „klassischer, harter, hochintensiver" Trainingseinheiten trug ebenfalls dazu bei, Verletzungen vorzubeugen. „Risikomanagement", so Gritsch, sei der Schlüssel zu seiner Zusammenarbeit mit Djokovic gewesen. Sie verbrachten genauso viel Zeit damit, Verletzungen vorzubeugen, wie sie sich auf alle anderen Aspekte seiner Fitness konzentrierten. „Mir war absolut bewusst, was passieren konnte und welche Konsequenzen das gehabt hätte. Das Schlimmste für einen Sportler sind Verletzungen – man sitzt zu Hause herum und kann nichts tun. Was würde ein Sportler von diesem Kaliber alles verpassen, wenn er verletzt ist und sechs Monate pausieren muss? Und dann der Genesungsprozess. Würde er jemals wieder das gleiche Niveau erreichen? Deshalb war immer unser wichtigstes Ziel, Novak verletzungsfrei zu halten."

Zu Beginn ihrer Zusammenarbeit war klar, dass Djokovic ein Problem mit seiner Ausdauer hatte. Oder mit dem, was Gritsch als „tennisspezifische Schnelligkeitsausdauer" bezeichnet. Bei einem Grand-Slam-Turnier, das bei den Herren gerne über fünf Sätze gehen kann, kommt es vor, dass die Spieler bis zu vier oder fünf Stunden auf dem Platz stehen, manchmal sogar länger; dabei rennen sie nicht ständig, müssen aber sprinten und ihre Energie in kurzen, explosiven Schüben einsetzen. „Alle im Team wussten, dass ihm das Schwierigkeiten bereitete", sagte Gritsch. Eine seiner Aufgaben war es daher, Djokovics Effizienz zu steigern, da er „kein gutes Input-Output-Verhältnis hatte, man aber effizient sein muss, wenn man stundenlang auf dem Platz steht".

Es gab viel zu tun. Anfangs hatte Gritsch den Eindruck, dass der Sportler zu viel Zeit damit verbrachte, Gewichte im Fitnessstudio zu stemmen, und nicht „genug Spaß" hatte. Viel besser für ihn würde es sein, nach draußen zu gehen, in der Natur zu sein und eine Mischung aus verschiedenen Sportarten zu betreiben, um mehr Abwechslung und geistige Stimulation zu bekommen. Im Laufe der Jahre sollte sich Djokovic als Ergebnis seiner Voraussicht, seines Engagements und der Ratschläge von Gritsch und anderen Teammitgliedern zu einem der dynamischsten Tennisspieler überhaupt entwickeln.

Manchmal fürchtet man um Djokovics Knöchel, wenn er über den Platz rutscht – ganz gleich, ob auf Sand, Hartplätzen oder Rasen –, aber er weiß, was er tut. Er beherrscht diesen Move besser als jeder andere Spieler. Das Barfußlaufen als kleines Kind, sagen seine Eltern, hat seine Sprunggelenke flexibel gemacht. Skifahren habe auch geholfen. Djokovic ist der Spider-Man der Tenniswelt und schafft es, auch dann noch einen Winner zu schlagen, wenn er rutscht, in die Grätsche geht oder sich in einer Art Extremyoga-Position befindet. Diese Fähigkeit geht darauf zurück, dass er jahrelang jede Sekunde mit Dehnen verbracht hat. Niemand wird so beweglich, ohne Dehnübungen zu einem zentralen Bestandteil seines Lebens gemacht zu haben. Es soll auch schon vorgekommen sein, dass er mitten im Gespräch mit Jelena eine ausgefallene Dehnübung auszuführen begann.

Es war Niki Pilic, der Djokovic in seiner Akademie vor den Toren Münchens erklärte, dass er sein Tennisspiel ungemein verbessern könnte, wenn er an seiner Beweglichkeit arbeitete. Djokovic nahm den Hinweis mit offenen Ohren auf. Gritsch ermutigte ihn seit Jahren, sich zu dehnen. Auch hier war keine Überredungskunst notwendig. „Wenn Novak wirklich überzeugt ist, dass etwas wichtig ist, macht er das täglich – so ein Typ ist er", sagt Gritsch. „Ich habe ihm gesagt, dass ihm das Dehnen helfen wird, seine Beweglichkeit zu verbessern. Darauf meinte er: ‚Keine Sorge, ich werde es jeden Tag machen.' Er war sehr diszipliniert und verbrachte viel Zeit damit. Diese Beweglichkeit war offensichtlich sehr wichtig für sein Tennis." Als er sich auf die Saison 2024 vorbereitete, postete er in den sozialen Medien eine „Challenge for the brave" und lud seine Follower ein, seine Dehnübungen nachzumachen, die einen ausgeprägten Gleichgewichtssinn und große Beweglichkeit erfordern.

*

Ob er auch ohne die Scheibe Weißbrot, die ihm Cetojevic an den Magen hielt, je wieder ein Grand-Slam-Turnier gewonnen hätte? Das kann niemand wissen. Er war jedenfalls auf dem absteigenden Ast, und mit Cetojevics Hilfe ging es wieder bergauf. Bei den US Open 2010 erreichte Djokovic sein erstes Grand-Slam-Finale seit zweieinhalb Jahren, auch wenn er dann in vier Sätzen gegen Rafael Nadal verlor.

Am Ende dieser Saison gelang ihm sogar etwas noch Außergewöhnlicheres, als er Serbien mit dem Sieg über Frankreich in Belgrad zum ersten Davis-Cup-Titel führte. Für ein kleines Land mit einer bis dato zu vernachlässigenden Tennisgeschichte war das ein verblüffender Erfolg, den Djokovic und seine Teamkollegen feierten, indem sie sich die Köpfe rasieren ließen. Zum Saisonauftakt 2011 waren Djokovics Haare nachgewachsen, aber die Auswirkungen des Davis-Cup-Sieges waren nachhaltig. Er hatte ihn beflügelt, ihm gezeigt, was möglich war und wie er mehr Energie in sich selbst finden konnte. „Das war ein entscheidender Moment für ihn. In diesem Moment wuchs er über sich hinaus. Und er hatte es mit seinem Team geschafft, mit seinem Land, das ihm so viel Energie und Kraft gegeben hatte", erinnert sich der serbische Davis-Cup-Kapitän Bogdan Obradovic. „Novak lernte, diese Energie auch weiterhin zu entfesseln und noch mehr zu erreichen, als er selbst für möglich gehalten hätte. Das war etwas sehr Wertvolles."

Janko Tipsarevic, der zum Siegerteam gehörte, stellte ebenfalls fest, dass der Davis-Cup-Sieg Djokovic beflügelt hatte, in seiner Einzelkarriere Großes zu leisten: „Ich bin mir ziemlich sicher, dass ihm der Davis-Cup-Gewinn mit seinen Freunden viel Schwung für 2011 gegeben hat."

Das war zweifellos eine positive Entwicklung, aber Djokovic war nur deshalb in der Lage, auf diesem Niveau zu spielen – und beide Einzel im Finale in glatten Sätzen zu gewinnen –, weil er Gluten aus seinem Ernährungsplan gestrichen hatte.

Cetojevic, den Tennis nicht einmal interessierte, hatte Djokovic auf einen Weg gebracht, der ihn in eine der erfolgreichsten Saisons der Tennisgeschichte führte. „Nole war vorher wie ein Diamant in der Erde. Er musste nur ein bisschen gesäubert und poliert werden."

Unter allen Teammitgliedern war es Cetojevic, der am selbstbewusstesten verkündete, was dieser neue, glutenfreie Spieler im Tennis erreichen könnte. Als der Mediziner erfuhr, dass in jeder Saison vier Grand-Slam-Turniere gespielt werden, sagte er voraus, dass der Serbe 2011 mindestens drei davon, wenn nicht gar alle vier gewinnen würde. „Du hast ja keine Ahnung, wovon du sprichst", erwiderten Djokovic und sein Team. Cetojevic klang zunächst, als würde er scherzen, aber er meinte es ernst und bekräftigte: „Ich glaube an mich, ihr seid gut in dem, was ihr tut, und wir haben einen außergewöhnlich talentierten Spieler." Alle lachten, aber Cetojevic spürte auch, dass sie „die Möglichkeiten fürchteten", die Djokovic hatte.

Djokovic war voller frischer Energie und hatte sich die Zeit genommen, seine Spielweise zu überdenken. Er schlug den Ball härter als je zuvor und hatte mit seinem Trainer Marian Vajda an seinem Aufschlag gearbeitet. Insgesamt war er ein besserer Spieler als noch im Jahr zuvor. Die glutenfreie Ernährung hatte sein Mindset verändert: Da er nun wusste, dass er kein körperliches Problem hatte, konnte er in den Matches Druck aufbauen, ohne befürchten zu müssen, dass sein Körper zu früh schlappmachen würde.

Plötzlich war Djokovic ein anderer Spieler. Plötzlich war er eine physische Autorität auf dem Platz. Lange hatte er in der Weltrangliste hinter Federer und Nadal gelegen, jetzt aber verhielt sich der dritte Mann wie ein Alphatier. „Ein Monsterjahr", sagte Nadal 2011 über Djokovics Saison und brachte die Wucht seines Spiels in diesem Jahr auf den Punkt. Zwölf Monate zuvor war Djokovic aus dem Viertelfinale gegen Tsonga physisch und geistig ausgehöhlt hervorgegangen. Nun, im Jahr 2011, gab er weder im Halbfinale gegen Roger Federer noch im Finale gegen Andy Murray einen Satz ab. Drei lange Jahre nach seinem ersten Grand-Slam-Sieg und rund sieben Monate nachdem er 2010 beim French Open, als die Emotionen hochkochten, mit dem Gedanken gespielt hatte aufzuhören, gewann er seinen zweiten Grand-Slam-Titel.

Von Anfang des Jahres bis zum Halbfinale gegen Federer in Roland-Garros Anfang Juni war Djokovic nicht zu bremsen, und oftmals kam man einfach nicht gegen ihn an. Er gewann 41 Matches in Folge – rechnet man die beiden Einzelpartien aus dem Davis-Cup-Finale des Vorjahres hinzu, waren es 43. Niemand in seiner Ära, nicht einmal Federer oder Nadal zu ihren Hochzeiten, hatte den Sport derart dominiert – es war der beste Saisonstart eines männlichen Spielers seit John McEnroe im Jahr 1984, als der New Yorker seine ersten 42 Matches gewann. Djokovics Niederlage gegen Federer sollte seine einzige Grand-Slam-Schlappe in dem Jahr werden. Rückblickend kann man sich fragen, ob sein Freilos in der Runde sich auf seinen Rhythmus und sein Momentum auswirkte. Er wusste, dass seine Erfolgsserie irgendwann enden würde, schließlich kann man nicht ewig gewinnen, aber natürlich war es schade, dass es ausgerechnet in dem Moment passierte, als er so kurz davorstand, seinen ersten Titel in Paris zu holen.

Cetojevic war begeistert von Djokovics Geschichte, wie er als Kind seine eigene Wimbledon-Trophäe gebastelt hatte und davon träumte, eines Tages wirklich den goldenen Pokal in die Höhe zu heben. „Dass Nole diese Vorstellungskraft hatte und immer noch besitzt, ist unendlich schön, und die Geschichte hat mich inspiriert“, so der Arzt. Als Djokovics Traum nach seinem Finalsieg über Nadal auf dem Centre Court Wirklichkeit wurde, war es für Cetojevic an der Zeit, sich vom Tennis zurückzuziehen. „Nole hatte seine echte Wimbledon-Trophäe – der Prozess war beendet.“ Nach zwölf Monaten im Tenniszirkus, in einer Welt, die ihm bis dahin vollständig fremd gewesen war, hatte der Arzt den Eindruck, dass seine Arbeit getan wäre. Er hatte schöne Momente erlebt, aber auch genug von bestimmten Aspekten dieses Nomadenlebens, wozu auch das ewige Warten auf den Beginn eines Matches gehörte. Für ihn war es wichtig, nun wieder zu seinen anderen Klienten nach Zypern zurückzukehren.

Zum ersten, aber nicht zum letzten Mal griff der Champion nach unten und knabberte an einigen Grashalmen auf dem Centre Court; sie schmeckten irgendwie nach seinem eigenen Schweiß, aber auch wunderbar, überraschend süß, wie nichts, was er je zuvor gekostet hatte. Für Djokovic ging alles sehr schnell, mit dem Erreichen des Finales war er zur Nummer eins der Weltrangliste aufgestiegen – und zum ersten Mal nach sieben Jahren hatte jemand anderes als Federer oder Nadal diesen Platz inne. Er war 24 Jahre alt. Der Junge, der sich nachts vor den Bomben in einem Luftschutzkeller versteckt hatte, um erst am nächsten Tag wieder daraus aufzutauchen und inmitten der Zerstörung zu trainieren, war offiziell der beste Spieler der Welt, und der Ranglistencomputer hatte endlich bestätigt, was die Tenniswelt schon lange ahnte.

Dies war Djokovics Triumph, aber es war wie ein Erfolg Serbiens, und als er nach Belgrad zurückkehrte, versammelten sich über 100 000 Menschen auf dem zentralen Platz, um mit ihm zu feiern.

Das war aber noch nicht alles. Bei den US Open gelang es Djokovic im Halbfinale, zwei Sätze Rückstand gegen Federer aufzuholen – bemerkenswerterweise konnte er das zweite Jahr in Folge in dieser Phase des Turniers zwei Matchbälle des Schweizers abwehren –, um schließlich im Finale Nadal zu bezwingen und erstmals bei den US Open zu triumphieren.

Djokovic hatte mit drei Grand-Slam-Titeln, sieben weiteren Titeln und 70 gewonnenen von insgesamt 76 Matches das

Herrentennis dominiert, musste allerdings in der Vorrunde des letzten Turniers der Saison, den ATP Finals in London, zwei Niederlagen hinnehmen, als er vom langen Tennisjahr erschöpft war. Unter all den Zahlen in diesem Jahr war wohl die bedeutendste, dass Djokovic zehn seiner elf Begegnungen gegen Federer und Nadal, die vermeintlichen Herrscher der Tenniswelt, gewonnen hatte. Zwei der Siege über Nadal hatte er auf den geliebten Sandplätzen des Spaniers in Rom und Madrid errungen. McEnroe, der 1984 ganze 82 seiner 85 Matches gewonnen hatte, erklärte, Djokovic habe „das beste Jahr in der Geschichte unseres Sports" hinter sich. Aber warum die Vergleiche auf den Tennissport beschränken? Djokovics Idol, Pete Sampras, beschied ihm „eine der größten Leistungen in der Geschichte des Sports".

Es sollte nicht das letzte Mal sein, dass Djokovic drei der vier Grand-Slam-Turniere in einer Saison gewann – auf ihn warteten noch viele weitere Erfolge. Und auch heute, mit Mitte/Ende dreißig, ist er in vielerlei Hinsicht ein besserer Spieler als mit Mitte zwanzig. Bedenkt man jedoch die Zeit davor, Djokovics existenzielle Verzweiflung im Jahr 2010 und wie er sich im langen Schatten von Federer und Nadal abrackerte, bleibt wohl 2011 seine beste Saison. Nie wieder würde man Djokovic für ein Weichei halten. Wenn man ein Match oder einen Moment auswählen könnte, in dem die Meinungen in der Umkleidekabine umschlugen, wäre das wohl sein Sieg über Nadal im Finale von Miami, als Nadal nach dem Match müde und dehydriert einen Krampf bekam, während Djokovic in weit besserer körperlicher Verfassung schien.

Hätte Djokovic nach wie vor Gluten zu sich genommen, wäre er der extremen körperlichen Herausforderung, die das Finale der Australian Open 2012 gegen Nadal darstellte, wohl nicht gewachsen gewesen. Der neue Djokovic hingegen setzte sich durch und gewann nach knapp sechs Stunden das längste

Grand-Slam-Finale der Geschichte. Im Jahr darauf siegte er erneut in Melbourne, schlug Andy Roddick und wurde damit der erste Spieler der Open Era, der zum dritten Mal in Folge die Australian Open gewann.

Cetojevic, der maßgeblich an seinem Erfolg in Australien und auf der ganzen Welt beteiligt war, steht weiterhin in Kontakt mit Djokovic. Der Arzt hat ihm zwar gestanden, dass er sich seine Grand-Slam-Matches eher nicht ansehe – sie seien ihm zu lang, und er wolle nur ungern bis zu sechs Stunden vor dem Fernseher verbringen –, aber dass er seine Erfolge sehr wohl registriere. Wenn man mit Cetojevic spricht, spürt man, dass es ihn sehr freut, dem serbischen Tennisprofi geholfen zu haben. Er erhalte immer noch dankbare E-Mails von Djokovic-Fans aus aller Welt, die meist wie folgt lauteten: „Lieber Doktor, Sie kennen mich nicht, aber ich danke Ihnen so sehr für alles, was Sie für Nole getan haben. Ich ernähre mich jetzt auch glutenfrei."

EIN TENNISORIGINAL

Warum aus dem Wasserhahn trinken oder ein Evian schlürfen, wenn man stattdessen „Pyramidenwasser" bekommen kann?

Novak Djokovic begibt sich tief unter die Erde – unter alte bosnische Pyramiden – oder das, was manche für einen riesigen, spitz geformten Schwindel halten –, um dieses Pyramidenwasser zu trinken. Wasser, das angeblich in einer anderen Frequenz schwingt und wunderwirkende Kräfte hat. Djokovic folgt Sam Osmanagic, einen Fedora tragenden Archäologen, Geschäftsmann und Buchautor, der auch schon als „bosnischer Indiana Jones" bezeichnet wurde. Osmanagic verkündete im Jahr 2005, dass er die Pyramiden der Sonne, des Mondes, des Drachens und der Liebe entdeckt hätte, und meinte, dieses Pyramidenwasser steigere Djokovics intellektuelle und emotionale Fähigkeiten, wohingegen gewöhnliches Wasser aus der Leitung oder Flasche lediglich den Durst lösche.

Laut Osmanagic mag Djokovic dieses Wasser so sehr, dass er sich jedes Mal, wenn er die Pyramiden aufsucht, einige Flaschen davon abfüllt. Und wann immer Osmanagic von Bosnien nach Belgrad fahre, um Djokovic und seine Familie zu besuchen, belade er seinen Wagen mit diesem besonderen Wasser,. „Wenn es ein Paradies auf Erden gibt, dann hier", sagt Djokovic über Bosniens „Tal der Pyramiden" nahe der Hügelstadt Visoko. Er spricht von der „wundersamen Energie" der Pyramiden, die Osmanagic und anderen Gläubigen zufolge von einer antiken Zivilisation während der späten Eiszeit errichtet wurden. In Visoko gibt es keine Mumien, so Osmanagic. Man dürfe sich die Pyramiden nicht als Gräber vorstellen, sondern vielmehr als riesige Energieverstärker. Wissenschaftler hätten festgestellt, dass die Bauwerke „Energiestrahlen" aussendeten, die Informationen schneller als mit Lichtgeschwindigkeit übertrügen, und dass dies den Menschen möglicherweise erlaube, mit anderen Galaxien zu kommunizieren (was die Pyramiden zu einer intergalaktischen Hotline für Aliens mache).

Es gibt allerdings auch Skeptiker, was die Pyramiden betrifft . Für Geologen handelt es sich bei diesen „Pyramiden" um natürliche Formationen, eine Ansammlung kegelförmiger Hügel. Die Vereinigung Europäischer Archäologen spricht von einem „grausamen Schwindel", und bosnische Wissenschaftler appellieren an ihre Regierung , Osmanagic zu stoppen, da er das Land in Verruf bringe. Djokovic räumt gewisse „Zweifel" an der Pyramidentheorie ein, sagt aber, man müsse die Stätte selbst besuchen, um in Gänze zu verstehen und zu würdigen, was dort geschehe.

Osmanagic, der in seinem Buch mit dem Titel *Alternative History* auch behauptet, Adolf Hitler hätte sich 1945 in Berlin nicht erschossen, sondern sei in eine unterirdische Basis in der Antarktis geflohen, vertritt gern ungewöhnliche Thesen, um es einmal so auszudrücken. Osmanagic erklärt, er sei nicht in der „Heilerbranche" tätig und wisse, dass er mit Aussagen über die gesundheitliche Wirkung des Wassers vorsichtig sein müsse, nur um sogleich anzufügen, dass einige Leute berichtet hätten, das Pyramidenwasser hätte ihren Blutdruck gesenkt oder ihren Blutzuckerspiegel reguliert. Es sei das sauberste nur denkbare Wasser, frei von Viren, Bakterien oder Pilzen. Friere man es ein und betrachte seine molekulare Struktur unter dem Elektronenmikroskop, sehe man, dass diese sechseckig ist, so Osmanagic, was die stärkste geometrische Form für Energie sei. Wasser, das mit Chlor oder Fluorid behandelt ist, sei dagegen „deformiert". Wasser aus der Leitung könne Metall- und Plastikrückstände enthalten. Pyramidenwasser sei insgesamt sehr bekömmlich, ebenso sein leicht basischer pH-Wert von 7,45, was dem unseres Blutes entspreche.

Djokovic hatte die Geschichte der bosnischen Pyramiden schon eine Weile verfolgt, als er sich mit Osmanagic in Verbindung setzte, worauf sie, zusammen mit ihren Ehefrauen, ein freundschaftliches Vierergespräch am Telefon führten. Djokovic besuchte die Pyramiden zum ersten Mal im Jahr 2020. Eine der Gemeinsamkeiten zwischen Djokovic und Osmanagic ist ihre Faszination für Nikola Tesla, den Erfinder und Ingenieur aus dem heutigen Kroatien, der unter anderem behauptete, einen Todesstrahl entwickelt zu haben, mit dem man die Triebwerke feindlicher Flugzeuge zum Schmelzen bringen könnte. Djokovic hat viel über Tesla gelesen und sogar seinen Hund nach ihm benannt. „Tesla zufolge muss man in Kategorien wie Energie, Frequenz und Vibration denken, wenn man die Geheimnisse des Universums entschlüsseln möchte", erklärt Osmanagic. „Genau das tun wir. Novak weiß das zu schätzen."

Osmanagic erklärte Djokovic, dass die Konzentration an Negativ-Ionen oder elektrifizierten Molekülen in den Pyramidentunneln höher sei als irgendwo sonst auf der Welt, was bedeute, dass die Luft etwa 50-mal reiner und gesünder sei als auf einem Berggipfel. Eine solch hohe Konzentration an Negativ-Ionen kann nach seiner Auffassung das Immunsystem stärken.

Für Djokovic gehören die Pyramiden zu den „energetisch stärksten Orten auf dem Planeten". Dort zu sein, erfülle ihn mit Energie und gebe ihm „die Kraft", die er für „zukünftige Herausforderungen im Tennis und im Leben" brauche. Ein Besuch bei den Pyramiden wirke sich unmittelbar auf seine Stimmung aus. Tennis werde in elf von zwölf Monaten im Jahr gespielt – die längste Saison aller Sportarten –, und es sei schwer, sich zwischen den Turnieren richtig zu erholen. Und so sagt Osmanagic, dass Visoko zu einem Zufluchtsort für Djokovic geworden ist. Nach einer Finalniederlage in Roland-Garros reiste er zu den Pyramiden, um die Enttäuschung zu verarbeiten. Djokovic meditiert bei den Pyramiden, trinkt das hiesige Wasser, geht durch die „Energietunnel" und spielt ein wenig Basketball. (Osmanagic hat in einem Park Basketball- und Tennisplätze anlegen lassen, die Djokovic kurz nach einem seiner Siege in Wimbledon einweihte.)

Osmanagic nahm Djokovic mit auf ein „archäologisches Abenteuer“ durch einige Tunnel, die für die Öffentlichkeit nicht zugänglich sind und in die „seit Tausenden von Jahren kein Mensch einen Fuß hineingesetzt hat“. „Es war ein bisschen riskant, muss ich sagen“, so Osmanagic über ihre Expedition in 25 Meter Tiefe, bei der sie durch brusthohes Wasser waten mussten, ohne Geländer oder sonstige Sicherheitsmaßnahmen (allerdings trugen sie Neoprenanzüge).

Osmanagic nennt seine Beziehung zu Djokovic eine „aufrichtige“ Freundschaft, die den Menschen auf dem Balkan zeige, dass ein Mann, der in Belgrad geboren wurde, und ein Mann aus Bosnien glänzend miteinander auskommen und sich über Energietunnel, Basketball und Pyramidenwasser austauschen können. Neben allen anderen Gründen, weswegen Osmanagic Djokovic bewundere, schätze er den Intellekt seines Freundes: „Novak ist sehr intelligent. Was das bedeutet? Er hat die Fähigkeit, in einer neuen Situation die richtige Antwort zu finden.“ Osmanagic schätzt auch Djokovics offenen Geist: „Wir sind, was wir trinken. Wir sind, was wir essen. Wir sind, was wir denken.“ Osmanagic sagt, Djokovic sei offen für neue Ideen, bevor er sich entscheide, was das Beste für ihn sei. „Er öffnet sich verschiedensten Philosophien und Überzeugungen. Menschen sind unterschiedlich. Wenn alle dieselben Regeln und Routinen befolgen und alle dasselbe denken würden, warum sollten wir dann leben?“

Osmanagic kennt sich vielleicht mit Pyramiden aus – er sagt, er habe jede einzelne auf der Welt besucht –, aber offensichtlich weiß er nicht, dass im Tennis teils mit düsterem Argwohn beobachtet wird, wer sich jenseits der Norm positioniert.

*

In einfacheren, zahmeren Zeiten – vor Novak Djokovic – hielt man im Tennissport Andre Agassi für gefährlich avantgardistisch. Und das nur, weil der Spieler aus Las Vegas, der Jahre später Djokovic trainieren sollte, blondierte Haare hatte und gebleichte Jeansshorts über pinkfarbenen Radlerhosen trug. Sogar heute noch kann sich Tennis wie die traditionellste und emotional zugeknöpfteste aller Sportarten anfühlen. Der Centre Court von Wimbledon ist die geistige Heimat des Tennis, ein Ort, an dem immer noch auf demselben Belag gespielt wird, auf dem einst viktorianische Gartenpartys ausgerichtet wurden (auf wunderschönen gestreiften Rasenflächen) und wo der Dresscode (ganz in Weiß) immer noch sehr dem 19. Jahrhundert huldigt. „In diesem Umfeld ist es nicht immer leicht, akzeptiert zu werden", sagt Gebhard Gritsch.

Dann kam Djokovic, ein Spieler, der sich wenig um Konventionen scherte und immer bereit war, neue, alternative Wege zu beschreiten. Und schnell stellte sich heraus, dass seine Bio-Hacks – Selleriesaft vor dem Morgengrauen, glutenfreie Ernährung, jahrelanger totaler Schokoladenverzicht – nur die Vorstufe waren. Hinzu kamen New-Age-Spiritualität, paranormale Überzeugungen, avantgardistische Wissenschaften; alles, was rechtlich erlaubt ist und von dem er glaubt, dass es sein Leben auf und jenseits des Platzes bereichern könnte. Er ist kein Agassi („Image ist alles"). Oberflächlich betrachtet, gibt es an Djokovic mit seinem braven Haarschnitt, den schicken Lacoste-Shirts, den nicht vorhandenen Piercings, Tattoos oder sonstigen Zurschaustellungen nichts, was auch nur im Entferntesten provokativ oder rebellisch wäre. Man muss sich in ihn hineinversetzen, wenn man herausfinden möchte, was ihn so unkonventionell macht, um zu verstehen, warum er einigen Menschen im Tennis Unbehagen bereitet. Während manche über ihn kichern, gibt es natürlich viele, die entgegnen, dass er nicht nur der erfolgreichste männliche Tennisspieler aller Zeiten ist, sondern auch der originellste.

Das Erste, was er jeden Morgen mache, sagte Djokovic einmal, sei beten und sich unter anderem „für die Möglichkeit, [seine] Entwicklung als multidimensionales Wesen in dieser Welt fortzusetzen", zu bedanken (er ist auch dankbar für seinen Körper, seine Familie, seine Sinne, sein großes Bett und wunderschöne Sonnenaufgänge). Aus seiner Sicht besteht seine größte Leistung nicht darin, Dutzende von Grand-Slam-Turnieren gewonnen zu haben oder Hunderte von Wochen die Nummer eins der Tenniswelt gewesen zu sein, sondern einen offenen Geist zu bewahren.

Früher war Djokovic negativ eingestellt, er empfand Groll, Rache und Hass. Doch dann, sagt er, habe er verstanden, wie kraftvoll es sei, den Geist anderen Dimensionen und Horizonten der Selbstfürsorge und Selbstentwicklung zu öffnen. Er wurde zu einem fröhlicheren, emotional ausgeglicheneren, ruhigeren, friedlicheren und erfüllteren Menschen. Djokovic lernte, seine Persönlichkeit umfassender zu schätzen. Ihm wurde klar, dass er innerlich etwas verändern kann, auch seine eigene Schwingungsfrequenz, um eine Realität, in der er sich befindet und die ihm nicht gefällt, zu verändern. Und doch gab es Zeiten, in denen sich Djokovic, wenn er offen war und anders dachte und redete, als es im Tennis üblich war – kein anderer Spieler sprach von Bewusstseinserweiterung oder Wahrheitssuche –, isoliert und einsam fühlte. Nicht nur, dass seine Kollegen ihn nicht verstanden; Djokovic hatte auch den Eindruck, dass sie ihn nicht akzeptierten oder, schlimmer, ihn als „schwarzes Schaf" abgestempelt hatten. Der Beste und zugleich der Verstoßene.

Im Tennis ist man nie allein – man ist zusammen mit seinem Team, anderen Spielern, Freunden – und kann sich trotzdem einsam fühlen. „Bei einem Mannschaftssport trainiert man natürlich zusammen und verbringt Zeit miteinander. Bei einem Individualsport kann es passieren, dass man allein ist und viel über sich selbst nachdenkt, vor allem, wenn es gerade nicht so gut läuft“, erläutert Gritsch.

Die Menschen im Tennis sollten weniger voreingenommen sein, findet Chris Evert. „Djokovic ist ein Typ, der sich weiterbildet, nachforscht und Informationen sammelt, der viele Fragen stellt, sich mit alternativer Medizin beschäftigt, mit den neuesten Trends, um seinen Körper kräftiger und gesünder zu machen. Er ist besser informiert als alle anderen Spieler. Er hat das Recht, darüber zu sprechen, und das sollte man respektieren. Ich stimme nicht mit allem überein, aber man sollte ihm ohne Vorurteile begegnen. Ich bewundere ihn dafür, dass er sich nicht scheut, jedes Thema anzusprechen, ob kontrovers oder nicht. Ich habe Novak immer gemocht und seine Professionalität immer bewundert.“

Das Pyramidenwasser war nur der Anfang. Djokovic beschäftigt spirituelle Life Coaches. Und er hat Überzeugungen, die seinen Tenniskollegen mitunter Unbehagen bereiten können.

Maria Scharapowa sagte einmal zu Djokovic, er sei ein Risiko eingegangen, indem er einen anderen Weg gewählt und gegen die Norm aufbegehrt hätte. Sogar seine Selbstinszenierung auf dem Tennisplatz unterscheidet ihn von anderen. Es gab Zeiten, als er in den Himmel blickte, wenn er auf den Platz ging, sich dafür bedankte, dass er da war, und das Spielfeld berührte, um eine Verbindung zwischen seinem Herzen und dem Platz herzustellen, auf dem er spielen würde. Wie er einmal seinem Freund und Wellness-Entrepreneur Chervin Jafarieh erzählte, stellt sich Djokovic vor, dass sich „ein gewaltiger energetischer Strahl im Raum öffnet und den Himmel mit dem Tennisplatz verbindet“. Er war eins mit dem Platz. Zutiefst spirituell und selbstkritisch, war sich Djokovic bewusst, dass er sich „mystisch“ oder sogar „komplett gestört“ anhörte oder wirkte, und erklärte nach den Matches bei den Siegerehrungen, er hätte die „Energie des Himmels“ beschworen und diese Liebe mit allen geteilt, die im Stadion versammelt waren.

Djokovic wusste, dass die anderen ihn für nicht normal oder sogar fake hielten, denn das ist die übliche Reaktion, wenn man offen über Energie und Seelen spricht. Man wendet sich gegen etablierte Denk- und Verhaltensmuster, die die meisten verinnerlicht haben. Zu Beginn waren Djokovic diese Praktiken selbst nicht immer ganz geheuer. War das alles fake? Machte er sich zum Narren? Eine Weile hörte er damit auf, doch dann kehrte er zu seinen Routinen zurück, und nachdem er sie oft genug wiederholt hatte – Menschen sind mechanische Wesen, wie er gern sagt –, wurden sie zu einem Teil von ihm. Nicht nur zu einer Gewohnheit, sondern zu einer ermächtigenden Gewohnheit. Und bald war er wirklich davon überzeugt.

Man ahnt also, wie sich das Gerücht verbreiten konnte, der Tennisspieler kaufe den weltweiten Vorrat an Eselskäse auf, um serbische Restaurants damit zu beliefern. Fake news, dementierte Djokovic, aber viele glaubten die Geschichte, was einiges darüber aussagt, wie er wahrgenommen wird.

Der faszinierendste Aspekt ist jedoch die Frage nach dem Warum. Warum hält sich Djokovic abseits vom Tennis-Mainstream? Warum glaubt er an all das? Und die Frage nach dem Wie: Wie hilft ihm das alles dabei, Grand-Slam-Turniere zu gewinnen? Laut Gritsch hilft es ihm sehr, und er sagt auch, dass es von zentraler Bedeutung gewesen sei, um Djokovics wahre Größe zum Vorschein zu bringen. Fast ein Jahrzehnt lang verbrachte Gritsch 40 Wochen im Jahr mit Djokovic und bereitete den Serben nicht nur körperlich auf den Wettkampf vor, sondern erhielt auch Einblick in seine Denkweise. Er erkannte, dass ein unkonventioneller Weg die einzige Option für Djokovic war. Er wäre nicht, wo er heute ist, wenn er dem Mainstream gefolgt wäre. „Wenn man Novak verstehen will, sollte man wissen, dass er ein kluger Kerl ist – er ist sehr intelligent, und er hat keine gewöhnliche Einstellung zum Leben. Damit meine ich in allen Lebenssituationen, nicht nur im Tennis.

Seine Denkmuster sind außergewöhnlich. Seine Logik ist nicht vergleichbar mit meiner Logik oder der von irgendwem sonst, aber sie ist in sich schlüssig. Er hat seine eigene Art, und sie funktioniert für ihn", so Gritsch.

„Novak wuchs unter sehr besonderen Bedingungen in Serbien auf. Er wollte der beste Spieler der Welt werden, und um das zu erreichen, musste er seinen eigenen Weg gehen. Er kam weder aus einem Industriestaat noch hatte er reiche Eltern. Im Grunde musste er seine Art, seine Persönlichkeit und seine mentale Kraft aus sich selbst heraus entwickeln. In diesem Umfeld ist es nicht einfach, akzeptiert zu werden und eine Führungsrolle zu übernehmen. Ich würde sagen, dass er getan hat, was notwendig war, um die Nummer eins und so erfolgreich zu werden, wie er es ist. In meinen Augen muss man das akzeptieren. Was er erreicht hat, ist unglaublich."

Schon Srdjan Djokovic hatte seinen eigenen Weg gefunden und war die Dinge anders angegangen, als er einen Tennisstar großzog, und sein Sohn folgte diesem Beispiel. Vielleicht finden manche Djokovics Ansätze alternativ oder sogar seltsam, aber offensichtlich hat es für ihn funktioniert. Djokovic bezieht seine Informationen aus vielen Quellen und nutzt sie, wenn sie ihn weiterbringen können, so Gritsch. „Tennis ist sein Leben, und ich kann mir nicht vorstellen, dass jemand mehr über Tennis weiß als Novak. Er kennt das Spiel und vergisst nichts, was wichtig ist. Er sammelt Dinge und nutzt sie zu seinem Vorteil."

Als Junge war Djokovic nicht der Einzige, der von Wimbledon und seinen Traditionen fasziniert war. Viele Kinder lieben das Rasenturnier, aber Novak liebte es vielleicht noch mehr als alle anderen; mit Pete Sampras verehrte er den normalsten aller Rasenchampions. So weit, so gewöhnlich. Jeder wird einmal erwachsen, und doch ist es ein ziemlicher Sprung vom normalen Kind zum New-Age-Nole. Es war jedoch nicht Wimbledon, das den größten Einfluss auf den jungen Djokovic hatte, sondern der Krieg. Wenn man im Kommunismus aufgewachsen ist, sagt er, wurde einem nicht beigebracht, offen zu sein, weil die Machthaber wollten, dass man „leicht manipulierbar" war. Djokovics Art, den Konsens infrage zu stellen, die Dinge anders anzugehen, kann auch als Reaktion darauf gesehen werden. Um nie zu einem unreflektierten Menschen in der Menge zu werden, hörte er nie auf zu hinterfragen, was man ihm beibrachte. Von Kindesbeinen an, seit seinen ersten Gesprächen mit Jelena Gencic, wollte sich Djokovic einen offenen Geist bewahren, und das wurde in Kriegszeiten sogar noch wichtiger. Djokovic begehrte damit auch gegen die Ideologie auf, die lange vor dem Krieg verordnet worden war: dass es nur eine Art zu denken, zu leben und zu essen gab.

Konformität ist etwas für andere. Auf der Suche nach dem Radikalen und Unkonventionellen fühlte sich Djokovic frei. Je ungewöhnlicher und je abweichender vom Mainstream, desto sicherer ist er , das Richtige zu tun. Durch Menschen, die seine Positionen anfechten, fühlt er sich ermutigt. Man mag ihn seltsam oder durchgeknallt nennen, in seinen Ohren klingt das eher wie eine Bestätigung. „Skepsis kann wichtig sein", hat Djokovic einmal gesagt, „aber sie kann einen auch daran hindern, offen für neue Ideen zu sein." Im Zeitalter des logischen und rationalen Denkens, so hat er beobachtet, verlangen die Menschen immer nach Beweisen, dabei lohnt es sich manchmal, etwas Neues auszuprobieren, um zu sehen, ob es für einen funktioniert oder nicht. Das sollte Beweis genug sein. Jedoch seien die meisten Menschen nicht zu Selbstanalyse oder Aufgeschlossenheit bereit.

„Sei du selbst. Sei neugierig. Gehe den Dingen auf den Grund." Das ist sein Tennis- und Lebenskonzept. Sein Misstrauen gegen den Mainstream und alles, was als „bewiesen" gilt, hat natürlich seine Schattenseiten – wenn man anfängt, alles infrage zu stellen, wird man sich im Falle einer globalen Pandemie auch nicht impfen lassen wollen. Konzentrieren wir uns jedoch bis auf Weiteres darauf, dass Djokovic mit seinen Ansichten über Wellness und Gesundheit die Antwort des Tennis auf Gwyneth Paltrow ist. Oder beinahe. Der große Unterschied zwischen Djokovic und Paltrow besteht darin, dass er im Gegensatz zu der US-amerikanischen Schauspielerin und Goop-Unternehmerin nicht versucht, uns etwas zu verkaufen. Und obwohl Djokovic seine Plattform nutzt, um andere sanft dazu zu ermutigen, sich zu „befreien“ und zu erkunden, was es da draußen für sie geben könnte, will er nicht belehren. Er weiß nur zu gut, dass niemand gern belehrt wird. Djokovic glaubt das, was er glaubt, weil er davon ausgeht, dass es seine körperliche und geistige Gesundheit sowie seine Spiritualität fördert.

Er ist es gewöhnt, dass man ihn auslacht oder zumindest belächelt, ihn als seltsam bezeichnet, als schräg und ein bisschen „gaga“, und er bleibt sich trotzdem treu. Das Leben wäre einfacher für ihn, wenn er auf Nummer sicher ginge und tun würde, was alle anderen in der Umkleidekabine tun – sogar Andy Murray wurde schon für seine Liebe zu Bikram-Yoga und Sushi als „abgedreht“ bezeichnet –, aber dann hätte der Serbe das Gefühl, sich selbst zu verraten. Konventionen zu folgen, so Djokovic, bedeutet, sich Grenzen zu setzen. „Novak ist ein Student des Lebens“, sagte Dusan Vemic. „Er wird es auch bleiben, wenn er sich vom Tennis zurückzieht. Wenn er fünfzig ist und beschließt, Saxofon zu lernen, wird es sein Ziel sein, auf Topniveau zu spielen. Novak wird weiter an sich arbeiten und versuchen, sich als Mensch weiterzuentwickeln.“

Djokovic gehört der serbisch-orthodoxen Kirche an. Bei einem Besuch in Hilandar, einem Kloster auf dem Berg Athos in Griechenland, das der erste serbisch-orthodoxe Bischof im 12. Jahrhundert gegründet hat, betete er fast einen ganzen Tag lang. Für ihn war das der heiligste Ort, den er je besucht hatte. Doch Djokovic beschränkt sich nicht auf christliche

Gotteshäuser. In Wimbledon, einen knappen Kilometer von den Rasenplätzen entfernt, liegt ein buddhistischer Tempel, ein Ort der Ruhe, an dem die orange gekleideten Mönche Djokovic schon häufig unter einem Baum oder am See meditieren gesehen haben. Bei seinen Spaziergängen über das zwei Hektar große Gelände dürfte er auch die buddhistischen Weisheiten auf den Holztafeln gelesen haben, eine davon lautet: „Ein Mann mag tausend Männer in einer Schlacht besiegen, doch der größte Kämpfer ist derjenige, der nur einen Mann bezwingt – nämlich sich selbst." Als jemand, der ein Turnier nach dem anderen gewonnen und viele Gegner bezwungen hat, dürfte dieser Gedanke bei ihm Anklang finden.

Djokovic ist für seine Beweglichkeit berühmt, für unglaublich dehnbare Beine. Dabei dürfte das Elastischste an ihm sein Geist sein. Er kann sich auf alles Mögliche einlassen, seinen Geist einer Vielzahl an Ideen und Praktiken öffnen.

Scharapowa zieht ihren Freund manchmal damit auf, dass er Bäume umarmt. Aber Djokovic schlingt seine Arme nicht um irgendeinen Baum, er fühlt sich einem bestimmten Feigenbaum im Botanischen Garten von Melbourne verbunden, den er als einen alten Freund betrachtet. Seit über 15 Jahren kehrt er immer wieder zu diesem Baum zurück (wobei er ein Geheimnis darum macht, welcher Baum es genau ist). Die Zeit allein mit dem Baum, dem „verlässlichsten aller Freunde", vermittelt Djokovic ein Gefühl der Erdung. Als Nick Kyrgios 2024 bei den Australian Open Djokovic nach dem Baum fragte, sagte Djokovic, das Geheimnis sei, die Schuhe auszuziehen, bis zum höchsten Punkt hinaufzuklettern und sich exakt 33 Minuten und 3 Sekunden kopfüber herunterhängen zu lassen. Das war ein Scherz, aber die Beziehung zu dem Baum ist offensichtlich keiner.

EINSAMER WOLF

Anfangs stand Novak Djokovic Pepe Imaz' Lehren von „Amor y paz" skeptisch, ja sogar unbehaglich gegenüber. Der Spanier vertritt eine Lehre von Liebe und Frieden, die transformierende Kraft sehr langer Umarmungen und den Glauben an Telepathie und Telekinese. Selbst dem aufgeschlossenen Djokovic war das alles zu viel. Sein Bruder Marko war nach Marbella an die spanische Costa del Sol gezogen, wo Imaz eine Tennisakademie betreibt, und Djokovic konnte nicht erkennen, wie Imaz' Philosophie Markos Profikarriere als Tennisspieler fördern sollte. „Wenn du auf dem Platz nur voller Liebe und Frieden bist, wird dich der andere abservieren." Djokovic ging das zu weit. Er unterstützte die Lebensentscheidung seines Bruders nicht. Doch der versicherte ihm, dass Imaz ihm dabei half, Zugang zu etwas in seinem Inneren zu erlangen. Wenn er vor ihm stehe, sagte Marko, fühle er sich frei, da ihn der Spanier voller Liebe ansehe, statt ihn zu verurteilen, und dass es ihm so gelungen wäre, seine Depressionen zu überwinden. Zum ersten Mal seit Jahren konnte Marko seinen Brüdern Novak und Djordje, seinen Eltern und seinen Freunden sagen, dass er sie liebte. Imaz selbst erklärte, die Gespräche mit Marko seien „absolut göttlich" gewesen.

Mit der Zeit fühlte sich auch Djokovic von dieser Energie angezogen. Es gefiel ihm, dass Imaz stets lächelte, sogar wenn sie schwierige Gespräche führten. Imaz sprach ausführlich über „Liebe und Frieden". Er betete für Djokovic und sprach mit ihm darüber, wie wichtig „innere Arbeit" und „universelle Liebe" seien. Erstmals wurde Djokovic in den Monaten nach seinem verstörenden Drittrunden-Aus 2016 in Wimbledon öffentlich mit

Imaz in Verbindung gebracht, als er nicht nur beruflich, sondern auch privat eine schwierige Zeit durchmachte und besonders empfänglich war für Liebe, Frieden und Umarmungen. Einige machten daraufhin Imaz für Djokovics Formtief verantwortlich. Vermutlich wussten sie nicht, dass die Verbindung schon länger zurückreichte, und 2015 war eine seiner besten Saisons gewesen.

Djokovic fühlte sich mit Imaz' Lehren so wohl, dass er 2016 mit ihm bei einer Konferenz in Marbella auf einer Bühne stand. Sie forderten das Publikum auf, die Augen zu schließen, und Djokovic sprach darüber, wie man den Blick nach innen richten und eine Verbindung mit dem „göttlichen Licht" herstellen kann. Zu diesem Zeitpunkt war Imaz bereits einer der spirituellen Lebensberater Djokovics. Er gehörte zwei Jahre Djokovics engstem Kreis an und hatte wahrscheinlich noch länger Einfluss auf ihn.

Umarmungen seien so wohltuend, schreibt Imaz, dass sie „ärztlich verschrieben werden sollten". „Sie sind ein mächtiges Heilmittel, über das wir noch nicht genug wissen. Umarmungen heilen Hass. Umarmungen heilen Ressentiments. Umarmungen heilen Müdigkeit und lindern Trauer. Wenn wir uns umarmen, lassen wir unser Schutzschild fallen. Wir denken nicht mehr an die Dinge, die uns aus der Ruhe gebracht haben. Umarmungen befrieden unsere Seele. Wenn wir uns umarmen, sind wir nicht mehr in der Defensive, sondern erlauben anderen, sich unserem Herzen zu nähern. Wenn wir unsere Arme ausbreiten, öffnen wir unsere Herzen."

Umarmungen lösen alle Probleme der Welt, scheint Imaz sagen zu wollen. Vieles in seinem Denken lässt sich auf eine traumatische Jugend zurückführen, als er sich selbst verachtete und innerlich leer fühlte, als er versuchte, diese Leere mit Essen zu füllen und sich danach noch elender fühlte. Auf dem Höhepunkt von Selbsthass und Bulimie erbrach sich Imaz bis zu elfmal am Tag, war dem

Tod nahe und lag zwei Wochen im Koma. Wenig später begegnete er in einem Aufzug einer etwa fünfzigjährigen Frau, die eine Sonnenbrille trug und sagte: „Du kennst mich nicht, aber ich habe auf dich gewartet und kann deinen Schmerz und dein Leid sehen." Die Spiritualistin erzählte Imaz, dass er ihr in ihren Meditationen und Träumen erschienen sei, und lud ihn ein, sie am nächsten Tag zu besuchen, wo sie begann, ihn „Die große Wahrheit" zu lehren. Sie empfahl ihm auch, den Ex-Fußballer David Icke aufzusuchen, einen englischen Verschwörungstheoretiker und selbsternannten „Sohn Gottes", der behauptet, dass die Welt von außerirdischen Echsen kontrolliert würde.

Echsen sind zwar nicht Teil der Lehren Imaz', aber einige seiner Ansichten dürften dem einen oder anderen dennoch ziemlich gewagt erscheinen. Im Rahmen eines 23-tägigen Entdeckungsprogramms forderte er seine Adepten auf, „angenehme Gedanken" in einen Behälter mit gekochtem Reis zu schicken, auf dem „Liebe" steht, und unangenehme Gedanken in einen weiteren Behälter mit der Aufschrift „Angst". Wenn man das 23 Tage lang macht und dann die Behälter öffnet, werde man feststellen, so Imaz, dass der Reis im „Angst"-Behälter „verdorbener" sei als der „Liebes"-Reis. An Imaz' Tennisakademie kann man neben Menschen auch immer einen riesigen Teddybären mit der Aufschrift „Frieden" und „Liebe" knuddeln. Imaz ist auch dafür bekannt, oft T-Shirts mit einem Herz auf der Vorderseite und eine herzförmige Kette zu tragen.

Wie passt Imaz' Philosophie zu dem kämpferischen Djokovic, den wir vom Platz kennen, der Schläger zerbrochen, gepfefferte Bemerkungen gemacht und Hemden zerrissen hat? John McEnroe, der sich mit Dampfablassen auf dem Platz auskennt, sagte einmal: „Jemand ins Team zu holen, der Menschen umarmen will, und ein Killerinstinkt passen nicht zusammen. Du kannst nicht erst einen auf Frieden und Liebe machen und dann rausgehen und jemandem den Kopf abreißen." Imaz' Ziel war jedoch nicht, Djokovic auf dem Platz zum Pazifisten zu machen. Als ehemaliger Profi, der selbst einst zu den 150 Besten der Welt gehörte, wusste er, dass Tennis ein explosiver Sport ist. Mittels Liebe und Frieden könne man aber Angst, Anspannung und emotionale Blockaden auf dem Platz überwinden und einen Zustand der Harmonie erreichen, der es einem erlaube, voller Kraft und Intensität zu spielen.

So kam es, dass ein neuer, liebender Djokovic nach seinen Matches „Amor y Paz" auf die Linsen der Fernsehkameras schrieb, während sich Imaz bei jeder Gelegenheit, sowohl privat als auch öffentlich, bei Djokovic dafür bedankte, dass er seine Botschaft der Liebe verkündete. In Imaz' Augen war Djokovic ein Innovator im Tennis, jemand, dem seine Entwicklung als Mensch wichtiger war als sein sportlicher Erfolg. Djokovic hatte einen neuen Weg zum Glück gefunden, er war nicht mehr davon abhängig, ob er ein Match gewann oder verlor.

Natürlich blieben Spott und Häme nicht aus. Djokovic versuchte im Zusammenhang mit Imaz das Wort „Guru" zu vermeiden, vielleicht weil er wusste, mit welchem Image der Begriff verbunden wird, und dass er verspottet würde, wenn er sagte, dass er mit einem Guru um die Welt reiste. Trotzdem wurde Imaz in einigen Medien als „Kuschel-Guru" bezeichnet, was verdeutlicht, wie ernst man ihn als Mitglied von Team Novak nahm. Imaz hatte Anfeindungen dieser Art erwartet, schließlich wurde er seit Jahren von Teilen der Tenniswelt verhöhnt, und notierte in seinem Blog, dass man tapfer sein müsse, wenn man über Liebe spreche, da das unweigerlich zu „scharfen Urteilen" führe.

Imaz' Einfluss auf Djokovic machte sich auch jenseits des Tennisplatzes bemerkbar. Im Jahr 2018 promotete Djokovic eine Dokuserie, in der er mitwirkte, *Transcendence – Live Life Beyond the Ordinary*, und in der er offen über seine paranormalen

Überzeugungen sprach. In einem Interview mit dem *ShortList*-Magazin äußerte Djokovic die Ansicht, dass Telepathie und Telekinese „Geschenke einer höheren Ordnung, einer Quelle, eines Gottes, was auch immer" seien. Er erklärte, er sei sich bewusst, dass er in den Augen mancher nichts von diesen Themen verstehe, aber sie zögen ihn an, und er wolle das, was er gelernt habe, weitergeben, damit die Menschen „ihre Superkräfte erforschen" könnten.

Führte das ganze Gerede über Frieden und Liebe zu Konflikten innerhalb von Djokovics Team? Imaz sagt, er hätte sich immer gut mit allen Mitarbeitern Djokovics verstanden. Seine Anwesenheit und die Gerüchte über ihn wirkten jedoch auf einige im Team des Serben befremdlich. „Die Situation war ein bisschen seltsam für sie", sagte Gebhard Gritsch, der damals zu dem Kreis um Djokovic gehörte. „Natürlich sprangen die Medien darauf an, weil etwas Außergewöhnliches in Novaks Team passierte. Aber ich finde, es wurde einfach zu viel Wirbel darum gemacht. Pepe musste viel Kritik von der Presse einstecken. Ich kann nur sagen, was ich persönlich von ihm halte und wie ich ihn kennengelernt habe, und ich finde, er ist ein toller Typ, der mit seiner Akademie Kindern hilft, die Probleme haben. Er ist definitiv so etwas wie ein Guru. Aber Pepe hat innerhalb des Teams keinen Druck ausgeübt. Da Novaks Bruder in Pepes Akademie arbeitet, gehörte Pepe zu Novaks weiterem Freundes- und Bekanntenkreis. Irgendwann dachte Novak, dass es ihm guttun könnte, mit Pepe zu reden und sich mit ihm auseinanderzusetzen."

Imaz' Ansatz war jedoch nicht immer mit der teils traditionelleren Denkweise von Novaks Tennistrainern vereinbar. Als er im Frühjahr 2018 Marian Vajda bat, zu ihm zurückzukehren – sie hatten ihre Zusammenarbeit im Jahr zuvor beendet –, hatte der Slowake Vorbehalte gegenüber der Zusammenarbeit mit Imaz, und schon bald war die Zeit des Friedens und der Liebe vorbei. Djokovic und Imaz scheinen sich seitdem nicht mehr so nahe zu stehen, aber die Verbindung ist nicht völlig abgerissen. Imaz spricht weiterhin freundschaftlich über Djokovic, und auf seiner Website kann man nachlesen, dass Marko immer noch für ihn arbeitet. Zudem lebt Djokovic selbst in Marbella.

In seinem Bestreben, sich als Mensch und Tennisspieler weiterzuentwickeln, hatte Djokovic mit Zarko Ilic einen weiteren spirituellen Life Coach. Er ist ein Reiki-Heiler und nach Ansicht des Sportlers noch viel mehr als das. Ilic beschreibt Reiki, dessen Ursprung in Tibet vermutet wird und das in Japan neu gedacht wurde, als „natürliche Heiltechnik mittels Hochfrequenzenergie". Neben der „Heilung des Körpers, der Beruhigung des Geistes und der Reinigung von negativen Emotionen" lehre Reiki „vor allem eine spirituellere und gesündere Einstellung zum Leben".

„Er hat meiner Frau und mir geholfen", berichtete Djokovic, „unseren Geist noch weiter zu öffnen und zu verstehen, wie wir innere Gespräche mit uns selbst führen können. Ich wusste nicht, wie das ging. Ich wusste nicht, wie ich meine Gefühle zum Ausdruck bringen sollte", sagte Djokovic zu seinem Freund Jay Shetty. „Meine Frau war mir in dieser Hinsicht überlegen, was zu Problemen in unserer Beziehung führte. Sie versuchte, Dinge in mir ans Tageslicht zu holen und mich dazu zu bringen, mich mehr mitzuteilen, aber ich konnte nicht, weil ich nicht wusste, wie. Sie sagte zum Beispiel: ‚Sprich mit mir, was fühlst du?', und ich antwortete: ‚Ich weiß nicht, ich fühle etwas.' Zarko hat uns da sehr geholfen."

Nach eigener Aussage möchte Ilic ein Wegweiser für den modernen Mann sein. Auf „der Suche nach dem Licht und dem Weg dorthin" hat Ilic Frieden, Gelassenheit, Freude und Ausgeglichenheit in seinem Leben gefunden, und er versucht, dieses Wissen mit Djokovic, Jelena und seinen anderen Klienten zu teilen. Ilic war eine Zeit lang eine so zentrale Figur in

Djokovics Leben, dass er mit dem Serben in der Umkleidekabine feierte, nachdem er 2016 zum ersten Mal in Roland-Garros gewonnen hatte. Jenseits des Tennis unternahmen Djokovic und Ilic 2018 sogar eine gemeinsame Reise nach Arizona zum Grand Canyon.

Menschen sind nicht die einzigen Berater von Djokovic – er zählt auch Wölfe zu seinen „spirituellen Naturführern". Als er klein war und leicht zu beeindrucken, wanderte Djokovic durch die serbischen Wälder, wo er Wölfen begegnete. Es war zwar eine beängstigende Erfahrung, aber er spürte auch eine Verbindung zu ihnen, die sich erhalten sollte. Als der erwachsene Djokovic eines Sommers in Wimbledon sagte, er habe eine „wölfische Energie" auf den Rasen gebracht, klang das wie ein guter Spruch, der dem Publikum gefiel und ihm einige Lacher einbrachte. Aber es war kein Scherz, er meinte es ernst, als er sagte, dass er den Wolf – eines der Nationaltiere Serbiens – kanalisiere, wenn er auf dem Platz stand. Manchmal habe ihn die Wolfsenergie zum Heulen oder Schreien gebracht, aber meist sei sie ihm nützlich gewesen. Wenn es Djokovic gelingt, diese Wolfsenergie mit seiner inneren Ruhe in Ausgleich zu bringen, dann weiß er genau, wann er auf dem Platz angreifen oder sich zurücknehmen muss. Wolfsenergie bedeutet auch, die Freiheit und den Raum zu haben, sich ungehindert zu bewegen.

Vielleicht ist der grasende GOAT – der, der den Sieg in Wimbledon feiert, indem er am Wimbledon-Rasen knabbert, der „nach Schweiß schmeckt" – tatsächlich ein Wolf. Djokovic räumt ein, dass es für seine Frau nicht immer leicht war, mit dem Wolf der Tenniswelt zu leben. „Es kann sehr aufreibend sein, mit dem Wolf zu heulen. Ich weiß, dass es ihr manchmal nicht gefällt", sagt er. „Mit dem Wolf ist es eine Art Tanz auf dem Vulkan."

Djokovics Freundschaft mit Wim Hof, einem nervösen Niederländer, der auch als „The Iceman" bekannt ist, beruht auf ihrem Glauben an die Macht des Geistes und daran, dass wir die Welt erobern können, wenn wir lernen, unser Inneres zu beherrschen. Mit seinen Atem- und Meditationstechniken gelang es Djokovics „liebem Freund", den Kilimandscharo – bekleidet mit nichts als Shorts und Schuhen – zu erklimmen. Ähnlich freizügig kletterte er nahe an den Gipfel des Mount Everest, bevor er aufgrund von Erfrierungen an den Füßen umkehren musste. Er schwamm über 50 Meter unter dem Eis, was einen Rekord darstellte, und saß fast zwei Stunden in einem Eisbad. Davon inspiriert, duscht Djokovic seit Jahren eiskalt und setzte sich eines Winters in den italienischen Bergen, nachdem er am Ufer ein paar Atemübungen gemacht hatte, um „den Schmerz zu lindern", in Shorts und Crocs fast zwei Minuten lang in einen eisigen Bach.

Djokovic bezeichnet sich ungern nur als Sportler, weil ihm das einengend erscheint und er das Gefühl hat, viel mehr zu sein. Und wieso sollte man sich auch einschränken, wenn man sein Bewusstsein erweitern kann? Djokovic ist der Ansicht, dass jeder Mensch mehr ist als das, was er denkt und mit seinen fünf Sinnen fühlt. Als Djokovic das erkannt hatte, eröffneten sich ihm, wie er einmal seinem Freund Jay Shetty erzählte, ein anderes Universum und eine andere Dimension; seine innere Entwicklung, sein Wachstum, vervielfachten sich. Djokovic fühlte daraufhin eine Ruhe, aber auch eine Beschwingtheit und Freude angesichts dessen, „was das Leben alles zu bieten hat".

Djokovic betreibt gern jeden Tag ein wenig Selbstpflege. Wenn er nicht viel Zeit hat, kann das nur ein kurzes Gebet sein oder eine zweiminütige Meditation oder Atemübung, aber es ist zumindest etwas, und auch hier ist er sehr diszipliniert. An seinen Gewohnheiten festzuhalten, ist ihm wichtig. Er hat festgestellt, dass es durchaus passieren kann, dass man sich an kaum einen Moment des Tages erinnert, weil man ständig abgelenkt war, im Zweifel vom Handy. Djokovic weiß selbst, dass Handys süchtig machen können, denn er liebt Instagram. Deshalb bemüht er sich, präsent zu bleiben und sein Bewusstsein zu schärfen, um sich an so viele Momente wie möglich zu erinnern. Er bemüht sich, im Leben abseits des Tennisplatzes genauso fokussiert zu sein wie in Bezug auf seine Tenniskarriere. Durch den Sport hat er gelernt, dass er alles erreichen kann, was er sich wünscht, und diese Haltung versucht er auf alle Aspekte seines Lebens zu übertragen.

Etwas, das Djokovic ebenfalls zu mehr innerem Frieden verholfen hat, ist, ein Tagebuch zu führen. Djokovics „zweite Mutter", Jelena Gencic, hatte ihn ursprünglich dazu angeregt, jeden Tag seine Gedanken aufzuschreiben, doch dann ließ er es ein paar Jahre ruhen. Als er seine zukünftige Frau Jelena kennenlernte, eine begeisterte Leserin und Schreiberin, nahm er die Gewohnheit wieder auf. Dabei stellte er fest, dass er durch das Niederschreiben seiner Gedanken Anspannungen abbaute und in schwierigen Momenten, wenn er niedergeschlagen und mutlos war, schreibend mehr über sich erfuhr und tiefer schürfte. Wenn er wollte, konnte er sogar nachlesen, wie er sich in früheren belastenden Zeiten gefühlt und wie er die Schwierigkeiten überwunden hatte. Ein Oldschool-Ansatz – den Stift zur Hand nehmen, statt auf dem Laptop oder Handy herumtippen –, der es ihm erlaubte, seine Gedanken um zwei grundlegende Fragen herum zu sortieren: Wer sind wir? Warum sind wir hier? In Momenten wie diesen fühlte sich Djokovic wie ein echter Wahrheitssuchender, der den Fragen auf den Grund geht, die für ihn den Kern des Menschseins ausmachen.

Wahrscheinlich hat kein anderer Grand-Slam-Champion so viel Zeit damit verbracht, zu erforschen, ob die Erde ein Planet, ein Reich oder eine Matrix ist.

*

Wenn Rafael Nadal von der Anordnung und Positionierung seiner Wasserflaschen besessen ist – er stellt sie in Stuhlnähe auf dem Platz so auf, dass die Etiketten zu der Seite des Feldes ausgerichtet sind, in der er gerade spielt –, denkt Djokovic intensiv darüber nach, was in die Flaschen hineingehört und was man mit dem Wasser machen kann, wenn man nur offen dafür ist. Als Djokovic auf Instagram in einem Live-Video mit Chervin Jafarieh behauptete, dass man verschmutztes Wasser entgiften und den Inhalt der Flasche auf molekularer Ebene durch die Kraft des Gebets und der Dankbarkeit verändern könne, weil Wasser auf das höre, was man sage, sorgte das bei den einen für Belustigung, bei anderen für Entrüstung. Djokovic ist der Ansicht, Gebete würden verschmutztes Wasser in heilendes Wasser verwandeln können: „Wissenschaftler haben bewiesen, dass die Moleküle im Wasser auf unsere Emotionen und auf das reagieren, was wir sagen."

Djokovic äußerte diese Behauptungen während der Pandemie in einem Gespräch mit Jafarieh im Rahmen einer Chatreihe mit dem Titel „The Self Mastery Project". Jafarieh, Gründer der Wellnessmarke Cymbiotika, stimmte ihm uneingeschränkt zu: „Wenn man bestimmte Gedanken, bestimmte Emotionen auf das Wasser überträgt, wenn es glückliche Gedanken sind, wenn es gute Gedanken sind, dann entsteht eine molekulare Struktur mit einem Geo-Prisma, das auf einer heiligen Geometrie beruht, was bedeutet, dass Symmetrie und Gleichgewicht herrschen", erklärte er. „Wenn man umgekehrt Schmerz, Angst, Frustration oder Wut auf das Wasser überträgt, wird es auseinanderbrechen."

Man ahnt, was Djokovic zu Jafarieh hinzog, den er als „mein lieber Freund, mein persischer Bruder von einer anderen Mutter und eine wunderbare Seele" bezeichnet, während Jafarieh sagt, dass Djokovic eine der schönsten Seelen habe, die er kenne, und sie im Geiste und durch Blutsverwandtschaft verbunden seien. Als Jafarieh behauptete, dass „ein globaler Wandel eintreten wird, wenn jeder Einzelne den Mut findet, aus der Massenamnesie zu erwachen", dürfte das Anklang bei Djokovic gefunden haben, der überzeugt davon ist, dass man nur mit Offenheit und im Widerstand gegen den Mainstream leben kann. Jafarieh, der einen Podcast mit dem Titel „Wake the Fake Up" hostet, ist ein großer Verfechter von Trampolinspringen und „Langlebigkeits-Pilzen".

Für Djokovic ist all dies wahr. Er verweist auf ein Experiment einige Jahre vor seinen Lockdown-Gesprächen mit Jafarieh, bei dem ein Forscher zwei Gläser mit gleich viel Wasser aus derselben Quelle füllte. In diesem „Test der fernöstlichen Medizin" „nährte" er ein Glas mit „positiver Energie – Liebe, Freude, Glück und allem Guten im Leben", während er das andere „negativen Emotionen: Wut, Angst, Feindseligkeit" aussetzte. Der Forscher beschimpfte das Glas mit dem „negativen" Wasser sogar. Einige Tage danach kehrte der Forscher zu den beiden Wassergläsern zurück. „Der Unterschied zwischen den beiden Wassern war enorm", schreibt Djokovic in *Siegernahrung*. „Das Wasser, das negativen Gedanken und Einflüssen ausgesetzt war, hatte sich leicht grün verfärbt, als würden Algen darin wachsen. Das Wasser in dem anderen Glas war immer noch hell und kristallklar."

Verrückt oder gefährlich? Oder beides? Djokovics Ansichten zur Reinigung von Wasser kamen jedenfalls nicht überall gut an. Die einflussreiche Tennisjournalistin Mary Carillo war „schockiert" davon, was sie da hörte. „Solche Behauptungen sind gefährlich", sagte sie und forderte Djokovic sogar (vergeblich) dazu auf, das Gesagte zurückzunehmen. Der US-amerikanische Tennisprofi Tennys Sandgren machte sich über Djokovics Überlegungen zur Reinigung von Wasser lustig und schrieb in den sozialen Medien: „Wenn Novak kein Corona bekommt, fange ich auch an, mein Wasser mit positiven Vibes zu segnen", und: „Ich habe meinem Wasser jedenfalls schon mal gesagt, dass es sehr schön ist."

*

Djokovic stand mit seinen Ansichten schon des Öfteren auf Kriegsfuß mit der Wissenschaft. Überzeugt davon, dass der Körper über „Selbstheilungsmechanismen" verfügt und „so natürlich wie möglich sein will", widersetzte er sich einer Operation am Ellenbogen, der ihn seit zwei Jahren plagte, da er hoffte, er würde auf natürliche und ganzheitliche Weise heilen. Andre Agassi, sein damaliger Coach, war nicht sehr begeistert und drängte ihn, nachdem sie die MRT-Aufnahmen gesehen hatten, sich so schnell wie möglich operieren zu lassen. Am Ende gab Djokovic nach und unterzog sich Anfang 2018 der ersten größeren Operation in seiner Karriere. Als er aufwachte, weinte er drei Tage lang. Die Schuld begleitete ihn länger. Er hatte das Gefühl, sich selbst verraten zu haben. Die Operation schien das Problem jedoch behoben zu haben, und Djokovic gewann daraufhin noch eine ganze Reihe weiterer Grand-Slam-Titel.

Es vergeht kein Jahr auf der Tour, in dem Djokovic die Tenniswelt nicht mit neuem Gedankengut herausfordert. Er legt sich nie fest und findet immer neue Wege, um gegen Konventionen zu verstoßen. Bei den French Open 2023, dem Turnier, bei dem er seinen 23. Grand-Slam-Titel gewinnen sollte, trug er ein Pflaster auf der Brust, ein kleines, viel diskutiertes Stück Nanotechnologie, das, wie er sagte, vom Anzug des Superhelden Iron Man inspiriert war. „Als Kind mochte ich Iron Man sehr, darum versuche ich, Iron Man nachzuahmen", erklärte Djokovic, und man wusste nicht recht, ob er scherzte oder nicht. Der Hersteller, Tao Technologies, bezeichnet seinen TaoPatch als „ein menschliches Upgrade-Gerät", das Körperwärme in „mikroskopische Lichtstrahlen" umwandelt, um das zentrale Nervensystem zu stimulieren. Wie immer, wenn Djokovic neues Gedankengut in die Tenniswelt einführt, meldeten sich Skeptiker. „Reines pseudowissenschaftliches Geschwafel", kommentierte zum Beispiel ein Arzt im Wirtschaftsmagazin *Forbes*.

Von allen Technologien versetzte vor allem ein riesiges, unter Druck stehendes „Weltraum-Ei" die Branche in Aufruhr. Das Gewese darum war mindestens so groß wie das Gerät selbst, als im Sommer 2011 erstmals Gerüchte von einer weltraumähnlichen Kammer die Runde machten, die Djokovic angeblich nutzte. Während der US Open hatte er wohl bei einem Freund übernachtet, der ein solches Gerät besaß und ihn auf die Vorteile aufmerksam gemacht hatte. Durch die Simulation von Höhenluft und die Kompression der Muskeln stärke diese Überdruckkammer auf legale Weise die Blutzellen, entferne die Milchsäuren und steigere die Stammzellenproduktion. Um sich in Form zu halten, kombiniert er sehr alte Traditionen wie Capoeira, einen brasilianischen Kampftanz, mit modernen Methoden.

Meist spricht Djokovic sehr offen über seine Überzeugungen und die Art und Weise, wie er einen Zustand der Erleuchtung erreicht und seine Leistung steigert. Gelegentlich gibt er sich aber auch geheimnisvoll, wie 2022 in Wimbledon, als er den Inhalt einer Flasche anscheinend inhalierte, von dem er nur sagte, es handle sich dabei um einen „Zaubertrank", was einige Beobachter allerdings für ein isotonisches Pulver hielten. In derselben Saison ereignete sich bei einem Hallenturnier in Paris im Herbst eine weitere kuriose Episode, als Djokovics Team ihm im Matchverlauf ein Getränk zubereitete. Dabei verteilten sie sich so auf den Sitzen, dass niemand filmen konnte, was sie in die Flasche gaben. Sofern Djokovics Entourage vermeiden wollte, die Aufmerksamkeit auf sich zu ziehen, erreichte sie das genaue Gegenteil. Das Rätsel um Djokovics Flasche und die Geheimniskrämerei seines Teams war danach tagelang Hauptgesprächsthema und regte zu einigen absurden Theorien über die Ereignisse am Spielfeldrand an, inklusive Spekulationen über Regelverstoß. Schließlich schrieb Djokovics Ehefrau Jelena in den sozialen Medien, dass nichts „Zwielichtiges" vorgegangen sei, sondern das Team lediglich versucht habe, die Privatsphäre ihres Mannes zu schützen.

Bei einem Grand Slam ist es üblich, dass die Spieler an ihren freien Tagen zwischen den Matches trainieren, um im Rhythmus zu bleiben. Djokovic hatte 2023 in Paris jedoch andere Pläne. Am Tag vor dem Finale ging er mit seiner Familie vor den Toren von Paris im Wald spazieren und genoss die Natur. Er würde schon nicht vergessen, wie man Tennis spielte. Er sollte recht behalten.

Tennisspieler sind notorische Nachahmer. In der Umkleidekabine bleibt nichts verborgen. Wenn man einen Spieler sieht, der etwas Neues ausprobiert und plötzlich Erfolg hat, probiert man es auch aus. Beispiele dafür sind Trends wie der Aufstieg der Supercoaches (Ex-Tennis-Weltstars als Trainer) oder die Umstellung auf glutenfreie Ernährung. So war der Verzicht auf Brot ein Trend, den Djokovic mit angestoßen hat, denn als man sah, wie positiv sich dies auf sein Spiel auswirkte, sprangen einige Spieler direkt auf den Zug auf. Andere Djokovic-Trends verfingen dafür weniger, wahrscheinlich, weil die Spieler sich nicht vorstellen konnten, wie irgendetwas davon Djokovic geholfen haben sollte, die Tenniswelt zu erobern. Wie sollen lange Umarmungen oder Wasser-Energie im fünften Satz eines Grand-Slam-Turniers helfen? Vielleicht gehen die Konkurrenten davon aus, dass Djokovic trotz, nicht wegen all seiner unkonventionellen Methoden so erfolgreich ist.

Djokovic steht früh auf, oft schon vor Sonnenaufgang, und beginnt den Tag mit einem Gebet, Dankbarkeit und ein paar langen, tiefen Atemzügen, bevor er seine Frau an sich drückt und nach den Kindern sieht. Der Gegensatz zu Murray könnte nicht größer sein, der, als er mit Djokovic über seine Morgenroutine sprach, einfach sagte: „Ich gehe pinkeln." Murray gehört zur konventionellen Tenniswelt und ist in vielerlei Hinsicht ein Konformist (und ein guter Champion). Djokovic interessiert sich jedoch nicht für Konventionen. Er praktiziert lieber „Luftyoga", hängt kopfüber von der Decke und betrachtet die Welt aus einer anderen Perspektive als jeder andere Tennisspieler.

„DAS WAR'S"

Novak Djokovic hatte keine Ahnung, wie es für ihn weitergehen sollte, doch zumindest eines war ihm plötzlich klar: Er hatte genug vom Tennis. Und so trommelte er im Frühjahr 2018 sein Team mitsamt des damaligen Agenten Edoardo Artaldi und seiner Frau Jelena zusammen, um ihnen zu eröffnen, dass er aufhören würde: „Ich will euch nur sagen: Das war's." Es war ein vollständiger Bruch mit dem Tennis. Nicht nur wollte er selbst nicht mehr spielen, er wollte auch kein Tennis mehr schauen oder irgendetwas sonst mit dem Sport zu tun haben. Djokovic war dreißig Jahre alt und hatte zwölf Grand Slams gewonnen. Er hatte eine tolle Karriere hingelegt und war in einigen Momenten sogar unerreichbar gewesen. Doch niemandem wäre auch nur im Entferntesten in den Sinn gekommen, ihn als den größten Spieler aller Zeiten zu bezeichnen.

„Novak war überzeugt, dass seine Karriere zu Ende wäre", erinnert sich der Australier Craig O'Shannessy, der damals als Strategie-Coach zu Djokovics Team gehörte. „Er ging durch eine Phase des Zweifelns. Irgendwann wird jeder einmal von Selbstzweifeln geplagt. Aber Novak stand auf einer Bühne, alle Augen waren auf ihn gerichtet." Ein Blick auf Djokovic genügte, um zu ahnen, dass etwas nicht stimmte. In dem Versuch, wieder an die Spitze zurückzukehren, nachdem er die zweite Saisonhälfte 2017 wegen einer Ellbogenverletzung verpasst hatte, war er derart abgemagert, dass sich seine Rippen deutlich abzeichneten, wenn er sein T-Shirt auszog. O'Shannessy erhielt Nachrichten von Bekannten aus der Tenniswelt, die sich Sorgen wegen Djokovics körperlicher Verfassung machten, so viel Muskelmasse hatte er während seiner Zwangspause verloren: „Craig, bitte, päpple ihn wieder auf!"

O'Shannessy schätzt, dass Djokovic damals zehn Kilo weniger wog als heute, und was er an Gewicht verloren hatte, ging ausschließlich auf seine reduzierten Muskeln zurück, mit Folgen für sein Spiel, das auf seiner Beweglichkeit und Fitness beruhte. Doch O'Shannessy zufolge war Djokovics Kopf das Hauptproblem. „An sich war es vollkommen normal, dass Novak sich auch einmal grundsätzlich infrage stellte. Im Gegenteil, es wäre seltsam gewesen, wenn er nicht mindestens einmal in seiner Karriere so etwas hätte durchstehen müssen."

Die Kulisse für Djokovics existenzielle Krise bildete ausgerechnet Florida mit seinen Palmen und seinem strahlend blauen Himmel, nachdem er die Auftaktpartie des Hartplatz-Turniers von Miami gegen den Franzosen Benoît Paire verloren hatte. Es war die dritte Niederlage in Folge, eine schreckliche Serie, die im Januar mit dem Viertrunden-Aus bei den Australian Open begonnen hatte. Im Anschluss daran hatte Djokovic sich einer Operation am Ellbogen unterzogen, zu der ihn sein Coach Andre Agassi seit Längerem gedrängt hatte. Sein erstes Match nach der Rückkehr auf die Tour hatte Djokovic im März in der kalifornischen Wüste beim Turnier in Indian Wells verloren, dem selbsternannten „Tennisparadies". Für Djokovic hingegen muss es sich wie die reinste Tennishölle angefühlt haben, zunächst in Indian Wells, dann in Miami.

Während zwei der instagramwürdigsten Stationen der Tour ging er durch finstere Zeiten. Mit jeder weiteren Niederlage sank Djokovics Selbstwertgefühl, und seine Hoffnungen schwanden. Manche auf der Tour spekulierten, dass er aus Ungeduld zu früh wieder angefangen hatte und es wohl klüger gewesen wäre, noch ein wenig zu warten, bevor er ins Turniergeschehen zurückkehrte. Als Djokovic in den endlosen Monaten der zweiten Jahreshälfte 2017 nicht spielen konnte, fühlte er sich mehr und mehr eingeengt, als würden sich unsichtbare Wände immer dichter um ihn schließen. Bei seiner Rückkehr wirkte er gänzlich verloren.

Ohne einen Grand-Slam-Titel in knapp zwei Jahren – genauer: seit Roland-Garros 2016 – befand sich Djokovic in einer Negativspirale. Als Gebhard Gritsch, der von 2009 bis 2017 Djokovics Fitnesstrainer gewesen war, im Frühjahr 2018 ins Team zurückkehrte, bemerkte er verwundert, wie sich der Serbe inzwischen bewegte. Das Fundament seiner Spielweise war stets seine Präzision gewesen (wie er 2023 in der US-amerikanischen Interviewsendung *60 Minutes* verriet, trainierte er oft mit Zielmarken von der Größe einer Münze). Niemand in diesem Sport hatte sich annähernd so präzise bewegt wie er, und genau das war sein Erfolgsgeheimnis gewesen. Doch nun kam es Gritsch so vor, als wäre Djokovic ungenau geworden. Er hatte die Balance und die Stabilität auf dem Platz verloren. Sein Rhythmus war weg. Er beherrschte sein natürliches Spiel nicht mehr. Djokovic möchte stets alles unter Kontrolle haben, doch auf einmal konnte er nicht einmal mehr die Basics kontrollieren, seine Technik und wie man ein Spiel aufzog. Und das war ungemein frustrierend für ihn. Bis dahin hatte Djokovics Tennis etwas beinahe schon Maschinenhaftes gehabt, doch davon war jetzt keine Spur mehr, sodass Gritsch feststellte: „Novak wirkte irgendwie, als hätte er einen Defekt."

Möglicherweise waren Djokovics technische, psychische und letztlich sogar existenzielle Probleme auf seine „Schocktherapie" zurückzuführen, wie er selbst die Entscheidung nannte, sich 2017 nicht nur von Gritsch und seinem Physiotherapeuten Miljan Amanovic zu trennen, sondern auch von Marian Vajda, der elf Jahre sein Coach gewesen war. Was folgte, war vermutlich eine Art Nachbeben dieser Entscheidung: Seine neuen Coaches Andre Agassi und Radek Stepanek gehörten im Frühjahr 2018 noch nicht lange genug zum Team, um zu wissen, wie sich das

Präzisionsproblem lösen ließe. Agassi, der seit dem Frühjahr 2017 ohne Honorar, einfach aus Freude als Trainer aushalf, musste im Lauf der Zeit erkennen, dass sie in vielen Dingen eine höchst unterschiedliche Sicht auf ihren Sport hatten. Daher blieb ihnen in Agassis Augen nichts anderes übrig, als sich darauf zu einigen, dass sie sich nicht einigen konnten. Agassi hatte einige Ideen zur Konditionsarbeit und Ernährung in ihre Zusammenarbeit eingebracht, doch im Grunde hatte er den Eindruck, dass Djokovic selbst „das Heft in der Hand behalten" wollte.

Gritsch zufolge war eines der Probleme, dass der US-Amerikaner – und das war nicht seine Schuld – nicht im Detail verstand, wie Djokovic sich bewegte. Oder besser gesagt: Wie er sich hätte bewegen sollen. „Niemand im Tenniszirkus bewegte sich so exakt wie Novak, doch dann verlor er diese Fähigkeit. Um diese Präzision in den Bewegungen zu behalten, musst du dich jeden Tag im Training hundertprozentig konzentrieren, sonst können sich schnell andere Bewegungen in dein Spiel einschleichen und deine Präzision ruinieren. Es ist verdammt schwierig, dieses Level an Perfektion, das er erreicht hatte, zu bewahren", erklärt Gritsch. „Als ihm seine Präzision verloren ging, konnte er sie mit seinem neuen Team nicht zurückgewinnen, denn sie hatten nicht diese gemeinsame Geschichte. Ich bewundere Agassi und Stepanek, sie sind tolle Menschen, aber sie wussten nicht, wo sie ansetzen mussten. Es hatte gute Gründe gegeben, die beiden an Bord zu holen: die Steigerung der mentalen Wettbewerbsfähigkeit, schließlich hatten sie diese Situationen am eigenen Leib erlebt und kannten den Druck. Aber ich glaube nicht, dass sie sich mit Themen wie Biomechanik auskennen. Novaks Karriere war in großer Gefahr. Und das spürte er."

Doch es war noch etwas anderes in Bewegung geraten. Während seiner Zwangspause hatte Djokovic das Leben abseits des Platzes entdeckt und, so vermutet O'Shannessy, Gefallen daran gefunden. Er hatte gesehen, was das Leben zu bieten hat, wenn man nicht seine gesamte Zeit im Flugzeug oder auf dem Tennisplatz verbringt. „Sobald man etwas Abstand vom Sport gewinnt, beginnt man sich mit anderen Dingen zu beschäftigen. Man führt ein anderes Leben, bekommt eine andere Sicht aufs Leben und hetzt nicht ständig nur von Turnier zu Turnier", beschreibt es O'Shannessy. „Das gefiel ihm, außerdem lief es für ihn im Tennis nicht gut, daher war es nur logisch zu denken: Vielleicht war's das mit meiner Karriere."

Djokovic war zwar noch nicht so weit wie Agassi einst, der den Sport laut eigener Auskunft in seiner aktiven Zeit „mit dunkler, heimlicher Leidenschaft" gehasst hatte. Doch er wusste nicht, warum er noch weitermachen sollte. Djokovic beauftragte seinen Agenten damit, die Sponsoren darüber zu informieren, dass er seinen Schläger für immer an den Nagel hängen würde. Anschließend brach er mit Jelena, dem dreijährigen Sohn Stefan und der erst wenige Monate alten Tochter Tara zum Urlaub in die Dominikanische Republik auf. Er war jetzt ein Ex-Spieler, auch wenn die Tenniswelt noch nichts davon ahnte, da er die Neuigkeit weder in den sozialen Medien noch über eine Pressemitteilung bekanntgegeben hatte. Acht Jahre zuvor, 2010, als er durch die Niederlage gegen Jürgen Melzer bei Roland-Garros schon einmal in eine existenzielle Krise geschlittert war, wäre Djokovic ebenfalls am liebsten vorm Tennis davongelaufen. Doch dieses Mal war das Gefühl noch stärker, und so zog er es durch und leitete tatsächlich seinen Abschied in die Wege.

Djokovic wollte im gemeinsamen Familienurlaub kein Tennis spielen. Doch das hielt Jelena nicht davon ab, selbst auf den Platz zu gehen. An ihrer Liebe zum Tennis hatte sich nichts geändert. Sie trieb eine alte Ballmaschine auf und gab sich der simplen Freude hin, ein paar Bälle zu schlagen. Stefan begleitete sie und rannte, nach ein paar eigenen Versuchen, kreuz und quer über den Platz, um Bälle aufzusammeln. Djokovic selbst hingegen ließ sich nicht blicken. Er wollte seiner Frau und seinem Sohn nicht einmal zusehen. Das änderte sich erst am dritten oder vierten Tag ihres Urlaubs. Barfuß und in Badeshorts tauchte er als Zuschauer am Platzrand auf. Es war lange her, dass er beim Tennis einfach nur Spaß gehabt hatte, seit ewigen Zeiten war der Sport nur noch bitterer Ernst für ihn gewesen. Nun sah er, wie vergnüglich Tennis sein konnte. Jelena amüsierte sich bestens, ebenso Stefan. Also fragte Djokovic, ob er einen Schläger bekommen könnte. Um ihn zu necken, verneinte Jelena, aber Stefan lud ihn ein mitzumachen: „Papi, du bist dran!"

Immer noch barfuß und mit nacktem Oberkörper schnappte sich Djokovic ein paar Bälle, schlenderte zur Grundlinie und hämmerte Aufschläge ins Feld, um dann, vielleicht zu Jelena und Stefan, vielleicht auch nur zu sich selbst, zu sagen: „Gar nicht schlecht. Fühlt sich gar nicht mal so übel an." Tags darauf begleitete Djokovic die beiden schon zum Court. Am Ende der Ferien erschien er bereits wieder im richtigen Tennis-Outfit auf dem Platz, inklusive Schuhen und Shirt. Zudem half der Aufenthalt in der Natur Djokovic, seine Akkus wieder aufzuladen. Während eines Nickerchens am Strand spürte er, wie ihn eine Welle erfasste – nicht etwa das Meer, sondern eine Welle frischer Energie. Zehn Tage nach seinem Abschied vom Tennis trat er von seinem Rücktritt zurück: Er gestand Jelena, dass er Vajda fragen wollte, ob er als Trainer zu ihm zurückkehren würde. „Mit Unterstützung von Marian und seiner Frau Jelena stand Novak diese Phase durch", erzählt O'Shannessy.

Kurz darauf war auch Gritsch wieder mit von der Partie. Er meint: „Novak wurde klar, dass er ein Kämpfer war, niemand, der so schnell hinwirft. Es war nicht das erste Mal, dass er an sich zweifelte, weil er Mist zusammenspielte. Er hatte schon früher schlechte Phasen gehabt, aber so rasch gab er nicht auf.

Es war Novaks Bestimmung, ein Tennischampion zu werden, und das wusste er."

Jelena Djokovic zog Parallelen zwischen der Haltung ihres Mannes und dem Geschicklichkeitsspiel Jenga. Hin und wieder müsse der Holzturm einstürzen, damit man wieder bei null anfangen könne, und so sei es auch bei ihm. „Novak muss komplett zusammenbrechen und alles verlieren, dann kann er wieder von vorn beginnen und einen neuen Turm bauen", erklärte Jelena in einem Interview mit dem US-amerikanischen Videojournalisten Graham Bensinger. „Und was für einen großartigen Turm."

Bereits wenige Tage nach der Rückkehr von Vajda und Gritsch bewegte sich Djokovic fast wieder so präzise wie eh und je. „Zu Beginn, beim ersten Turnier nach meiner Rückkehr, wusste Novak nicht wirklich, was und wann und wo oder wie. Für ihn war es gut, zu einem Umfeld zurückzukehren, das ihm vertraut war, das war der richtige Weg. Er hatte viel kostbares Training verpasst, aber nach zwei Tagen war die grundlegende Technik wieder da, und nach einer Woche war er fast wieder auf dem alten Stand", berichtet Gritsch. „In diesen schwierigen Zeiten 2017 und 2018 lernte Novak etwas Entscheidendes: Dass er sich bei technischen Problemen in seinem Spiel vollkommen auf sich selbst verlassen können muss. Solange wir mit ihm zusammenarbeiteten, konnten wir ihm jederzeit Tipps geben, wenn etwas nicht perfekt funktionierte, weil wir ihn in- und auswendig kannten. Dadurch war es für ihn einfach, eine Lösung zu finden und seine Leistung wieder abzurufen. Doch da sein neues Team ihn nicht so gut kannte, verlor er die Kontrolle über seine Technik. Als wir wieder übernahmen, fiel mir auf, dass er unsere Tipps oft in einem Notizbuch festhielt. Ihm war klar geworden, wie wichtig es ist, auch allein zurechtzukommen."

Kein Spitzenspieler sollte erwarten, dass im Tennis jederzeit alles glatt verläuft. Doch in Djokovics Karriere gab es immer wieder enorme Ausschläge, mit schwindelerregenden Höhen, die nie zuvor ein männlicher Tennisspieler erreicht hatte, aber auch einigen verheerenden Tiefpunkten. Nicht nur bei Djokovics kurzzeitigem Rücktritt 2018 konnte man den Eindruck gewinnen, dass er sich in einer Krise befand und nicht ganz bei der Sache war. Man denke etwa an den Frühsommer 2016, als auf den Höhepunkt in Paris, wo er zum ersten Mal Roland-Garros gewann, nahezu nahtlos in London ein Tiefpunkt folgte, als die 14 Tage von Wimbledon für ihn ein frühes und unvermitteltes Ende fanden. Selbstverständlich ist Tennis ein kurzlebiger Sport, doch ist je ein anderer Spieler derart abrupt von einem Extrem ins andere gefallen wie Djokovic in jener Saison?

*

Im Pariser Frühsommer malte Djokovic ein riesiges Herz in den orangeroten Sand von Roland-Garros und ließ sich anschließend rücklings darin zu Boden sinken. Die Szene erschien wie das Happy End eines Disney-Tennisfilms, in der nur noch pure Freude herrscht. Nach seinem ersten Titelgewinn beim French Open die Coupe des Mousquetaires, den Pokal der Musketiere, in die Höhe zu stemmen, hätte einer der glücklichsten und erfüllendsten Momente seines Lebens sein sollen. Doch das war er nicht. Stattdessen überkam ihn wie aus dem Nichts ein Gefühl der Leere. Gefolgt von Finsternis.

Beruflich wie privat war der Triumph in Paris für Djokovic der Beginn einer Zeit tiefer Verunsicherung – obwohl er damit einen Erfolg errungen hatte, dem er jahrelang wie besessen hinterhergelaufen war. Nunmehr hatte er jedes der vier größten Turniere seines Sports gewonnen und war damit in den äußerst exklusiven Club von Männern aufgestiegen, die den Karriere-Grand-Slam geschafft hatten. Dies war ein derart bedeutsamer

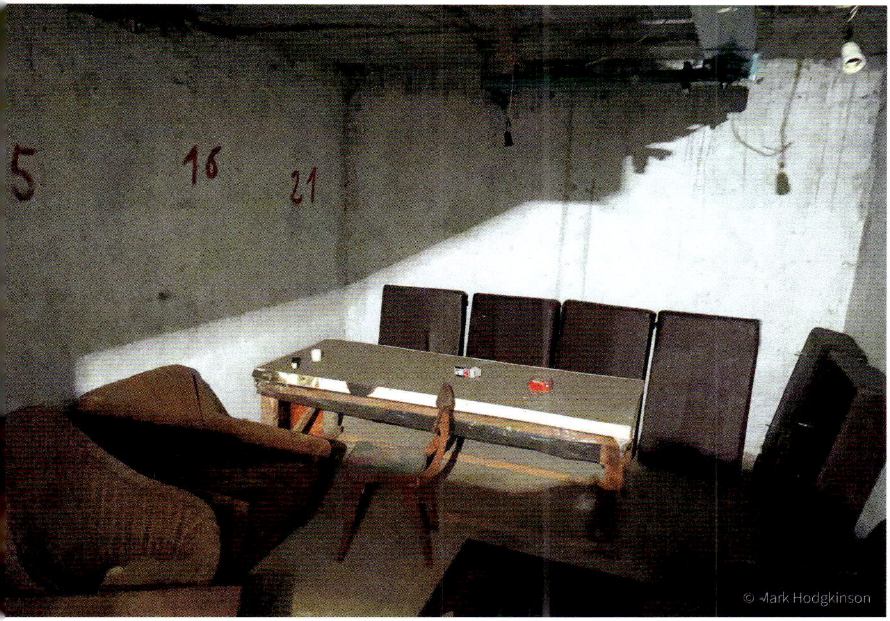

Der Bunker im Keller des Wohnblocks im Belgrader Viertel Banjica, in dem Djokovic 1999 etliche Nächte verbrachte

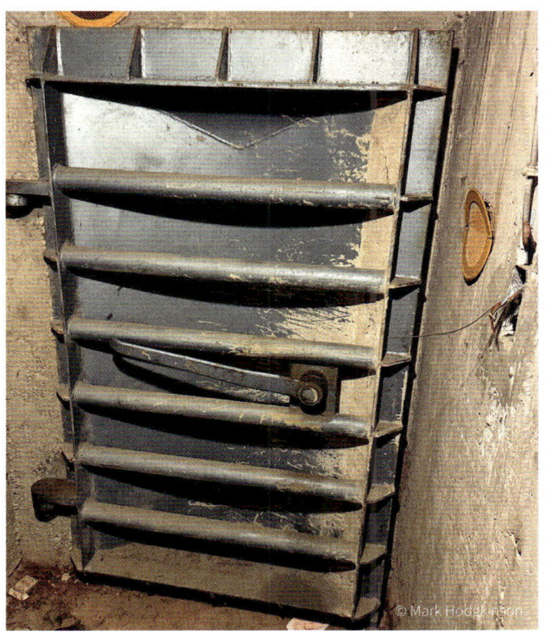

Die Stahltüren des Bunkers, ursprünglich als Schutzraum für den Fall eines Atomkrieges errichtet

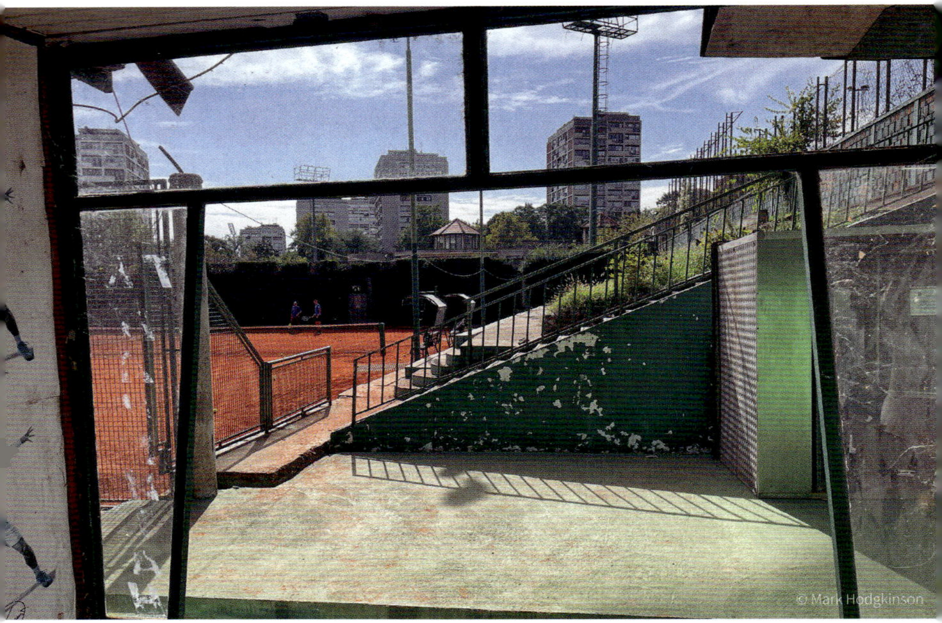

Der Belgrader Tennisverein Partizan, in dem Djokovic als Kind spielte

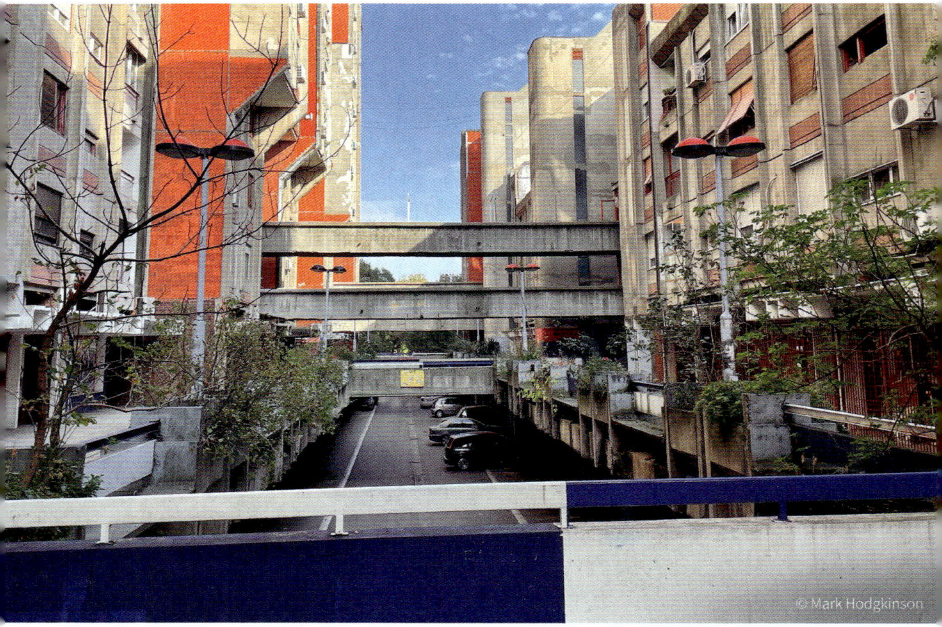

In der Nachbarschaft in Banjica, wo Djokovic aufwuchs,
ist man auf den berühmten Sohn sehr stolz.

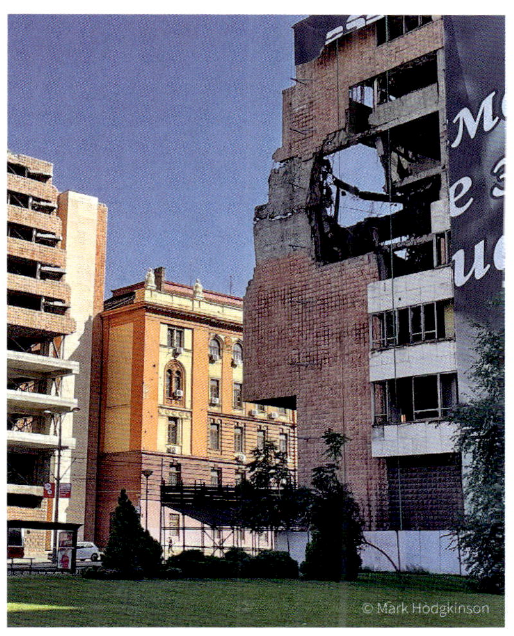

© Mark Hodgkinson

In der Stadt stößt man auch heute noch auf die Narben des Krieges: ehemaliges Armeegebäude, das nach der Zerstörung 1999 nicht wieder aufgebaut wurde.

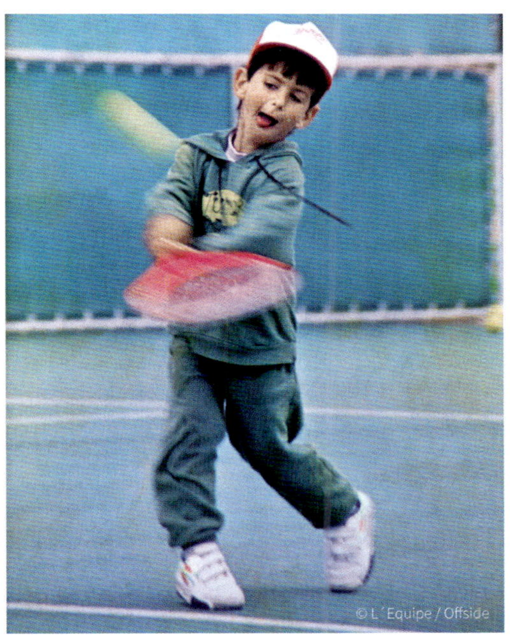

© L´Equipe / Offside

Djokovic mit seinem ersten Schläger. Er war pink, der kleine Novak schleppte ihn den ganzen Tag mit sich herum.

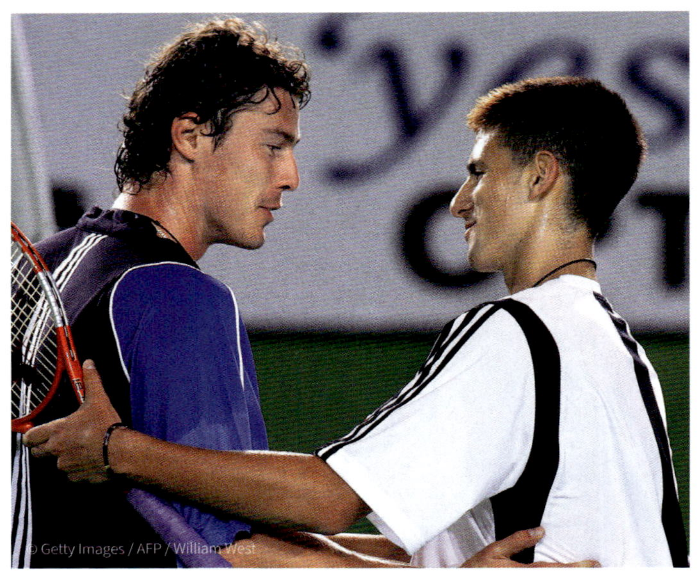

Grand-Slam-Debüt bei den Australian Open 2005 mit Marat Safin

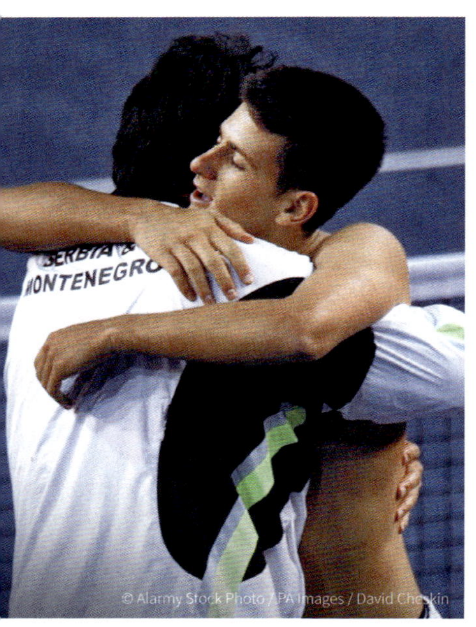

Am Rande der Davis-Cup-Begegnung zwischen Großbritannien und Serbien in Glasgow erkundigte sich Djokovics Familie bei der LTA, ob er britischer Staatsbürger werden könnte.

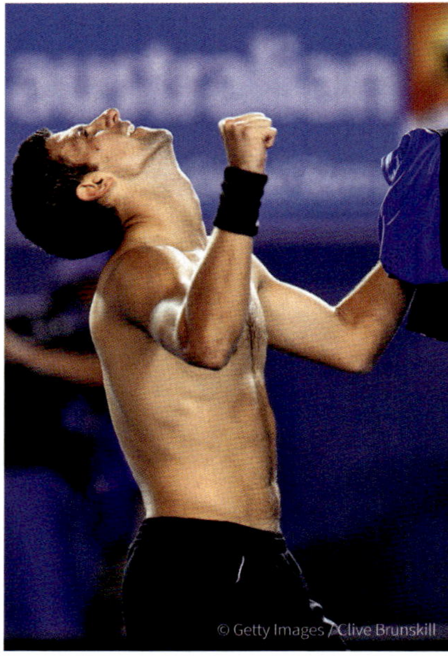

Australian Open 2008:
Djokovic ist der erste Spieler aus Serbien, der einen Grand-Slam-Einzeltitel gewinnt.

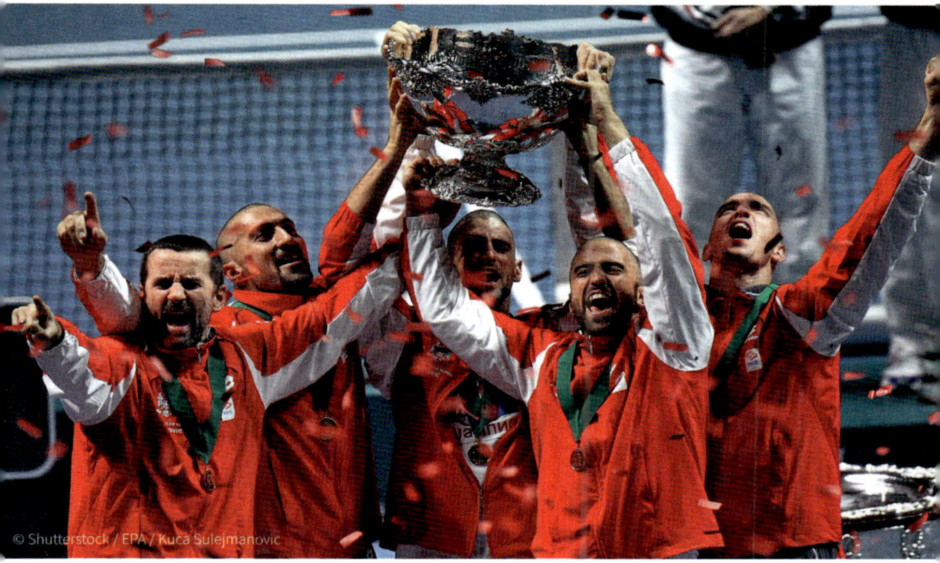

© Shutterstock / EPA / Kuca Sulejmanovic

Davis-Cup-Triumph 2010

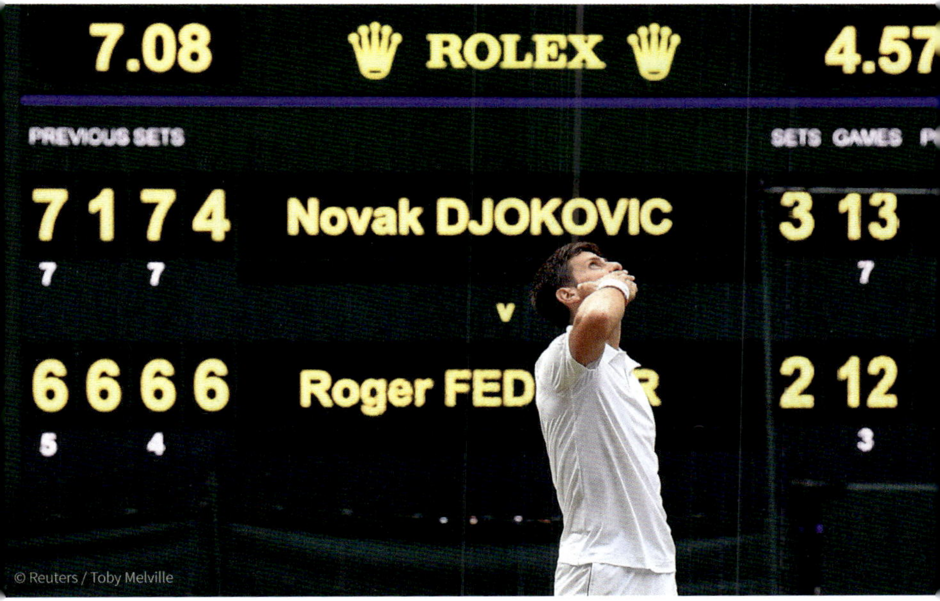

© Reuters / Toby Melville

Einer seiner denkwürdigsten Grand-Slam-Erfolge war der Sieg gegen Roger Federer im Wimbledon-Finale 2019, nachdem Djokovic zwei Matchbälle abgewehrt hatte.

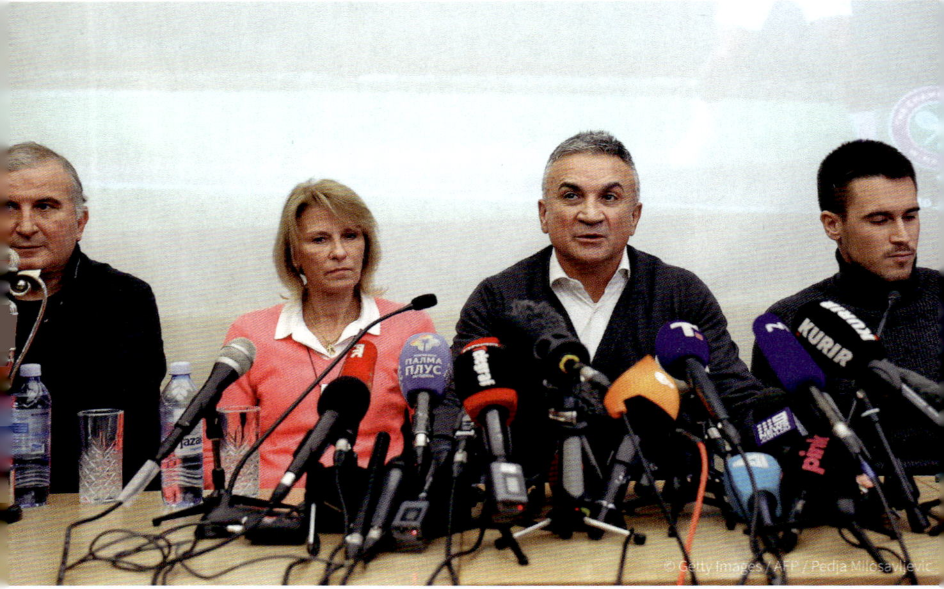

Novak Djokovics Eltern Dijana und Srdjan auf einer Pressekonferenz 2022.
Sie beklagten die Geschehnisse rund um ihren Sohn, der in Melbourne mehrere Tage in einem Abschiebezentrum festsaß.

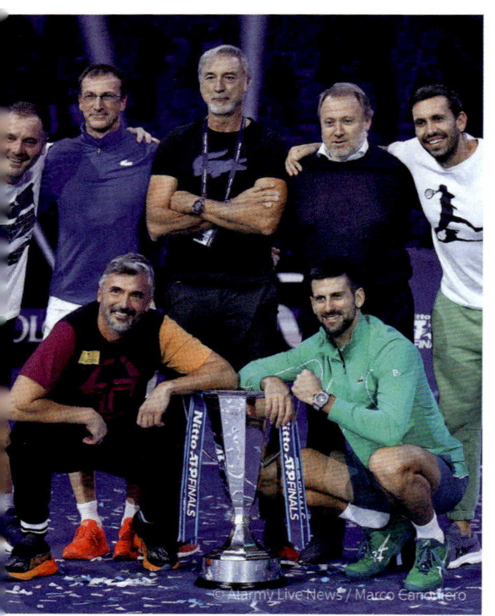

Djokovic mit seinem Ex-Coach Goran Ivanisevic – eine nicht immer ganz einfache Beziehung

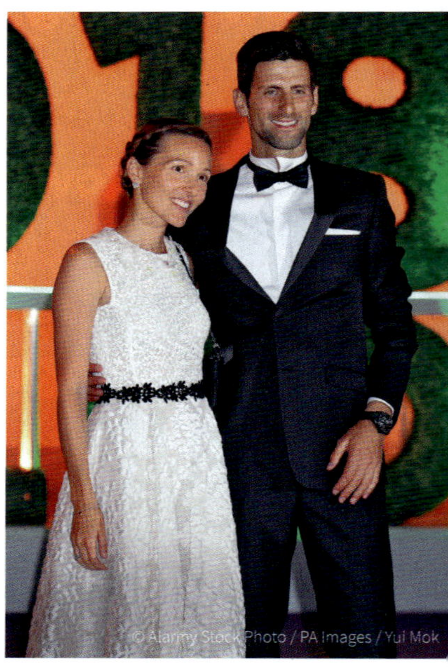

Novak und seine Frau Jelena.
Die beiden haben zusammen zwei Kinder, Stefan und Tara.

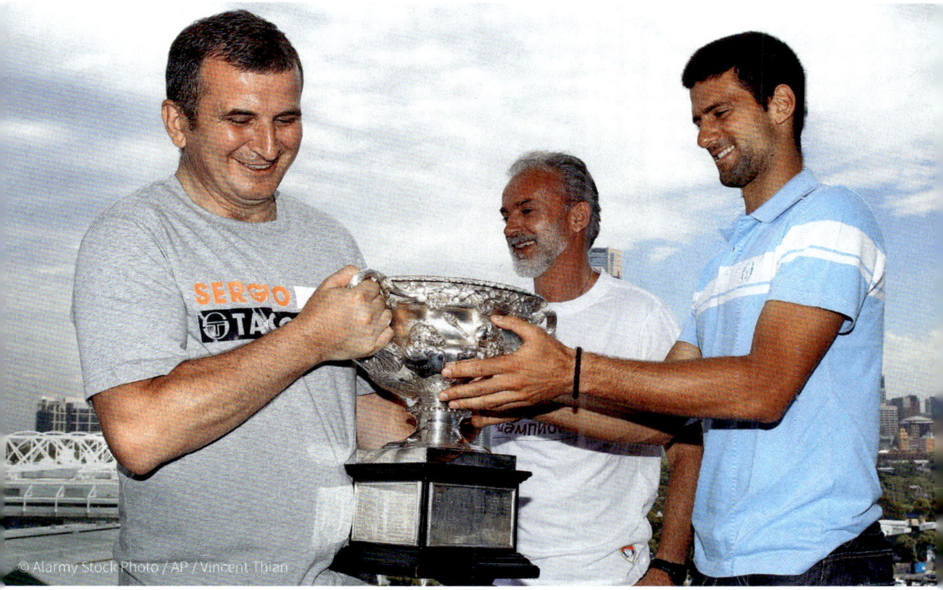

Mit Igor Cetojevic (Mitte), der nicht nur Einfluss auf Djokovics Ernährung hat

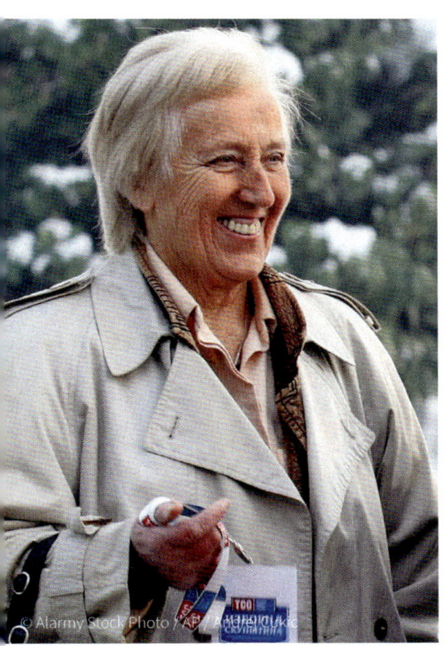

Djokovics erste Trainerin Jelena Gencic. Sie sagte dem »Wunderkind« Novak eine große Zukunft im Profitennis voraus.

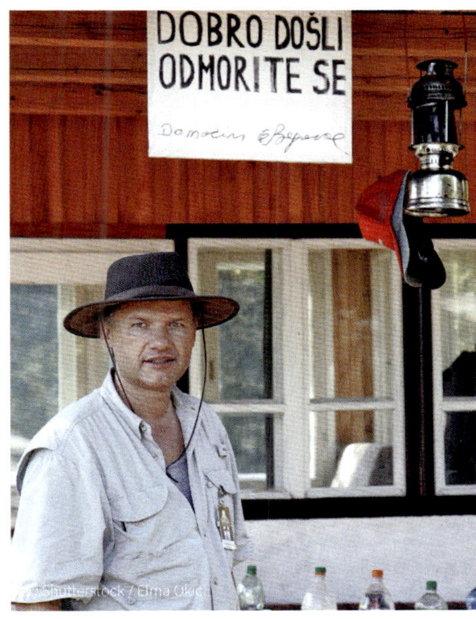

Eine wichtige Rolle in Djokovics Leben spielt auch Sam Osmanagic, der »bosnische Indiana Jones«.

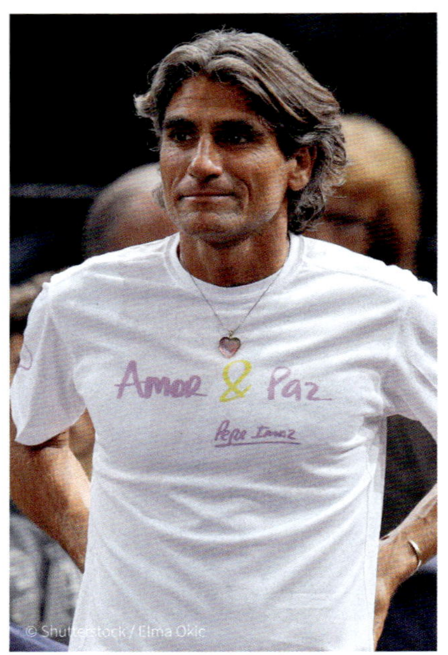

Pepe Imaz, eine weitere wichtige Stütze in Djokovics Team

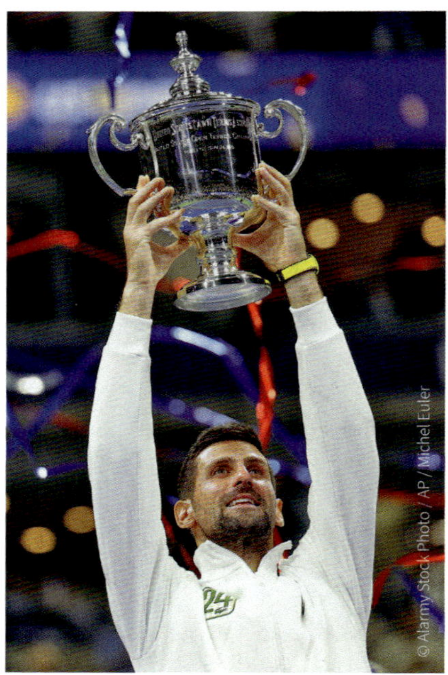

Der 24. Grand-Slam-Titel bei den US Open 2023. Djokovic zementierte damit seine Stellung als erfolgreichster Tennisspieler aller Zeiten.

Moment der Tennisgeschichte, dass sein damaliges Racket bei einer Auktion im Jahr 2023 mehr als 100 000 Dollar einbrachte. Seit er nach seinem Titelgewinn bei den Australian Open 2008 im Jahr 2011 erstmals Wimbledon und die US Open gewonnen hatte, war Djokovic von der Vorstellung verfolgt worden, auch auf dem Pariser Sand zu triumphieren. Um als einer der ganz Großen seines Sports zu gelten, benötigte er diesen Titel. Zudem wollte er mit dem Sieg Jelena Gencic, die 2013 während des Turniers verstorben war, posthum ihren Herzenswunsch erfüllen. Doch es ging noch um mehr. Djokovic hatte in Paris nicht nur aufgrund seiner drei Finalniederlagen viele schwere Stunden erlebt, weshalb er sich selbst beweisen musste, dass er sein Scheitern und seine furchtbaren Erinnerungen überwinden konnte.

Die Intensität, mit der sich Djokovic jedes Frühjahr auf Roland-Garros vorbereitete, wurde durch den Gedanken an Rafael Nadal noch gesteigert. Gritsch zufolge spukte der Mallorquiner unablässig durch die Köpfe der Mitglieder von Team Novak. Wie würde Djokovic sich einen Vorteil gegenüber dem Heavy-Metal-Sandplatzspiel von Nadal verschaffen können? Zwei seiner Finalniederlagen in Paris, 2012 und 2014, hatte er gegen Nadal einstecken müssen, die dritte, 2015, gegen Stan Wawrinka in einem Match, in dem er alles andere als chancenlos gewesen war. „In Paris zu gewinnen, war wegen Rafael verdammt schwierig. Wie sollte man ihn schlagen? Das war eine harte Nuss. Wir verwendeten so viel Energie und so viele Gedanken auf den Titel in Paris, unser höchstes Ziel. Ich hatte noch nie etwas so bis ins Kleinste geplant“, berichtet Gritsch. „Dort zu gewinnen, bedeutete ihm die Welt. Novak gehört zu den Menschen, die alles dafür geben, ein einmal gestecktes Ziel zu erreichen, bis sich alles nur noch darum dreht. Wir befassten uns ausgiebig mit mehreren Aspekten des Spiels, in denen es uns möglich erschien, auf Sand einen Vorteil zu erlangen. Das war definitiv nicht die übliche Herangehensweise an ein Turnier. Wir probierten etwas Neues, weil wir uns davon bessere Chancen erhofften. Es war ein langfristiges Projekt und zog sich über etliche frustrierende Jahre hin."

Erst im Nachhinein ging Djokovic auf, dass er den Erfolg zu sehr gewollt hatte – viel zu sehr –, bis schließlich sein gesamtes Glück von seinem Abschneiden auf der Pariser Asche abhing. „Ich bekam den Eindruck, dass Novak diesen Titel gewinnen musste, um glücklich zu sein", berichtet Gritsch. 2016 schließlich erfüllte sich Djokovic seinen Traum, und zwar nicht durch einen Triumph über Nadal, der wegen einer Handgelenksverletzung nicht zu seinem Match in der dritten Runde antreten konnte, sondern indem er Andy Murray nach verlorenem erstem Satz noch besiegte. Nach den Titeln in Wimbledon und bei den US Open 2015 und dem Erfolg bei den Australian Open 2016 vervollständigte Djokovic damit den sogenannten Nole Slam. Auch wenn er die vier Titel nicht in einem Kalenderjahr errungen hatte, war er der erste Mann seit den 1960er-Jahren, der gleichzeitig bei allen vier Majors den Titel innehatte. Ein glücklicher Moment, aber ein kurzer. Wenig später fiel Djokovic laut Gritsch in ein „Motivationsloch".

Zwar erlitt er keinen vollständigen körperlichen und geistigen Burn-out, aber es fehlte nicht viel. „Endlich hatte er es in Paris geschafft, aber im Anschluss an dieses Match stürzte Novak in eine Art Motivationstief. Alle aus dem Team fielen in ein Loch", erinnert sich Gritsch. „Wir waren monatelang geistig und körperlich am Ende. Das zog sich bis ins Jahr 2017. In dem Moment, in dem man etwas derart Großes erreicht, ist man erst einmal erleichtert. Aber zugleich spürt man nicht mehr dieselbe Motivation und denselben Ehrgeiz, jeden Tag alles zu geben, wie wenn man etwas vor sich hat, das man unbedingt erreichen will. Novak war wirklich glücklich über seinen Sieg, nur hielt dieses Gefühl nicht lange an. Das Adrenalin war weg, und er fühlte sich elend. Er war erschöpft und ohne jede Energie, einfach geistig und körperlich ausgebrannt. Novaks Tank war nach dem Triumph in Paris mehr oder weniger leer."

Auf der Jagd nach seinem ersten Roland-Garros-Titel hatte sich der Serbe jahrelang auf extrem hohem Niveau bewegt. Doch das ließ sich schlichtweg nicht ewig durchhalten. Einige Zeit glaubte er, einfach immer weiter siegen und seine Dominanz ausbauen zu können. Als wäre dieser Sport derart simpel, dass er einen Grand-Slam-Titel nach dem anderen einfahren könnte! Doch schon bald sollte er erkennen, was für ein Irrtum das war. „Novak gibt sich nie zufrieden, er wollte immer weiter gewinnen. Aber er ist auch nur ein Mensch. Irgendwann stößt jeder an seine Grenzen", sagt Gritsch. „2016 hatte Novak schon genügend Jahre Training in den Knochen, um sich geistig und körperlich bestmöglich vorzubereiten und dann seine Leistung abrufen zu können. Doch schließlich kam der Moment, in dem es nicht mehr so weiterging. Und das konnte er nicht akzeptieren. Er wollte weiterhin gewinnen. Aber einen solchen Aufwand kann man nicht ewig leisten, niemand kann ständig solch eine Energie aufbringen. Im Grunde war es unvermeidlich, dass er kurz darauf in ein Tief stürzte."

Auch Djokovics „Tennisvater" Niki Pilic spürte, dass der Serbe an einem Tiefpunkt war. „Der erste Roland-Garros-Titel war eine unglaubliche Leistung, aber dieses Niveau hält man nicht lange durch", sagt Pilic. „Natürlich lässt man ein bisschen nach. Das ist ganz normal. Novak ist hoch motiviert, das kann man daran sehen, wie hart er arbeitet. Aber natürlich schwankt die Motivation immer mal, und nach Paris ließ sie bei ihm eben etwas nach."

Doch es war nicht nur eine Frage der Motivation. Als Djokovic nicht mehr alles dem Gewinn seines ersten Roland-Garros-Titels unterordnen konnte, traten unbewältigte psychische Probleme an die Oberfläche. Tief in sich entdeckte er in einem dunklen Winkel seiner Seele ein verängstigtes, weinendes Kind, das jammernd Aufmerksamkeit forderte. Mit einer Klarheit, zu der er nur fähig war, nachdem er sein Ziel erreicht hatte, erkannte Djokovic in dem Moment, dass er zwar alles für das Tennis getan und jeden einzelnen Aspekt seines Spiels verbessert hatte, seine emotionale Seite jedoch nicht weiterentwickelt hatte. Der Preis für seine Hingabe an den Tennissport war, dass er sein inneres Kind vernachlässigt hatte. „Wenn man sich voll auf eine Sache konzentriert, dann existiert das normale Leben im Grunde nicht mehr", erklärt Gritsch. „Man hat keinen normalen Alltag mehr, mit freiem Wochenende und so weiter. Man stellt alles in den Dienst dieser einen Sache und muss dafür dann alles andere mehr oder weniger ausblenden."

Djokovic dominierte seinen Sport zu jener Zeit auf eine Weise, wie es weder ihm noch irgendeinem anderen Spieler der Moderne je zuvor gelungen war. Er kam auf den Rekordwert von 16 950 ATP-Punkten, mehr als Murray auf Rang zwei (8915) und Federer auf Rang drei (6655) zusammen. Als aktueller Titelträger bei allen vier Grand-Slam-Turnieren war ihm gelungen, was weder Federer noch Nadal geschafft hatte. Und doch fühlte er sich, als würde ihm etwas fehlen. Um das weinende Kind in sich zu trösten, musste Djokovic zu einem tieferen Verständnis seiner selbst gelangen. Dieser Prozess war nicht immer einfach, da er ihm auch vor Augen führte, dass seine Beziehungen zu einigen seiner engsten Bezugspersonen oberflächlich waren. Djokovic erkannte, dass er diese Beziehungen auf eine neue Basis stellen musste. Wie er seinem Freund Jay Shetty gestand, einem ehemaligen Mönch, hatte er zwar ein erfolgreiches, nicht aber ein erfüllendes Leben geführt. Bis dahin war für ihn nur wichtig gewesen, ob ihn das, was er tat, zu einem besseren Tennisspieler machen würde. Aber das erschien ihm nun falsch. Von nun an sollte seine „innere Arbeit" ihm helfen, sich als Mensch zu entwickeln, nicht nur seine Karriere als Sportler voranzubringen. Aus diesem

Grund bezeichnete Shetty Djokovic, der sich in den Jahren seit 2016 zu einer spirituelleren Person entwickelt hat, als „inneren Sportler".

Nur wenige Wochen nach dem Triumph in Paris spielte Djokovic in London auf dem Rasen von Wimbledon, während ihn zugleich persönliche Probleme plagten. Mitten im Turnier offenbarte Jelena ihrem Ehemann, dass sie London für einen „spirituellen Trip" nach Ecuador verlassen würde. Jelena fühlte sich ausgelaugt, nachdem sie ihrem Mann in Paris mit ihrer ganzen Kraft und Energie unterstützt hatte. Sie spürte eine emotionale Leere und erklärte, dass sie etwas für sich selbst tun wollte: „Es tut mir leid, aber ich muss fahren." Djokovic unterstützte ihr Vorhaben, nach Südamerika zu fliegen, auch wenn das Timing mitten in einem Grand Slam nicht gerade ideal war: „Ich verstehe dich, wirklich. Und ich freue mich für dich, dass du diese Reise unternehmen und etwas für dich tun willst. Du hast es verdient." Es würde ein „wundervoller" und bedeutsamer Trip für Jelena werden.

Im Jahr 2015 hatte ein übermächtiger Djokovic 27 von möglichen 28 Siegen bei den Major-Turnieren errungen und nur eine einzige Niederlage kassiert, im Finale von Roland-Garros. In das Wimbledon-Turnier 2016 war der Spieler mit der Hoffnung gegangen, den echten Grand Slam zu schaffen, also alle vier Major-Turniere in einem Kalenderjahr zu gewinnen. Doch in einer Wendung, die niemand vorhergesehen hatte, unterlag er in der dritten Runde dem US-Amerikaner Sam Querrey, seine früheste Niederlage bei einem der vier wichtigsten Turniere seit sieben Jahren. Seinerzeit musste dieses Ergebnis schockierend anmuten, doch das war es keineswegs, wenn man sich vergegenwärtigt, was damals in Djokovics Kopf vorging.

Im Anschluss an Wimbledon unterlag der emotional aufgewühlte Sportler bei den Olympischen Spielen von Rio de Janeiro in der ersten Runde Juan Martin del Potro, eine der schlimmsten Niederlagen seiner Karriere. In seinem Kopf hatten sich der Druck und die Erwartungen immer weiter aufgestaut, bis sie schließlich unerträglich geworden waren. Unter Tränen verließ er den Platz (woran auch ein schmerzendes Handgelenk seinen Anteil hatte). Im Spätsommer dann offenbarte Djokovic, dass er während des Wimbledon-Turniers mit „privaten Problemen" gekämpft hatte. Doch die Lösung dieser Probleme habe dazu beigetragen, dass er „sich als Mensch weiterentwickeln" konnte, so Djokovic. Das Leben ging weiter, allerdings schien er im Finale der US Open neben sich zu stehen und musste gegen Stan Wawrinka eine Niederlage einstecken, die ihm psychisch schwer zu schaffen machte.

Einige der engsten Beziehungen in Djokovics Leben wurden auf die Probe gestellt oder zerbrachen sogar. Das Trainer-Spieler-Verhältnis zwischen Boris Becker und Djokovic war in den Worten des Deutschen „sehr gefühlsbetont, fast schon intim". Manchmal kam es Becker fast so vor, als wäre er mit dem Serben verheiratet. Er war überzeugt, er müsse alles über Djokovic wissen, auch wie er schlief, was er aß und wie es (tatsächlich) um seine Ehe mit Jelena stand, nur so könne er das Beste aus dem Spieler herausholen: „Alles ist wichtig, weil er es auf den Tennisplatz mitnimmt." Anders als viele andere Spitzensportler, die von ihren Coaches nicht die Wahrheit hören wollen, forderte Djokovic Becker zu dessen Erstaunen explizit auf, offen und ehrlich mit ihm zu sein.

Becker hatte Djokovic in ihrer 2013 aufgenommenen Zusammenarbeit unter anderem auch Schach nahegebracht, um die Klarheit und Konzentrationsfähigkeit des Serben zu steigern. Zudem hatte er ihn darin bestärkt, dass er weitere Grand Slams gewinnen konnte. In intensiven Situationen suchte Djokovic zwischen den Ballwechseln häufig den Blickkontakt mit Becker, denn allein daraus, dass dieser in seiner Box saß, zog er zusätzliche mentale und emotionale Kraft. „Boris hat selbst als Spieler große Erfolge gefeiert und war in den wirklich wichtigen Matches immer voll da", erzählt Gebhard Gritsch. „Das Entscheidende, was er Novak vermittelte, war die richtige Einstellung und die Überzeugung, dass er das Match gewinnen würde, weil er gut vorbereitet und einfach der Beste war. Das half Novak enorm. Mit Boris als Coach hatte Novak die Gewissheit, dass da jemand war, der ihn verstand und wusste, wie man ein wichtiges Finale gewinnt; jemand, der ihm einen Tipp geben oder ein paar Worte sagen konnte, durch die er in den richtigen Zustand gelangte."

Djokovic gefiel die Niki-Pilic-Connection, denn auch Becker war einst von dem Kroaten trainiert worden. Unter Beckers Anleitung gewann Djokovic sechs Grand-Slam-Titel, darunter in den Jahren 2014 und 2015 zwei in Beckers „Wohnzimmer", Wimbledon. Doch als Djokovic nach dem Triumph bei Roland-Garros 2016 so ausgebrannt war, hatte Becker in der zweiten Saisonhälfte den Eindruck, dass der Champion nicht hart genug arbeitete. Dass er schlichtweg nicht genügend Zeit auf dem Platz verbrachte. Im Rückblick schätzte Becker Djokovics Resultate in der zweiten Jahreshälfte beinahe als Segen ein, da er bereits so viel gewonnen hatte, dass er fast vergessen hatte, wie sich eine Niederlage anfühlte. Doch nur in der Niederlage erlebt man den Schmerz und das Leid, die einen dazu bringen, sich erneut zu fokussieren und wieder bei null anzufangen.

Im Dezember des Jahres endete die Zusammenarbeit zwischen Djokovic und Becker. Das bedeutete jedoch nicht das Ende ihrer Freundschaft – sie wurde sogar noch enger nach Beckers Verurteilung wegen der Verschleierung von Vermögenswerten in seinem Insolvenzverfahren. Becker war Djokovic dankbar für dessen Unterstützung in der Zeit, als er in einem britischen Gefängnis saß, und betrachtete ihn deswegen regelrecht als Familienmitglied. Als Djokovic 2022 Wimbledon gewann, weinte Becker während der Fernsehübertragung in seiner Zelle.

*

Bei ersten Dates kann es immer zu peinlichen Momenten kommen, und die erste Verabredung von Djokovic und Jelena Ristic war ein gutes Beispiel dafür. Während er dachte, einen ganz besonders exklusiven Ort ausgesucht zu haben, war sie alles andere als beeindruckt von der Sports Bar, in die er sie führte. Jelena hatte auch nicht damit gerechnet, dass Djokovic für sie bestellen würde. Es folgte die peinliche Episode, als er den Kellner rief, um sich zu beschweren, dass das Fleisch nicht durchgegart sei. Als der Ober ihm erklärte, dass Beefsteak Tatar immer roh sei, tat Djokovic, als wüsste er das. Noch heute denken Novak und Jelena Djokovic jedes Mal, wenn sie das Gericht auf einer Speisekarte entdecken, an ihr erstes gemeinsames Essen. Die beiden drehten sogar einmal einen Werbespot für einen Sponsor, in dem sie diesen Moment nachspielten – ein Beweis dafür, dass Djokovic kein Problem damit hat, sich selbst und seine Schwächen auf die Schippe zu nehmen.

Jelena nahm bereits früh Einfluss auf Djokovic. Gestresst von ihrem Studium, hatte sie mit Yoga begonnen und brachte auch ihrem neuen Freund den „herabschauenden Hund" und den „Sonnengruß" nahe. Sie studierte Wirtschaftswissenschaften in Mailand, nicht weit von Djokovics damaligem Wohnsitz in Monaco. Nach dem Abschluss ließ sie ihre beruflichen Ambitionen ruhen, um mehr Zeit mit Novak verbringen zu können, ein Opfer, das laut Djokovic ihre Beziehung rettete und für das er dankbar war (später erwarb sie noch einen Masterabschluss in Luxury Management an einer Universität in Monaco). Für seinen Heiratsantrag organisierte Djokovic eine frühmorgendliche Fahrt mit dem Heißluftballon. Als sie in der Luft waren, näherte sich ihnen ein weiterer Heißluftballon, dessen Pilot ein riesiges Banner mit der Frage „Willst du mich heiraten?“ entfaltete. Die Sache verlief alles andere als reibungslos – an Bord des anderen Ballons brach ein kleines Feuer aus, sodass er an Höhe verlor, Jelena geriet in Panik. Als sie schließlich das Banner entdeckte, dachte sie zunächst an einen Werbegag. Trotzdem sagte sie Ja. Jelena hatte ihren künftigen Mann einmal mit der Behauptung geneckt, sie würde ihn so gut kennen, dass er sie nicht überraschen könnte, doch mit dieser Ballonfahrt bewies er ihr das Gegenteil.

Bis zur Geburt ihres ersten Kindes 2014, Stefan, kamen für Jelena ihr Mann und seine Bedürfnisse an erster Stelle. Sie unternahm alles in ihrer Macht Stehende, damit er seine sportlichen Ziele erreichen konnte, und stellte ihre eigenen Bedürfnisse hintan. Selbstverständlich war Jelena gelegentlich frustriert, wofür sie auch ihren Mann verantwortlich machte. Dabei wusste sie im Grunde, dass er nichts dafürkonnte. Es war ihre eigene Entscheidung gewesen, ihn in dieser Form zu unterstützen. Doch als sie Mutter wurde, „rüttelte“ sie dies auf, wie sie einmal gestand. Ihr wurde klar, dass sie sich auch auf ihr eigenes Wohlbefinden konzentrieren und etwas für sich tun musste. Nur dann würde sie richtig für ihren gemeinsamen Sohn da sein können. Sorge bereitete Jelena die Frage, wie sie ein Kind erziehen sollte, dessen Vater in ihren Augen „eine historische Figur“ war. Mit Blick auf die Spruchweisheit, dass die Kinder auf den Schultern ihrer Eltern stehen sollten, wünschte sich Jelena, dass ihr Sohn seinen Vater einmal „übertreffen“ würde. Das einzige Problem dabei war, dass Djokovic sich selbst und sein Tennis in immer neue Höhen trieb.

Jelena ermahnte sich unentwegt: „Ich habe dieses Kind, und ich muss etwas Besonderes machen.“ Die Vorstellung quälte sie, und in einem Interview mit dem US-Journalisten Graham Bensinger gestand sie: „Ich fühle mich, als hätte ich mich und meine Vorstellung von mir selbst zerstört." Ihr zweites Kind, Tara, kam 2017 zur Welt. Djokovic wusste, dass seinen Kindern zwar die Härten und Gefahren erspart blieben, die seine eigene Kindheit überschattet hatten, sie aber früher oder später einen Weg finden müssten, mit der enormen emotionalen Last fertigzuwerden, „der Sohn von" beziehungsweise „die Tochter von" zu sein. Ihre persönliche Reise zu sich selbst würde laut Djokovic alles andere als einfach werden. Unterdessen erkannte Jelena, dass sie nicht die Superfrau war, für die sie sich gehalten hatte. Etwas musste sich ändern.

Jelena hatte bereits seit geraumer Zeit das Gefühl, sich in einem Wettstreit mit ihrem Mann zu befinden. Er wurde für seine Leistungen auf der Weltbühne gefeiert, aber was war mit dem, was sie backstage leistete? Verdiente sie nicht mehr Anerkennung dafür? Djokovic hatte ein Ego, sie aber nicht weniger. Und diese beiden Egos, so sagte sie, „rangen miteinander". Jelena entsprach nicht dem Stereotyp einer Sportlerfrau, weder was das Aussehen noch ihr Auftreten betraf. Sie hätte sich für Mode begeistern und sich aufstylen sollen. Doch obwohl Jelena sich durchaus für Kleidung interessierte, gab ihr das keinen Kick. Sie war schlicht nicht eitel. Ihr war bewusst, dass manche sie verurteilten, weil sie ihren eigenen Weg ging. Und obwohl das gelegentlich anstrengend sein konnte, war sie nicht bereit, nur die glamouröse Frau an der Seite eines Tennisstars abzugeben. Sie wollte sich nicht anpassen und die Erwartungen anderer erfüllen. Für sie kam es nicht infrage, still und bescheiden in der Box zu sitzen und sanft zu lächeln, auch wenn sie den Eindruck hatte, dass genau das von den Frauen erwartet wurde. Jelena wollte allen beweisen, dass sie mehr war als die Frau von Novak Djokovic, und genau das war die Ursache der Auseinandersetzungen mit ihrem Mann. Es bedurfte eines tiefgreifenden Wandels in Jelenas Denken – für den sie zunächst ihren Frieden mit der Situation schließen musste –, bevor sie wieder stolz den „Titel" der Frau von Novak Djokovic tragen konnte.

Die Bücher des Psychologen Jim Loehr halfen Novak und Jelena Djokovic, sich über ihre Beziehung und das, was sie sich davon erwarteten, Gedanken zu machen. Gleichwohl sind sie bis heute, wie Jelena sagt, ein „temperamentvolles Paar", das „immer wieder aneinandergerät". Manchmal erdet sie ihn mit ihren Mutterinstinkten, sodass er nicht so „abheben" kann, wie er gerne würde. Es kann durchaus vorkommen, dass Jelena ihm vorhält: „Hast du etwa vergessen, dass wir die Entscheidung für unsere beiden Kinder gemeinsam getroffen haben? Jetzt müssen wir uns auch entsprechend verhalten."

Im Sommer 2017 äußerte sich John McEnroe zur Ehe der Djokovics und verglich den Tennisspieler mit dem Golfer Tiger Woods, worüber einige aus dem Umfeld des Serben wenig erbaut waren. Andre Agassi, der damalige Coach von Djokovic, ermahnte McEnroe, sich derartige verletzende Kommentare zu verkneifen. Das war weder das erste noch das letzte Mal, dass andere die Ehe des Paares kommentierten. Wie Djokovic feststellte, lesen die Menschen lieber, dass er und Jelena sich angeblich scheiden lassen, selbst wenn das nicht stimmt, als dass sie sich lieben.

Vater zu sein, erweckte Djokovics kindliche Seite wieder zum Leben, der er etliche Jahre keine Beachtung geschenkt hatte. Zum ersten Mal seit ewiger Zeit spürte er wieder die unbeschwerten und verspielten Anteile seiner Persönlichkeit. Doch das war nicht die einzige Veränderung, die die Vaterschaft bei ihm bewirkte; er erkannte auch, wie viel Liebe er empfinden und geben konnte. Djokovic hatte oft den Eindruck, kaum freie Zeit zu haben, aber als Vater lernte er Geduld. Im Widerspruch zum gesellschaftlichen Konsens glauben Novak und Jelena Djokovic, dass Kinder die Lehrmeister ihrer Eltern sind und ihnen zu tieferen Einsichten über das Leben verhelfen können. Als Tara noch sehr klein war, bezeichnete Djokovic sie als Heilerin, die Energie in die Welt gebracht habe. Durch sie hätten Jelena und er gelernt, den Augenblick bewusster und achtsamer wahrzunehmen. Andererseits ließ er keinen Zweifel daran, dass Jelena und er ihren Kindern vieles beibringen würden und es somit also ein wechselseitiger Prozess sei.

Früher hielt Jelena ihren Mann bisweilen für egoistisch, weil für ihn seine Bedürfnisse im Vordergrund stehen. Doch als ihr im Laufe der Zeit klar wurde, was sie selbst brauchte, verstand sie, dass er keineswegs egozentrisch ist. Vielmehr sollte sich jeder wie er verhalten, wenn er dadurch Energie erhält und zu einer liebevollen und großzügigen Persönlichkeit wird. Jelena begriff, dass man, um Frieden zu finden, „nicht sein Leben opfern“ darf. Sie begann, Dinge zu unternehmen, weil sie ihr Spaß machten, nicht weil sie sich dazu verpflichtet oder gezwungen fühlte. Es war ihre eigene Entscheidung. Jelena wollte ein bewusstes Leben führen, und zwar ohne Einschränkungen.

Djokovic selbst hat festgestellt, wie wichtig es ist, dass er und Jelena dieselben Ziele im Leben verfolgen. „Wir müssen diese Reise gemeinsam machen. Sie muss dieselbe Reise erleben wie ich, zur selben Zeit wie ich, sonst können wir nicht zusammenbleiben. Ich bin wirklich dankbar und glücklich, dass sie denselben Weg eingeschlagen hat. Es ist ihr eigener Weg, aber er verläuft parallel zu meinem“, erklärte er Graham Bensinger.

Die enge Bindung zu seiner Frau und seiner übrigen Familie ist entscheidend für Djokovics Glück. „Novak ist ein Familienmensch“, sagt Gritsch. „Um glücklich zu sein, braucht man ein gutes Sozialleben, aber das ist für einen Tennisprofi nicht zu haben, insbesondere nicht für einen erfolgreichen. Vor allem, weil er keine Zeit hat. Er hat so viele Baustellen und ist ständig beschäftigt. Alle wollen etwas von ihm. Die nicht abreißenden Termine. Es ist ein verdammt hartes Leben, in dem man kaum einmal freie Zeit hat. Klar, jeder hat auf der Tour ein paar

Freunde, und die Serben sind ziemlich eng miteinander. Aber das ist kein Ersatz für eine Familie. Eine Familie gibt dir ein ganz anderes Gefühl von Zufriedenheit."

Djokovics psychische und emotionale Probleme hatten Folgen für seine Karriere, und auch seine Ellbogenverletzung war nicht eben hilfreich. Nach dem Höhepunkt der French Open 2016 dauerte es mehr als zwei Jahre bis zum nächsten Grand-Slam-Titel, bis Wimbledon 2018. Trotzdem durchzuhalten, war alles andere als einfach, doch es ließ Djokovic reifen, sodass schließlich seine emotionale Intelligenz dem Niveau seines Tennisspiels entsprach. Nach dieser schwierigen Zeit war er überzeugt, seine Gefühle im Griff zu haben und im Leben besser zurechtzukommen, wenn etwas nicht wie gewünscht lief. Er war „superglücklich".

DER ZAHLENMENSCH

Novak Djokovic ist einerseits ein sehr emotionaler Mensch. Mal fährt er auf dem Platz aus der Haut, mal kündigt er unvermittelt seinen Rücktritt an, um dann ebenso unvermittelt vom Rücktritt zurückzutreten. Andererseits ist er aber auch ein analytischer Mensch, ein Zahlenmensch, der weiß, dass es sich lohnt, der Geschichte zu lauschen, die die Daten erzählen. Mit der Verpflichtung von Craig O'Shannessy wurde Djokovic sogar zu einem Pionier im Tennissport: Als erster Spieler leistete er sich jemanden, der ausschließlich für die Strategie zuständig war. Marian Vajda blieb Djokovics Coach, doch von da an sorgte O'Shannessy für die Daten und tüftelte die jeweilige Matchstrategie aus. Dank der Arbeit des Australiers wusste Djokovic jederzeit, wie sein nächster Gegner spielte und wo er am fehleranfälligsten war. „Das Entscheidende war, dass niemand Novak überraschte", erklärt O'Shannessy. Djokovic hat eine Vorliebe für Videoanalysen. War O'Shannessy bei einem Turnier anwesend, präsentierte er Djokovic seine Erkenntnisse persönlich, in der Regel mit Unterstützung von Videoausschnitten, und ging die Strategie oftmals noch eine Stunde vor einem Match ein letztes Mal mit ihm durch. Wenn er nicht vor Ort war, mailte er eine PDF-Datei.

Mithilfe der harten Fakten und gestützt auf seine persönlichen Soft Skills half O'Shannessy Djokovic, sein eigenes Spiel sowie das seiner Konkurrenten zu verstehen. Obwohl Djokovic für jedes Match und jeden Gegner die richtige Strategie wollte, interessierten ihn selbstverständlich insbesondere zwei Spieler. „Es gibt da diese beiden Typen, auf die ich regelmäßig an den Sonntagen treffe", sagte Djokovic zu O'Shannessy, als sie vor den Australian Open 2017 gemeinsam mit Vajda im Spielerrestaurant berieten, wie sie als Trio am effektivsten zusammenarbeiten konnten. Djokovic suchte nach einer Möglichkeit, sich in den Matches gegen Roger Federer und Rafael Nadal einen Vorteil zu verschaffen, und er hoffte, dass O'Shannessy ihm dabei helfen könnte. Djokovic formulierte eine klare Erwartung: „Wir müssen mehr über sie wissen als sie über uns." Jede noch so kleine Veränderung, die Federer oder Nadal an ihrem Spiel vornahmen, sollte O'Shannessy mithilfe seiner Datenanalyse erkennen, um sie anschließend in Videoform für Djokovic aufzubereiten. Doch natürlich gab es auch noch andere Spieler, auf die sie achten mussten, wie etwa Andy Murray (eine Zeit lang sprach man von den Großen Vier oder den Großen Dreieinhalb). Djokovic war hinter Murray auf den zweiten Platz der Weltrangliste zurückgefallen und wollte unbedingt wieder an die Spitze. „In gewisser Weise schlug Novak ein neues Kapitel auf, indem er sich bei seinen Entscheidungen auf die Datenanalyse seines Sports stützte. Er war ganz begeistert davon."

In den drei Jahren, die O'Shannessy zu Djokovics Team gehörte, kam es ihm oft so vor, als würde er „mit einem Vierzehnjährigen arbeiten" – nicht etwa, weil Djokovic unreif gewesen wäre, sondern ganz im Gegenteil wegen seiner jungenhaften Tennisbegeisterung. „Er liebte den Sport wie ein Kind, er wollte immer spielen und sich verbessern. Er hatte bereits große Erfolge gefeiert und war überzeugt, dass er sich noch steigern konnte, dass der nächste große Schritt in Reichweite lag. Novak spürte, dass er sein Spiel noch klarer gestalten konnte. Als absoluter Spitzenspieler gewinnst du rund 55 Prozent aller Punkte, die du spielst. Das war schon immer so. Zugleich heißt das, dass du rund 45 Prozent der Punkte verlierst. Novak schloss daraus, dass er diesen Prozentsatz möglichst weit senken musste. Ihm war klar, dass er bestimmte Aspekte noch verbessern konnte, etwa seine Schlagauswahl." Djokovic und O'Shannessy ließen sich von den Daten leiten und fragten sich stets: „Was sagen die Zahlen?“

Während andere Spieler bei ihren Entscheidungen von ihren Annahmen und ihrer Intuition ausgehen, stützte sich Djokovic etwa bei der Wahl des richtigen Treffpunkts auf entsprechende Daten. Selbst bei den wichtigsten Matches, etwa im Wimbledon-Halbfinale gegen Nadal 2018, war der Serbe bereit, den Daten zu vertrauen. Nachdem das Match wegen des Zapfenstreichs bei dem Turnier um 23 Uhr unterbrochen werden musste, fiel O'Shannessy beim Studium der Zahlen auf, dass Nadal bis dahin keinen einzigen Rückhandreturn auf der Vorteilsseite verschlagen hatte. „Natürlich, Rafa traf den Ball gut, aber Novak hatte auch sehr vorhersehbar gespielt. Also reagierten wir, und in den letzten beiden Sätzen servierte er mehr auf Rafas Vorhand. Es ist in gewisser Weise kontraintuitiv, bei einem Linkshänder auf der Vorteilsseite nach außen auf die Vorhand zu servieren. Aber ohne diese Information hätte Novak das Match nicht gewonnen. Er hätte unverdrossen auf Rafas Rückhand gezielt, und Rafa hätte weiterhin jeden dieser Bälle zurückgeschlagen. Auf die Weise konnte Novak keine freien Punkte erzielen. Doch plötzlich schlug er überraschend nach außen auf. Dadurch veränderte sich das Match, und Novak gewann letztlich in fünf Sätzen.“

Vor einem wichtigen Match erfüllt das Stretching für Djokovic zwei Zwecke. Zum einen bereitet er damit seinen Körper auf den Wettkampf vor, zum anderen hilft es ihm, mit etwaiger nervöser Anspannung fertigzuwerden – auch wenn er nicht zu den Spielern gehört, die häufiger Probleme damit haben. Er ist bei Weitem nicht so entspannt wie einst Federer, aber er hüpft auch nicht so aufgedreht herum wie Nadal. „Wenn ich ungefähr eine Stunde vor einem Finale die Strategie mit Novak durchging, war er stets ruhig und entspannt. Gut, Roger war immer megarelaxt und machte Witze, sodass man unweigerlich dachte: Kaum zu glauben, dass er in zwanzig Minuten ein Finale spielt! Ganz so entspannt ist Novak nicht, aber er peitscht sich vor einem Match auch nicht auf wie Rafa. Novak ist ziemlich normal. Nichts Außergewöhnliches."

Angesichts der Umstände war der Wimbledon-Titel 2018, den Djokovic durch einen Dreisatzsieg über den Südafrikaner Kevin Anderson errang, möglicherweise eine Ausnahme unter all seinen Grand-Slam-Siegen. Doch niemand würdigte das. Das Publikum auf dem Centre Court ahnte nicht einmal, dass Djokovic knapp vier Monate zuvor eigentlich zurückgetreten war.

In erster Linie lernt Djokovic jedoch nicht aus seinen Siegen. Wie er einmal feststellte, berührt es uns viel tiefer, wenn wir verlieren, als wenn wir gewinnen. Jede Niederlage stellt eine Möglichkeit zum Lernen dar. Ein verlorenes Match aufzuarbeiten und sich noch einmal die Zahlen anzuschauen, war ein Bestandteil der Zusammenarbeit mit O'Shannessy. Normalerweise fand die Nachbesprechung unmittelbar im Anschluss an ein Match statt, wenn der Stachel der Niederlage noch tief saß. War das nicht möglich, holten sie es so bald wie möglich nach, wenn Djokovic die Emotionen noch spürte, sie aber nicht mehr seine Gedanken und seine Stimmung beherrschten.

Alle erdenklichen Informationen aus einer Niederlage zu gewinnen, leistet seit Langem einen entscheidenden Beitrag zu Djokovics Größe. Michael Jordan sagte einmal in einem zum Kult gewordenen Nike-Werbespot etwas, das Djokovics Einstellung genau entspricht und das er häufig zitiert: „Ich habe in meinem Leben immer und immer wieder versagt. Genau deshalb bin ich so erfolgreich." Seit den ersten Tagen seiner Karriere bemühte sich Djokovic, aus seinen Fehlern zu lernen. Als junger Spieler, so gestand er gegenüber der Zeitung *The Times*, wühlten ihn Niederlagen so sehr auf, dass es manchmal Tage dauerte, bis er darüber hinweg war. Aber im Lauf der Zeit lernte er, das Geschehen „gelassener und friedlicher" zu analysieren, eine in seinen Augen bedeutsame Entwicklung. Wie er sich selbst ermahnt: „Das ideale Szenario ist, dass du gewinnst. Aber falls nicht, wirst du dennoch etwas lernen. Du wirst aus dieser Erfahrung als stärkerer Spieler hervorgehen."

„Djokovic nimmt dir erst die Beine, dann nimmt er dir die Seele" – so schilderte es zumindest Andy Roddick. Doch wie schafft er das? Gelegentlich hört man, der Serbe hätte keinen Trademark-Schlag im Repertoire, nichts Unverwechselbares, wie etwa Roger Federer oder Rafael Nadal. Gemeint ist damit, dass Djokovics Tennis nicht so mitreißend ist wie das von Federer, der über den Court schwebte und die Vorhand zu einer Kunstform erhob, oder das von Nadal mit seiner extremen Topspin-Vorhandpeitsche voller Energie und Kampfgeist. Djokovic hingegen ist in allem brillant. Er hat als einziger männlicher Tennisspieler jedes Grand-Slam-Turnier mindestens dreimal gewonnen und ist der vollständigste Spieler in der Geschichte des Tennis. Zugleich ist er der beste Rückschläger aller Zeiten, wobei sein Rückhand-Return noch etwas stärker ist als der mit der Vorhand. Dennoch würde niemand Djokovics Return als das prägende Element seines Spiels bezeichnen, einfach deshalb, weil er sich in allem auf einem solch phänomenal hohen Niveau bewegt. Wenn Djokovic spielt, staunt man als Zuschauer über nichts und alles zugleich.

Laut seinem Ex-Trainer Todd Martin sieht jeder die Einzigartigkeit von Djokovic, dennoch können die meisten sie nicht erklären: „Roger war außergewöhnlich elegant und geschmeidig und hat haufenweise Titel gewonnen. Rafa ist temperamentvoll und strahlt so eine gewisse Arbeiter-Mentalität aus und gewinnt ohne Ende. Und irgendwo zwischen den beiden steht Novak."

Djokovics Freund Janko Tipsarevic findet, Federer und Nadal hätten „ein gewisses funkelndes Element in ihrem Spiel. Die Größe von Roger und Rafa ist offensichtlich, sie bringen einen krachenden Aufschlag oder eine unglaubliche Vorhand oder einen herausragenden Passierball. Novak ist in allem gut." Und er fährt fort: „Jeder einzelne Aspekt seines Spiels ist großartig. Novak hat einen Super-Aufschlag, eine Super-Vorhand und eine Super-Rückhand, außerdem ist er ohne Frage der beste Return-Spieler aller Zeiten. Er ist in allem so gut, dass er sich bewusst zurücknehmen kann, das heißt, er muss nicht unbedingt etwas Besonderes machen. Ein Grund, warum Novaks Spiel manchmal weniger interessant wirkt als das der beiden anderen, ist, dass er sich in biomechanischer Hinsicht perfekt über den Court bewegt. Dadurch kommt es einem so vor, als würde er den Platz mühelos abdecken, während andere Spieler anscheinend viel mehr tun müssen, um den Punkt zu gewinnen, und daher unerzwungene Fehler machen. Und glauben Sie mir: Ich bin selbst sein Opfer gewesen, ich habe siebenmal gegen ihn gespielt. Wenn man von außen zuschaut, denkt man, sein Gegner spielt einfach Mist. Aber wenn man selbst auf dem Platz steht, merkt man, dass man jeden Punkt dreimal machen muss, bis man ihn endlich in der Tasche hat."

Wer auch immer gegen Djokovic antreten muss, wird sich vornehmen, gegen ihn das Match seines Lebens abzuliefern, denn dies ist seine Chance auf ein kleines bisschen Unsterblichkeit. Und nicht selten spielen Djokovics Gegner dann tatsächlich auf ihrem höchsten Niveau, doch auch das reicht nicht. Laut Nick Kyrgios fragen sich die meisten von ihnen früher oder später: „Was habe ich eigentlich hier auf dem Platz zu suchen?" Wenn man gegen Djokovic spielt, so der Australier, beginnt man irgendwann die Länge seiner Schläge zu hassen, mit der er im Grunde alles, was man gegen ihn versucht, neutralisiert. Eine weitere von Djokovics außergewöhnlichen Stärken ist es, die Richtung des Balls zu ändern. Für die meisten Spieler ist das ein riskanter Schachzug, nicht aber für ihn. Und da er seine Schlagbewegung dafür nicht ändern muss, gibt es keine visuellen Hinweise auf sein Vorhaben, sodass er seinen Gegner unvorbereitet trifft. Früher einmal war möglicherweise eine kleine Schwäche in Djokovics Spiel, dass er seinen zweiten Aufschlag nicht genügend variierte, aber inzwischen macht er das sehr bewusst, wodurch er weit weniger berechenbar geworden ist. Doch egal ob erster oder zweiter Aufschlag: Djokovic übernimmt sofort die Kontrolle im Ballwechsel, ohne seinem Gegner einen Moment zu gönnen, in den Punkt hineinzukommen oder einmal durchzuatmen.

Djokovics Spiel mag weniger „funkeln" als das von Federer oder Nadal, doch im Grunde spielt das keine Rolle. Wie sein Ex-Trainer Dusan Vemic ausführt: „An seinen besten Tagen ist Novak ein besserer Tennisspieler, als es die beiden anderen Großen zu ihren besten Zeiten waren. Wenn sein Kopf mitmacht, hat Novak genügend Waffen im Köcher und keinerlei Schwäche."

Djokovics Spiel ist außergewöhnlich intelligent. Jelena Jankovic, selbst einst die Nummer eins der Weltrangliste, erklärt: „Novaks Tennisverstand ist unfassbar. Er ist ein vollkommener Spieler und verfügt über alle notwendigen Instrumente. Und weil er so intelligent ist, kann er sich anpassen und jeweils die richtigen Mittel finden, um den Gegner zu besiegen. Manche Spieler haben vielleicht eine stärkere Vorhand als er oder einen härteren Aufschlag, aber Novak kann einfach alles. Er ist ein begnadeter Defensivspieler, weil er so flexibel, beweglich und schnell ist. Er bringt zahllose Bälle zurück. Aber er kann auch aggressiv spielen. Novak kann sich anpassen und spielt auf allen Belägen auf höchstem Niveau, was nicht einfach ist. Andere Spieler sind nicht auf jedem Untergrund gleich gut."

Todd Martin hält Djokovics Return für perfekt: „In technischer Hinsicht ist das Beste an seinem Spiel der Return. Ich habe nie jemanden mit einem besseren Return gesehen. Novak deckt einen größeren Bereich ab als die anderen. Er weiß durchaus, dass der Return beim ersten Aufschlag in erster Linie ein Verteidigungsschlag ist, doch oftmals neutralisiert er den Ball damit auch, wenn nicht mehr. Und Novak kann den zweiten Aufschlag attackieren. Er bringt den Ball ständig ins Spiel. Freie Punkte sind im Tennis ausgesprochen wertvoll, und er gibt dir so wenige davon."

Eines der außergewöhnlichsten und zugleich von vielen Betrachtern am wenigsten gewürdigten Elemente von Djokovics Spiel ist, dass er so gut wie immer perfekt zum Ball steht. In dem Bereich zeigen andere Spieler gelegentlich Schwächen. Sie fallen aus dem Schlag, sie verkrampfen, weil sie zu nah am Ball stehen, oder sie sind zu weit weg, sodass sie sich nach dem Ball strecken müssen. All das führt dazu, dass sie Kompromisse bei der Technik eingehen müssen. Das passiert Djokovic nie. „Novak macht unzählige kleine Schritte, durch die er exakt dort zu stehen kommt, wo er stehen muss", erklärt O'Shannessy. „Seine Positionierung auf dem Platz ist unglaublich gut, und dadurch trifft er den Ball so sauber. Was das anbelangt, kann ihm niemand das Wasser reichen."

Als einziger Schwachpunkt von Djokovics Spiel gilt gelegentlich sein Schmetterball, der sogenannte Djoko-Smash. Das räumt auch O'Shannessy ein: „Insgesamt betrachtet ist Novaks Schmetterball eine Schwäche. Da unterlaufen ihm manchmal haarsträubende Fehler. Verglichen mit dem Rest seines Spiels, das so sauber und technisch korrekt ist, fällt der Schmetterball auf, weil er schon mal danebengeht."

O'Shannessy zufolge bereitete der Schmetterball Djokovic in der Vergangenheit insbesondere dann Probleme, wenn er nur „aus Verlegenheit" ans Netz kam. Verfolgte er dagegen eine klare Strategie und rückte bewusst vor, schlug er den Smash in der Regel mit größerer Entschlossenheit und auch erfolgreicher. Als sich O'Shannessy zur Vorbereitung auf die Saison 2018 mit Djokovic in Los Angeles traf, berieten sie über eine

Strategie, die vorsah, dass Djokovic die Ballwechsel mit einem Schmetterball beenden würde. Djokovic fragte O'Shannessy: „Soll ich häufiger ans Netz gehen?" Worauf der Australier erwiderte: „Unbedingt. Im Allgemeinen gewinnst du am Netz knapp 70 Prozent der Punkte, an der Grundlinie zwischen 50 und 55 Prozent. Die Quote an der Grundlinie ist gut, aber die am Netz ist um ein Vielfaches höher."

Doch damit gab sich Djokovic nicht zufrieden: „Wie kann ich ans Netz vorrücken? Was ist die beste Möglichkeit?" O'Shannessy erläuterte ihm die verschiedenen Optionen: „Es gibt vier Möglichkeiten. Die beste ist der Annäherungsschlag mit der Vorhand auf die gegnerische Rückhand. Dann folgt, nicht ganz so gut, die Annäherung mit der Rückhand auf die Rückhand. Vorhand auf Vorhand heißt Stärke gegen Stärke, weniger gut. Und zuletzt, als schlechteste Möglichkeit, mit der Rückhand auf die Vorhand. Der Annäherungsschlag mit der Vorhand auf die gegnerische Rückhand muss deine erste Wahl sein, wenn du ans Netz vorrücken willst." Djokovic ließ das sacken, um sich gleich darauf zu erkundigen: „Wohin soll ich meinen ersten Volley spielen?" Für diesen Schlag, der in der Regel ungefähr etwa von der T-Linie aus erfolgt, empfahl O'Shannessy: „Den ersten Volley spielst du fast immer in den Rücken deines Gegners. So erwischst du ihn auf dem falschen Fuß, anders als wenn du in die offene Platzhälfte spielst, wo er eine Vorhand aus vollem Lauf schlagen kann. Wenn du ihm gegen die Laufrichtung spielst, wird als Nächstes so gut wie immer ein Lob folgen, sodass du einen Schmetterball bekommst."

Ermuntert von O'Shannessy, zeigte sich Djokovic entschlossen, häufiger ans Netz zu gehen, obwohl er den Punkt an jeder Stelle des Platzes für sich zu entscheiden vermag. Djokovic konnte die Zahlen deuten: Ein Tag, an dem er an der Grundlinie 50 Prozent der Punkte gewann, war ein guter Tag. Am Netz dagegen konnte er zwei von drei Ballwechseln für sich entscheiden. „Also rückte Novak oft ans Netz vor. Und tut dies bis heute."

Bei den US Open 2018 war Djokovic bereit für den Überkopfball und suchte geradezu nach Gelegenheiten für seinen Djoko-Smash. „Novaks Schmetterball war in diesem Turnier herausragend. Einfach spitze. Der Grund dafür war, dass der Schlag in einen Matchplan, eine Strategie eingebettet war, sodass Novak wusste, was er zu tun hatte", erläutert O'Shannessy. „Er griff mit der Vorhand auf die Rückhand seines Gegners an, spielte ihm den ersten Volley in den Rücken und war dann bereit für den Überkopfball, ja, wollte den Überkopfball sogar. Sein Schmetterball war unglaublich bei dem Turnier. Im Finale gegen Juan Martin del Potro verwandelte er den Matchball mit einem Smash." Nur wenige Monate nach seinem Abschied vom Tennissport hatte sich Djokovic erneut zum Grand-Slam-Champion gekrönt.

Durch den Erfolg bei den Australian Open 2019, bei denen Djokovic Nadal in einem einseitigen Finale keine Chance ließ, stand er bei drei Major-Titeln in Folge. Dadurch bot sich ihm die Chance, durch einen Sieg in Roland-Garros abermals den „unechten" Grand Slam, den „Nole Slam", zu vollenden. Allerdings unterlag er im Halbfinale Dominic Thiem. Der Sprung von zwölf auf fünfzehn Grand Slams war ein Riesenerfolg. War der vom Rücktritt zurückgetretene Djokovic möglicherweise auf dem Weg, zum größten Spieler der Geschichte zu werden, nachdem er 2018 kurzzeitig nicht einmal mehr den Gedanken an Tennis ertragen hatte?

„SEI FROH, WENN DU GEHASST WIRST“

Andere Tennisspieler müssen sich mit Kritikern oder Nörglern auseinandersetzen, Djokovic mit Hatern. Ihre Verachtung kann groteske Züge annehmen. Manche schimpfen ihn „Djoko-bitch“, andere noch Schlimmeres. Doch manchmal tröstet sich Djokovic damit, dass das möglicherweise überhaupt nicht schlimm ist. Denn wie sein verstorbener Freund und Mentor, der Basketballer Kobe Bryant von den Los Angeles Lakers, einmal sagte: „Sei froh, wenn du gehasst wirst. Niemand hasst die Guten. Gehasst werden nur die Größten.“

Bryant war Djokovics Seelenverwandter, ein genauso ehrgeiziger Athlet wie der Serbe. Er wurde gefeiert für seinen unbedingten Erfolgswillen, die von ihm selbst so genannte Mamba Mentality. Würde man ihn jemals mit einem Grizzly kämpfen sehen, so Bryant, sollte man für den Bären beten. Er liebte es, auch aus anderen das Beste herauszukitzeln. Djokovic hatte sich bei seinem Freund Rat geholt, wie er seine Gewinner-Mentalität beibehalten konnte. Er war tief erschüttert, als Bryant im Jahr 2020 bei einem Hubschrauberabsturz in Kalifornien ums Leben kam. „Novak kommt immer wieder auf Kobe zu sprechen. Das zwischen ihnen war nicht eine dieser typischen Mentor-Mentee-Beziehungen, in die man irgendwie hineinschlittert“, meinte Todd Martin. „Nach so etwas wie diesem Verhältnis muss man gezielt suchen. Von Novaks Seite erforderte das einen gewissen Ehrgeiz, aber auch eine gehörige Portion Demut.“

Wenn Djokovic sich schlecht fühlte und das Bedürfnis nach ein wenig Aufmunterung verspürte, rief er Bryant an, den schöpferischen Kopf hinter zwei Fantasy-Romanen im Tennismilieu. Er konnte sich stets darauf verlassen, dass Bryant Zeit für ihn hatte. Auch wenn der Basketballer nicht mit allen Feinheiten des Tennissports vertraut war, kannte er die emotionalen Herausforderungen des Daseins als Spitzensportler, und eben über diesen emotionalen Aspekt wollte sich Djokovic mit ihm austauschen. Manchmal konnte Bryant bei diesen Telefonaten unmittelbar mit Tipps und Aufmunterungen für Djokovic aufwarten. Bei anderen Gelegenheiten wiederum wollte er sich Djokovics Problem zunächst in Ruhe durch den Kopf gehen lassen und meldete sich dann nach einer gewissen Zeit mit wohldurchdachten Äußerungen. Den größten Nutzen hatte Bryants Rat für Djokovic, als dieser nach dem Gewinn von Roland-Garros 2016 von einer Ellbogenverletzung und anderen Problemen zwei Jahre lang aus der Bahn geworfen wurde und nach einem Weg zurück an die Spitze suchte. Man kann jedoch davon ausgehen, dass Djokovic und Bryant im Verlauf dieser Unterhaltungen auch über die Hater des Tennisspielers sprachen, um zu beraten, wie er mit dem Gift umgehen sollte, das in seine Richtung versprüht wurde.

Bryants zu Beginn des Kapitels zitierte Aussage dürfte bei Djokovic insbesondere deswegen auf fruchtbaren Boden gefallen sein, da er seit Beginn seiner Karriere mit dem Hass-Problem zu kämpfen hat. Wie sein ehemaliger Fitnesstrainer Gebhard Gritsch feststellt: „Novak bekam schon sehr früh zu spüren, dass er nicht Everybody's Darling war."

Die Hater lauern im Internet, wo sie sich anonym lustig machen und ihre Opfer aufs Korn nehmen können. Doch sie treiben auch in der realen Welt ihr Unwesen. Ob in Melbourne, Paris, London oder New York: Während Djokovic um Grand-Slam-Titel kämpft, muss er sich gleichzeitig gegen die beiläufigen Herabsetzungen und gezielten Giftpfeile des Tennis-Mobs zur Wehr setzen. Sich dem Hass im Internet zu entziehen, ist nicht schwer: Man muss nur die Social-Media-Apps vom Mobiltelefon löschen. Doch das Publikum eines Grand-Slam-Turniers kann man nicht einfach auf lautlos stellen. Selbst im besten Fall kann der Centre Court bei einem Major-Turnier ein einsamer Ort sein, wo man sich wie auf dem Präsentierteller fühlt und jeder einem in die Seele schauen kann. Doch nun stelle man sich vor, dass man es, wie Djokovic unzählige Male, nicht nur mit seinem Gegner auf dem Platz zu tun bekommt, sondern auch noch mit etlichen Tausend Zuschauern. Manchmal schlagen nur einige wenige über die Stränge, aber bei verschiedenen Matches schien ihm das gesamte Stadion feindlich gesinnt. Wieder und wieder hatte Djokovic in seiner Karriere das Publikum gegen sich.

Es drängt sich die Frage auf, wie viele Grand-Slam-Titel Djokovic eigentlich gewinnen muss, bevor ein größerer Teil des Publikums ihn zu lieben lernt und die Hater verstummen. Doch womöglich geht man das Problem damit von der falschen Seite an, und es sind gerade sein anhaltender Erfolg und die beispiellose Zahl von Major-Titeln, die gewisse Teile des Publikums gegen ihn aufbringen. Bryant hatte recht: Wäre Djokovic nicht durch den Gewinn von (aktuell) zwei Dutzend Major-Titeln zu einem der größten Spieler der Tennisgeschichte geworden, sondern hätte kein einziges Grand-Slam-Turnier gewonnen, würde ihn niemand derart inbrünstig hassen. Während der Djoker-Ära war Djokovic augenscheinlich nicht zum Objekt derartiger Feindseligkeit geworden. In jener Zeit spielte er weniger beständig und wirkte irgendwie unbeschwerter, aber er war damals auch weniger erfolgreich, sodass er keine ernsthafte Gefahr für die Weltranglistenordnung mit Roger Federer und Rafael Nadal an der Spitze darstellte. Selbst als er über Jahre die Nummer drei der Welt war, hätte er genauso gut an Position 23 stehen können, gemessen an der Aufmerksamkeit, die ihm im Vergleich zu Federer und Nadal zuteilwurde. Erst als er immer mehr Grand-Slam-Titel anzuhäufen begann, setzte ein Wandel im Verhalten vieler Fans ein. Inzwischen dürfte er diese Fraktion noch mehr gegen sich aufbringen, denn wie eine einflussreiche Figur des serbischen Tennis sagt: „Novak ist jetzt unbestritten der GOAT, und das dürfte einigen Leuten gar nicht recht sein."

Was auch immer Djokovic tut, wie viele Grand Slams auch immer er noch gewinnt: Er wird niemals dieselbe universelle Zuneigung erfahren wie Federer und Nadal. „Novak bricht sämtliche Rekorde, dennoch kritisieren die Menschen ihn und feiern Federer oder Nadal", wundert sich Jelena Jankovic. „Egal, was Novak tut, er muss immer noch mehr tun, um akzeptiert und gewürdigt zu werden. Ich habe keine Ahnung, ob der Grund dafür ist, dass er aus einem kleinen Land kommt. Ganz egal, wie viele Erfolge Novak erringt oder was er macht, bis heute erfährt er nicht die Wertschätzung, die er verdient hätte. Er ist der größte Tennisspieler aller Zeiten. Ich kann ihm nur gratulieren zu seiner Leistung. Und er hätte mehr verdient."

Goran Ivanisevic glaubt, dass das Verhalten der Zuschauer dem Sportler gegenüber nicht unbedingt mit ihm als Person zu tun hat. Wenn Djokovic, wie so oft, kurzen Prozess mit einem Gegner mache, würden die Zuschauer, die viel Geld für ihr Ticket bezahlt hätten, den anderen Spieler oftmals lautstark anfeuern, weil sie hofften, dass sich das Match noch ein wenig länger hinziehen würde und sie mehr Tennis zu sehen bekämen. An dieser Einschätzung mag etwas dran sein, doch wann musste Federer je etwas Ähnliches erleben, wenn er seinen Gegner wieder einmal vom Platz fegte?

Von außen mag das nicht unbedingt zu erkennen sein, doch im Tennis gibt es teilweise eine starke Identifizierung mit einzelnen „Stämmen", insbesondere online. Über viele Jahre hinweg war es für die „Fed-Heads" – Federers Anhänger – und die „Rafa-Holics" – Nadals Anhänger – normal, dass ihre Lieblinge den Sport beherrschten. So war die Welt eben. Als dann Djokovic die Bühne betrat, angetrieben von seiner „Nole Fam", nahmen manche das als Affront wahr. Laut Djokovics Ex-Coach Boris Becker sahen zahlreiche Mitglieder der Tennisfamilie den Serben lange Zeit als einen Spielverderber an. Sie dachten – und sagten –, dass im Tennis alles in bester Ordnung gewesen sei, bis Djokovic auftauchte und die Großen Drei des Sports begründete. Djokovic musste daran denken, dass es bei den großen Rivalitäten des Sports ebenso wie bei den unvergesslichen Liebesgeschichten der Literatur immer nur um zwei Personen ging, nie um drei. Aber das war ihm egal. Er bescherte dem Tennis ein Trio. Am schlimmsten fanden manche, dass Djokovic freimütig erklärte, Federer und Nadal übertrumpfen zu wollen. Ihm war klar, dass er damit polarisierte und manche vielleicht die Offenheit bewunderten, mit der er seine Ziele benannte, die Mehrheit jedoch dachte: Schau dir nur diesen arroganten Typen an!

Wie die Zeitschrift *New Yorker* feststellte, wird Djokovic stets der „ewige Störenfried“ bleiben. Was auch immer er noch erreicht: Manche werden in ihm bis in alle Ewigkeit nur denjenigen sehen, der die „Fedal“-Party sprengte. Schon das war für die Fans von Federer und Nadal kaum zu ertragen. Noch problematischer wurde es allerdings, als Djokovic durch seine fortgesetzten Spitzenleistungen die Großen Drei auf den Großen Einen schrumpfen ließ – und sich der dritte Mann des Tennis nicht nur zum alleinigen Herrscher seines Sports aufschwang, sondern zu allem Überfluss schließlich auch noch zum GOAT wurde.

Trotz all der Grand Slams, die Djokovic gewonnen hat, und der etlichen Hundert Wochen, die er an der Spitze der Weltrangliste verbracht hat, bekommt man manchmal den Eindruck, dass er für manche einfach niemals wirklich dazugehören wird. Man denke etwa an die nächtlichen Luftangriffe, vor denen er Zuflucht im Luftschutzbunker suchen musste. Doch dürfte sich das Mitgefühl vieler im Westen aufgrund des geschichtlichen

Kontexts und der Gründe der Nato für die Bombardierung von Belgrad in Grenzen halten. Einen ersten Eindruck von dieser Problematik bekam Djokovic bereits, als er noch als Teenager zu seinen ersten internationalen Turnieren reiste, während Serbien international isoliert dastand. Nicht selten spürte er ein gewisses Unbehagen bei den Menschen, wenn sie erfuhren, woher er kam. „Novak begriff schon als Junge, dass ihm wegen seines kulturellen Hintergrunds und zahlreicher anderer Dinge niemals die Sympathien zufliegen würden", bemerkte Gritsch. „Tennis ist ein Sport, in dem die westliche Kultur und die westlichen Medien dominieren, und Novak kommt aus dem ehemaligen Ostblock. Für die ältere Generation der Tennisfans im Westen spielt das nach wie vor eine Rolle. Wäre Novak etwa in Deutschland oder der Schweiz aufgewachsen, wäre die Situation eine ganz andere gewesen."

Einer von Djokovics ehemaligen Trainern, Bogdan Obradovic, saß eine Zeit lang als Abgeordneter im serbischen Parlament und hat daher einen besonderen Blick auf den Einfluss von Djokovics Nationalität auf sein Bild in der Öffentlichkeit. „Novak stellt ein Problem dar für diese West-gegen-Ost-Geschichte. Für mich ist das eine der größten Dummheiten auf der Welt, dass sich deswegen Menschen hassen. Neben seinem Namen wird die serbische Flagge eingeblendet, aber auf dem Court betreibt er keine Propaganda für unser Land. Auf dem Platz geht es nicht um Serbien, sondern um Novak Djokovic. Er spielt für seinen Sport, und er leistet Großes fürs Tennis. Die Leute kommen ins Stadion, um Tennis zu erleben, nicht Propaganda für ein Land. Wenn man ins Kino geht, um einen guten Film zu sehen, spielt es keine Rolle, woher die Schauspieler oder der Regisseur kommen. So ist es auch mit Novak", sagte Obradovic. „Ich verstehe nicht, warum die Menschen ihn nicht einfach bewundern und sagen: ‚Novak, wir unterstützen dich, was du leistest, ist fantastisch.' Die Menschen erkennen das einfach nicht, weil die Medien so negativ über ihn berichten."

Um sich selbst zu schützen, liest Djokovic keine Artikel über sich, weder positive noch negative (obwohl er der Berichterstattung nicht vollständig aus dem Weg gehen kann, da er in den sozialen Medien aktiv ist, in denen ständig Schlagzeilen und Ausschnitte gepostet werden). „Als Sportler hat man ein genau definiertes Bild von sich selbst. Zu lesen, was andere über dich schreiben, ist nicht gut fürs geistige Gleichgewicht", erklärt Gritsch. „Es kann dich aufregen. Oder es reizt dich, auf den Inhalt eines Artikels zu reagieren. All das ist unnötig. Es raubt dir Energie. Am besten beachtest du es einfach nicht. Aber genauso gut kann es zum Problem werden, wenn das, was die Leute über dich schreiben und sagen, zu positiv ist. Sich von den Medien fernzuhalten, hilft einem, sein inneres Gleichgewicht zu bewahren."

Traditionell dominieren das Spitzentennis bei den Männern US-Amerikaner und Westeuropäer. Niki Pilic vermutet, dass manche Fans Djokovic nicht leiden können, weil sie in ihm einen aufmüpfigen Osteuropäer sehen. „In unserem Sport spielt Politik eine große Rolle. Die Menschen sind gegen Novak, weil er aus einem kleinen Land stammt. Er kommt nicht aus Amerika. Oder Großbritannien. Oder Frankreich. Oder Deutschland. Oder Italien. Er kommt von nirgendwo, und er ist der Beste aller Zeiten. Das gefällt manchen nicht, etwa den westlichen Mainstreammedien. Das ist die Wahrheit, aber wer will überhaupt die Wahrheit hören? Wenn jemand Roger Federer lieber mag, dann ist das in Ordnung, aber ich bin gegen Extreme. Wenn neunzig Prozent im Publikum gegen Novak sind, ist das auch in Ordnung. Aber wenn die Leute bei einem Doppelfehler von ihm applaudieren oder johlen, dann ist das einfach nur schwach", sagte Pilic.

„Ich verlange nicht, dass Novak genauso beliebt ist wie Federer und Nadal. Aber er erhält nicht ein Viertel der Anerkennung, die er verdient hätte. Novak muss sehr viel härter um Aufmerksamkeit kämpfen als alle anderen. Er hat viele Facetten. Manche Menschen lieben ihn, andere hassen ihn. Er besitzt Charakter, er hat Charisma und einen guten Sinn für Humor. Wenn jemand ihn nicht mag, ist das sein Problem."

Womöglich würde es diesen Fans, die gegen einen Spieler aus einem kleinen osteuropäischen Land an der Spitze des Tennissports sind, nichts ausmachen, wenn Djokovic ein paar Grand Slams geholt hätte. Aber dass er derart viele Major-Titel gewonnen hat und zum unbestreitbar größten Spieler aller Zeiten wurde? Das können sie schlichtweg nicht ertragen. Djokovic bekam dreimal ein Angebot von Nike, und dreimal lehnte er ab. Wäre Djokovic heute populärer, wenn er das US-Unternehmen im Rücken gehabt hätte und an der Seite von Federer und Nadal in den Vereinigten Staaten und anderen Ländern vermarktet worden wäre? Würden die westlichen Fans Djokovics Größe heute eher akzeptieren, wenn er den Nike-Swoosh zur Schau getragen hätte? Was wäre geschehen, wenn Djokovic sich Mitte der 2000er-Jahre für die britischen Avancen empfänglich gezeigt, seinen serbischen Pass gegen den britischen eingetauscht und die finanzielle Unterstützung durch die Lawn Tennis Association angenommen hätte? Würde das Tennis-Establishment heute anders über ihn reden, wenn ihm all seine Grand-Slam-Triumphe als britischem Staatsbürger gelungen wären?

Aus einer kleinen Tennisnation zu kommen, ist in doppelter Hinsicht schwer. Zunächst einmal ist es schwieriger, es überhaupt an die Spitze zu schaffen. Doch selbst wenn einem das gelingt, bekommt man nichts geschenkt. Djokovic konnte Nike absagen, weil er genügend andere Angebote hatte, dennoch ist er zweifellos kommerziell weniger erfolgreich als Federer und Nadal. Er hat mehr Preisgeld gewonnen als irgendein anderer Spieler der

Geschichte, aber auf seinem Niveau stammt ein Großteil der Einnahmen aus anderen Quellen, beispielsweise aus Ausrüsterverträgen. Als Serbe hatte er etwa gegenüber einem US-Amerikaner oder einem Westeuropäer erhebliche Nachteile.

Mit alldem soll nicht gesagt werden, dass Djokovic in seinem Tennisleben auf jegliche Liebe verzichten musste. Ganz im Gegenteil. Djokovic hat in seiner Karriere nur selten in Serbien gespielt, da es dort kaum hochklassige Turniere gab und gibt, auch wenn seine Familie einige Jahre ein inzwischen eingestelltes ATP-Turnier in Belgrad organisierte. Dennoch ist er im Land derart populär und hat solch hohe Beliebtheitsraten, dass ihm Chancen auf das Präsidentenamt eingeräumt werden, sollte er sich je dafür entscheiden, in die Politik zu gehen. In Serbien wird ihm eine Liebe entgegengebracht, mit der etwa die Liebe der Schweizer für Federer oder der Spanier für Nadal nicht mithalten kann. So pflegen die Schweizer, ihrem Wesen gemäß, eher eine leicht distanzierte Zuneigung zu Federer. Die Serben sind weit leidenschaftlicher und offenherziger. In Belgrad begegnet man Djokovic an jeder Ecke: auf Plakatwänden oder Zeitschriftencovern ebenso wie auf den „GOAT"-T-Shirts an den Verkaufsständen der wichtigsten Einkaufsstraße. Menschen, die Djokovic schon immer verehrt haben, lieben ihn wegen der Hater nur noch mehr. Nicht nur auf dem Balkan, sondern weltweit verfügt Djokovic über eine loyale, vitale Online-Gefolgschaft. Seine Super-Fans bezeichnen sich als „Nole Fam" (und zelebrieren ihre Unterstützung für ihn am 25. April, dem sogenannten Nole Fam Day, da er an diesem Tag erstmals den Begriff „Nole Fam" in den sozialen Medien verwendete).

Ein serbischer Profi, der sich auf der Tour regelmäßig mit Djokovic austauscht, hält Vergleiche mit Federer und Nadal, insbesondere mit Federer, für irreführend und unfair. Wenn man Djokovic mit den beliebtesten Spielern aller Zeiten vergleiche, müsse man selbstverständlich den Eindruck gewinnen, Djokovic werde nicht geliebt und sei verhältnismäßig unpopulär. Doch Djokovics Beliebtheit bei den Fans werde allzu häufig ausschließlich aus westlicher Sicht betrachtet. Federer und Nadal seien zwar im Westen populärer, aber das ist nicht die gesamte Welt. Djokovic selbst vermutet, dass seine Beliebtheit womöglich höher liegt, als die angelsächsisch dominierten Medien eingestehen wollten, etwa in Ländern wie Italien, da er Italienisch spricht und Fan des italienischen Fußballteams AC Mailand ist. Er spürt überall auf der Welt Respekt, für ihn ein bedeutender Aspekt der Liebe als „höchste Energie".

Von Personen aus Djokovics Umfeld hört man immer wieder, wie ermüdend die Behauptung sei, er werde nirgendwo in der Tenniswelt geliebt. In Südamerika ebenso wie in Asien – und somit in wichtigen Tennismärkten wie etwa China, Indien und Japan – steht Djokovic in Wirklichkeit auf einer Stufe mit Federer und Nadal. Gritsch führt Djokovics Popularität in Asien darauf zurück, dass er nicht einfach noch ein westeuropäischer Champion ist. Man schätze ihn gerade wegen seiner anderen Herkunft und weil er nicht wie Federer und Nadal aus der oberen Mittelschicht komme: „Sie sehen Novak und denken: Das ist einer von uns."

Der mit Djokovic befreundete deutsch-serbische Tennistrainer Sascha Bajin, der mit Serena Williams und Naomi Osaka zusammenarbeitete, erklärte einmal, ein Teil der Djokovic-Anhängerschaft würde zu „extremer" Verehrung neigen. „Nur wenige andere Tennisfans sind so fanatisch wie manche von Novaks Anhängern", sagte Bajin. „Anscheinend liebt man ihn, oder man hasst ihn, und zwar beides, weil er sich niemals verbiegen würde. Genau dafür liebe und respektiere auch ich ihn über alle Maßen."

Im Lauf der Zeit haben manche ihre Meinung zu Djokovic revidiert und betrachten ihn inzwischen ein wenig milder. Nach Federers Rücktritt 2022 und da Nadal beinahe die gesamte Saison 2023 verletzungsbedingt aussetzen musste, war

Djokovic als einziger der Großen Drei noch regelmäßig auf der Weltbühne zu sehen und musste nicht mit den Fan-Lieblingen um die Gunst des Publikums buhlen. Der eine oder andere war vielleicht auch schlicht fasziniert von der Geschichte des Mannes, der einfach immer weiter gewann, und entdeckte schließlich sein Herz für ihn. Auch Tränen können sich auf die Haltung des Publikums zu einem Spieler auswirken, und Djokovics Gefühlsausbruch nach dem Wimbledonfinale 2023, als er beim Anblick seines Sohnes Stefan in der Spielerbox weinte, dürfte die Meinung einiger Zuschauer über ihn geändert haben. (Als Stefan einen Schulaufsatz mit dem Titel „Mein Held" schreiben sollte, wählte er seinen Vater.)

Seine Freunde sehen in Djokovic einen herzensguten und großzügigen Menschen. Sein Ex-Trainer Goran Ivanisevic nannte ihn einmal den „Robin Hood des Tennis", weil er die Spieler aus den hinteren Ranglistenregionen bei ihrer Forderung nach einer anderen Aufteilung der Preisgelder aktiv unterstützt und sogar an der Gründung der Professional Tennis Players Association mitwirkte, die sich diesem Kampf verschrieben hat. Die meisten denken, dass Tennisspieler nur die eigenen Interessen im Blick hätten. Djokovic jedoch vernachlässigte seine eigenen Interessen, indem er die Verantwortlichen drängte, dass die Preisgelderhöhungen bei den Grand Slams insbesondere den Spielern zugutekommen sollten, die in den ersten Runden ausscheiden oder noch weiter unten in der Nahrungskette stehen und nicht einmal die Qualifikation überstehen. Djokovic hat mehr Geld als genug, dennoch ist er sich der Sorgen und Nöte all jener bewusst, die sich keinen Trainer leisten oder nicht das Geld für die Reisen zu den Turnieren aufbringen können und früher oder später aus dem Sport herausrutschen, nicht etwa, weil es ihnen an Talent mangelt, sondern weil sie schlicht nicht über die nötigen finanziellen Mittel verfügen.

Mehrere Jahre lang unterstützte Djokovic aus eigener Tasche den serbischen Nachwuchsspieler Hamad Medjedovic, der 2023 die ATP Next Gen Finals gewann, das Jahresabschlussturnier der besten Spieler unter 21 Jahren. Für eine Nummer eins, die derart viele Grand-Slam-Trophäen gewonnen und damit zugleich den anderen Spielern zahlreiche Chancen auf eigene Titel genommen hat, ist Djokovic in der Umkleidekabine ausgesprochen beliebt. „Wahrscheinlich bin ich nicht objektiv, da wir seit vielen Jahren befreundet sind und die serbischen Spieler ein enges Verhältnis zueinander pflegen, aber Novak ist einfach ein netter Kerl", sagt Dusan Lajovic, ein Landsmann von Djokovic, der auf der Tour viel Zeit mit ihm verbringt. „Er ist sehr großzügig zu anderen Spielern. Die Jungen, die noch neu auf der Tour sind, heißt er immer herzlich willkommen. Er lädt sie ein, mit ihm zu trainieren, und gibt ihnen Ratschläge. Es ist hart, wenn man als junger Kerl auf die Tour kommt und niemanden kennt und alles neu ist. Aber dann kommt Novak und sagt: ‚Hey, schön dass du da bist.' Ich glaube, das hilft den Nachwuchsspielern enorm, wenn jemand wie Novak so offen ist. Das ist eines von den Dingen, die nie jemand im Fernsehen zu sehen bekommt."

Holger Rune, ein aufstrebender junger Däne, berichtet davon, wie zuvorkommend Djokovic die nachfolgende Generation behandelt und dass er mehr für sie tut als Federer oder Nadal, die gemeinhin als „die Guten" des Tennis gelten. Andere Spieler erzählen Geschichten, die einiges über Djokovics Charakter aussagen. So meinte etwa Daniil Medwedew, dass Djokovic ihn einst, als er noch die Nummer 400 in der Welt war, genauso behandelte wie heute als Spitzenspieler. Laut Jannik Sinner gab ihm Djokovic Tipps, wie er sein Spiel verbessern könne, als er gerade die ersten Schritte auf der Tour machte. Und der frühere ukrainische Tennisspieler Serhij Stachowskyj, der sich nach dem russischen Überfall auf sein Heimatland der ukrainischen Armee anschloss, zeigte sich bewegt von Djokovics öffentlicher Unterstützung, da er nur zu gut wusste, was für furchtbare Zeiten Djokovic selbst in seiner Kindheit erlebt hatte.

Ein Zitat des britischen Premierministers Winston Churchill entspricht Djokovic aufs Haar: „Unseren Lebensunterhalt beziehen wir aus dem, was wir bekommen – unseren Lebensinhalt aus dem, was wir geben." Das Erringen unzähliger Tennistrophäen erlaubte ihm, für sich eine Plattform zu schaffen, um sich dem zu widmen, was er als seine übrigen Aufgaben im Leben betrachtet. Abseits der Tennisblase konzentriert er sich mit seiner Novak Djokovic Foundation auf die Vorschulbildung, um jedem Kind in Serbien Zugang zu frühkindlicher Förderung zu ermöglichen. Doch darüber hinaus gibt Djokovic den Kindern und Jugendlichen in Serbien noch etwas anderes: Hoffnung und Inspiration, dass auch sie etwas aus ihrem Leben machen können, wenn sie an sich selbst und ihre Träume glauben. Doch Geld hilft immer, und Djokovic zeigte sich immer wieder spendabel, etwa als er während der Pandemie die Mittel zur Anschaffung von Ventilatoren bereitstellte.

„Novak ist wie ein Märchenprinz", findet sein Ex-Trainer Bogdan Obradovic. „Er ist sehr großzügig. Er hat eine stabile Persönlichkeit. Der Ruhm und der Reichtum haben ihn nicht verändert. Er ist derselbe geblieben. Er unterstützt die Menschen in seiner Umgebung [...]. Am liebsten würde er jedem helfen. Deswegen mögen und respektieren ihn die Menschen. Was auch immer wir als Nation für Novak tun, er gibt es zurück, seinem Land. Das ist einfach nur erstaunlich. Ich kenne nicht viele Sportler, die so viel für ihre Heimat und die Menschen dort tun wie Novak für Serbien und sein Volk."

Manche finden, Djokovic werde für all das Gute und Noble, das er tut, nicht angemessen gewürdigt. Laut seinen Fans wird jeder kleinste Fehler und noch das geringste Fehlverhalten des Spielers aufgebläht, während seine Wohltätigkeit und Freigiebigkeit oftmals übergangen werden, weil sie nicht dem allgemeinen Djokovic-Bild der Medien und anderer Interessierter entsprechen. „Niemand redet oder schreibt über Novaks

Großzügigkeit, seine humanitäre Seite", kritisiert Chris Evert. „Dabei hat er Millionen Dollar für seine Heimat gesammelt und aus seinem eigenen Vermögen gespendet. Genauso großzügig ist sein Engagement für eine Spielerorganisation, die sich dafür einsetzt, dass die Spieler mit schlechterem Ranking mehr Preisgeld erhalten. Er opfert dafür Zeit, die er sonst für sein Training oder seine Familie einsetzen würde. Niemand spricht davon, was er hinter der Bühne leistet."

*

Der Tennissport hatte selbstverständlich schon immer seine Schurken. Die 1980er-Jahre waren eine wilde Zeit auf der Tour. Das Publikum liebte es, John McEnroe zum Erzbösewicht zu stilisieren. Aber auch Jimmy Connors galt als Bedrohung von Anstand und Moral. Dem Chilenen Marcelo Rios, der es in den 1990er-Jahren kurzzeitig auf Platz eins der Weltrangliste schaffte, widmete die Zeitschrift *Sports Illustrated* sogar einmal ein Porträt mit dem Titel „The Most Hated Man in Tennis". Im Gegensatz zu diesen drei hadert Djokovic jedoch mit seinem Image. Connors gewann acht Grand-Slam-Titel, McEnroe sieben und Rios nicht einen einzigen; keiner der drei reicht also auch nur im Entferntesten an Djokovic heran, den größten Spieler aller Zeiten. Doch die beiden verfeindeten US-Amerikaner schienen den Gegenwind, der ihnen entgegenwehte, im Grunde zu genießen. So bemühte sich McEnroe nach Kräften, seinem Image als „Superbrat", als frecher Bengel, gerecht zu werden, und Connors nannte seine Autobiografie *The Outsider*. Djokovic hingegen ist mit seinem Bild in der Öffentlichkeit alles andere als glücklich.

Auch wenn Bryants Feststellung, nur die Größten würden gehasst, Djokovic offensichtlich in seinem Weg bestärkte, scheint ihm die Ablehnung durch manche Menschen bis heute nicht gänzlich gleichgültig zu sein. Hass ist für ihn ein „abscheuliches Gefühl", und wenn ihn jemand hasst, sagt das seiner Überzeugung nach mehr über den anderen aus als über ihn. Keine Frage, die Hater bestätigen Djokovics Größe, zudem ist Tennis kein Beliebtheitswettbewerb. Wahre Größe zeigt sich in der Anzahl der gewonnenen Grand-Slam-Titel und in anderen Statistiken wie etwa den Wochen an der Weltranglistenspitze, nicht daran, wie viele Fans beim Anblick eines Spielers Hitzewallungen kriegen, kreischen oder ohnmächtig werden. Dennoch würde Djokovic gern mehr Zuneigung vom Publikum erhalten – und wer kann es ihm verdenken? Nur ein bisschen mehr von dem, was Federer auf Schritt und Tritt begegnet.

Sosehr ihn seine Anhänger bewundern und lieben: Die Haltung der übrigen Tennisfans macht ihm zweifellos zu schaffen. Auch wenn er gelassener geworden ist, fragt sich Djokovic doch gelegentlich, womit er die Tenniswelt eigentlich derart gegen sich aufgebracht hat. Ihm ist nicht immer klar, warum ihn ein bestimmtes Publikum feindselig empfängt und in ihm eine Art Erzbösewicht zu sehen scheint. Manche würden hier vielleicht einfach von seiner „Schurken-Rolle" sprechen oder ihn sogar als eine Art „komischen Schurken" bezeichnen. Aber damit tut man ihm Unrecht. Es ist einfach nicht lustig, wenn ihm in einem Moment, in dem er Geschichte schreibt, im Stadion Feindseligkeit entgegenschlägt und er bei Doppelfehlern und verschlagenen Bällen Buhrufe und Pfiffe oder Johlen und Applaus ertragen muss.

„Tennisspieler sind emotional und sensibel, daher dürfte es Novak auch verletzt haben, wenn er großartig spielte und ein Großteil des Publikums trotzdem gegen ihn war", sagt Chris Evert. „Er ist ziemlich ehrlich und würde dies vermutlich nicht abstreiten. Novak muss den Eindruck haben, als könnten Roger und Rafa nichts falsch machen, wohingegen er ständig kritisiert wird."

Wenn Djokovic über Tennis spricht, klingt es nicht wirklich nach dem Einzelsport, für den es gemeinhin gehalten wird. Hat ein Spieler die Menge auf seiner Seite, verleiht ihm das zusätzliche Energie, Kraft und Motivation und erzeugt ein Umfeld, in dem ihm die Arbeit leichter fällt. Ohne den Ansporn und den Jubel der Zuschauer dagegen ist er vollkommen auf sich gestellt. Auch wenn Djokovic sich mit seinem, wie er selbst sagt, „Schicksal" abgefunden hat, dass das Publikum meistens gegen ihn ist, gibt es selbstverständlich immer wieder Momente, in denen es ihm stärker zu schaffen macht und er mit dem Verhalten der Zuschauer hadert. Doch nicht nur ihm setzt es zu, wenn das Publikum bei einem Doppelfehler applaudiert, sondern auch seiner Familie und seinen Freunden. Die schlechten Schwingungen, die Djokovic auf dem Court umgeben, brechen seiner Frau Jelena das Herz. Djokovics Äußerung, er habe große Teile seiner Karriere in „feindlicher Umgebung" zugebracht, lässt eher an einen Soldaten eines Sonderkommandos beim Einsatz hinter der Front denken als an einen Tennisspieler auf dem Centre Court.

Über Federer wurde gesagt, dass er überall ein Heimspiel hatte. Als Tennisspieler reist man rund um den Globus und spielt jede Woche in einer anderen Stadt, nicht selten sogar in einem anderen Land. Doch egal, wo Federer antrat, man hatte das Gefühl, er würde bei sich zu Hause in Basel spielen. Selbst wenn sein Gegner vor seinem Heimpublikum antreten durfte, etwa Andy Murray in Wimbledon, schien der Schweizer den Großteil der Zuschauer auf seiner Seite zu haben. Zu Djokovics Leidwesen ist bei ihm die Zuneigung in den meisten Fällen genau andersherum verteilt. Bei seinen Matches hat man in der Regel den Eindruck, es handele sich um ein Auswärtsspiel, bei dem die Zuschauer hinter seinem Gegner stehen. Während manche Sportler Meister der Verdrängung sind, gestand Djokovic sich selbst, aber auch öffentlich ein, dass er es bei mindestens 90 Prozent seiner Matches nicht nur mit seinem Gegner, sondern auch mit dem Publikum aufnehmen musste – am ausgeprägtesten, wenn der Mann auf der anderen Seite des Netzes Federer hieß.

Um mit der oftmals lautstark vorgetragenen Liebe der Zuschauer zu dem Schweizer zurechtzukommen, legte sich Djokovic eine spezielle Taktik zurecht. Sobald das Publikum „Roger"- Sprechchöre anstimmte, gaukelte er sich vor, sie würden „Novak" rufen. Djokovic war bewusst, dass das merkwürdig oder verrückt klingen mochte, doch wenn er einsam und verlassen auf dem Platz stand, wirkte das als psychische Stütze für ihn. Eine Stimme in seinem Kopf sprach ihm Mut zu: „Hör gut zu: Ich werde nicht zulassen, dass du dich davon fertigmachen lässt, denn möglicherweise verlierst du dann das Match. Du wirst dich elend fühlen, wütend und aufgeregt sein. Dann helfe ich dir, damit es dir besser geht." Djokovic wiederholte sich die positive Botschaft – dass die Zuschauer ihn anfeuern würden – insgeheim so lange, bis er sie nicht nur tatsächlich hören konnte, sondern sie sogar spürte. Erst dann war er überzeugt, mental ausreichend gewappnet zu sein, um sich der Situation aussetzen zu können. Er veränderte die Frequenz seiner Gehirnströme, um einen anderen Namen wahrzunehmen.

Die Psychologin Daria Abramowicz findet diese Geschichte höchst aufschlussreich in Hinblick darauf, was Djokovic auf dem Platz antreibt, nämlich dass „er von den Fans unbedingt gemocht, ja sogar geliebt werden möchte. Offenbar möchte Djokovic als öffentliche Person verehrt werden."

Von allen Spitzenspielern der jüngeren Vergangenheit hat Djokovic am verbissensten um die Gunst der Zuschauer gekämpft (während sie anderen einfach zuflog). Der ehemalige Roland-Garros-Champion Yannick Noah bemerkte einmal, Djokovic versuche ständig, „zu verführen – es wirkt fast schon künstlich. Er ist ein Kind, das nach Aufmerksamkeit giert. Manchmal übertreibt er, trotzdem bin ich hundertprozentig davon überzeugt, dass er ein anständiger Kerl ist." In der Tat neigt Djokovic gelegentlich zur Übertreibung, etwa wenn er seine Siege mit einer rituellen „Beschwörung der Himmelsenergie“ feiert und diese Liebe anschließend mit dem Publikum teilt. Damit trifft er beileibe nicht jeden Geschmack; manche finden es schlicht überkandidelt. Als Nick Kyrgios sich noch in seiner Phase des Djokovic-Bashings befand, bezeichnete er diese Zeremonie als peinlich und erklärte, der Serbe sei „krankhaft besessen von dem Wunsch, gemocht zu werden“. Wegen mancher Aktionen Djokovics während der Pandemie (auf die wir noch ausführlich zu sprechen kommen) beschimpfte der Australier ihn sogar als „Schwanz“. Doch als sie sich 2022 im Wimbledon-Finale gegenüberstanden, pflegten sie bereits beinahe so etwas wie eine „Bromance“, ein Indiz dafür, wie Djokovic es immer wieder schafft, die Menschen für sich einzunehmen. Während der Australian Open 2024 dann warf Djokovic dem in einer Kommentatorenkabine direkt am Platz hockenden Kyrgios Kusshände zu. Gelegentlich schien Kyrgios sogar die Menge zu größerer Lautstärke anzustacheln, wenn sie nach seinem Empfinden Djokovic im Anschluss an einen unfassbaren Winner oder einen langen, atemberaubenden Ballwechsel nicht gebührend zujubelte.

Djokovic kann seinen Charme in zahlreichen Sprachen spielen lassen. Er spricht fließend Serbisch, Englisch, Italienisch und Französisch und kann sich auf Deutsch, Spanisch und Mandarin verständlich machen. Im On-Court-Interview nach einem Match sagt er oft das Richtige. Insbesondere nach einer Niederlage findet er bei aller Enttäuschung selbst in seiner Zweit-, Dritt- oder Viertsprache meist angemessene Worte. Doch zu Djokovics Unglück folgt die PR anderen Regeln als Training, Ernährung oder Stretching, sodass seine Bemühungen nicht immer belohnt werden. Oder wie Boris Becker feststellte: „Du kannst die Leute nicht dazu zwingen, dich zu mögen.“

Auf dem Centre Court in Wimbledon, normalerweise ein sympathischer Ort, herrscht bei Spielen von Djokovic nicht unbedingt eine freundliche Atmosphäre. Vermeintlich ist das Publikum in keiner anderen Sportarena derart wohlerzogen und kultiviert wie hier (zumindest nach eigenem Dafürhalten). Buhrufe sind selten. Doch selbst in diesem Stadion, das als eine Art Heiliger Gral des Tennis gilt und in dem die Zuschauer ohne zu murren der Aufforderung „quiet please“ des Schiedsrichters folgen, hat Djokovic einige grauenvolle, quälende Tage erlebt. Zehn Jahre lang verlor er kein einziges Match auf dem Centre Court, die gesamte Zeit zwischen seiner Niederlage im Finale gegen Andy Murray 2013 und jener gegen Carlos Alcaraz 2023. Doch Dominanz erzeugt nicht unbedingt Zuneigung. Djokovic und ein Teil des Centre-Court-Publikums kommen einfach nicht miteinander zurecht. Glaubt man einigen Djokovic-Vertrauten, bekommt er mehr Sympathien, wenn er sich abseits des Centre Court über das Turniergelände bewegt, etwa auf dem Weg zum oder vom Training auf einem der Nebenplätze. Das legt nahe, dass die Inhaber von Tickets für die größeren Courts und Matches, also vermutlich die Besucher des All England Club mit mehr Geld und besseren Verbindungen, Djokovic gegenüber negativer eingestellt sind als die Menschen, die seine Matches auf dem Henman Hill verfolgen.

Für manche Personen wird Djokovic, der erfolgreichste Tennisspieler der Geschichte, stets ein Außenseiter bleiben. Aber, wie Gebhard Gritsch berichtet: „Ich weiß nicht, wie oft wir aus Novaks Team von den weniger Privilegierten, den Arbeitern angesprochen wurden, die meinten: ‚Wir drücken Novak die Daumen.‘ Das passierte ständig.“

Dreimal hat Djokovic die Zuschauer auf dem Centre Court verärgert, indem er ihren erklärten Liebling Federer im Finale besiegte. Vielleicht ist das ein Grund, warum das Publikum dort so oft gegen ihn ist. Nicht nur Becker ist der Meinung, dass einige Gäste Djokovic im Finale 2019 respektlos behandelten. Er spielte brillant und wehrte zwei Matchbälle von Federer ab, bevor er sich nach knapp fünf Stunden in fünf Sätzen durchsetzte. Doch das Match blieb auch deshalb in Erinnerung, weil einige Zuschauer bei Fehlern von Djokovic applaudierten.

Womöglich beeinflusste der Gedanke an Federer sogar noch beim Finale 2023 das Verhalten der Zuschauer, als Djokovic die Chance hatte, den Rekord des Schweizers von acht Wimbledon-Siegen einzustellen. Ein serbischer Insider forderte einmal dazu auf, sich eine Welt vorzustellen, in der Djokovic 2006 das Angebot der Lawn Tennis Association angenommen hätte und von da an für Großbritannien angetreten wäre: Wie würden die britischen Medien und die britische Öffentlichkeit Djokovic dann behandeln? Die Leute in Wimbledon lieben es bekanntermaßen, sich in irgendwelchen Schlangen anzustellen. Was sie hingegen gar nicht mögen, ist, wenn sich ein Spieler beim Aufschlag Zeit lässt. Immer wieder passierte es Djokovic im Finale 2023, dass er, um sich zu sammeln, den Ball ein paarmal zu oft auftippte und das Zeitlimit von 25 Sekunden überschritt, was ihm eine Verwarnung des Schiedsrichters und den lautstarken Unmut der Zuschauer eintrug. Das geschah nur zwei Tage nach einem Halbfinale, in dem es ebenfalls zu einigen kontroversen Situationen gekommen war. In dem Match gegen Jannik Sinner hatte Djokovic sich wegen einiger Zwischenrufe aufgeregt und so getan, als würde er sich Tränen wegwischen – als wollte er den Störern unterstellen, sie seien Heulsusen –, außerdem hatte er sich zu sarkastischem Beifall und Daumen-hoch-Gesten hinreißen lassen. Was natürlich im Gegenzug Buhrufe provozierte. Bei der anschließenden Pressekonferenz lächelte Djokovic und sagte über die Zuschauer: „Das ist reine Liebe. Reine Liebe und Respekt."

Womöglich noch komplizierter ist sein Verhältnis zum Publikum bei den US Open. Um die Ursache dafür zu erkennen, muss man bis ins Jahr 2008 zurückgehen, als Andy Roddick auf Djokovics Ruf als Dramaqueen anspielte, den der Serbe den vermeintlichen oder echten Verletzungen und Wehwehchen während seiner Spiele verdankte. Roddick meinte, Djokovic hätte alles, von der „Vogelgrippe“ bis zur „Anthrax“-Vergiftung. Nachdem Djokovic Roddick im Viertelfinale ausgeschaltet hatte, erklärte er im Interview, die Unterstellung des US-Amerikaners, er würde seine Verletzungen nur vortäuschen, sei nicht gerade nett gewesen. Seinen Gegner im Arthur Ashe Stadium zu kritisieren, war indessen nicht die cleverste Idee, und zwangsläufig wurde er von einigen im Publikum ausgebuht. Hinter den Kulissen drängte ein wütender Roddick Djokovic im Anschluss gegen die Garderobenschränke, ließ aber von ihm ab, als er den imposanten Fitnesstrainer des Serben erblickte und ihm dämmerte, dass die Sache schlecht für ihn ausgehen könnte. Obwohl Djokovic sich später entschuldigte und erklärte, er sei nach dem Match aufgewühlt gewesen und ihm sei nicht klar gewesen, dass Roddick gescherzt habe, scheint das Verhältnis mancher New Yorker zu ihm durch diese Episode für immer getrübt worden zu sein.

Gleichwohl waren die US Open 2021 eine der seltenen Gelegenheiten, bei denen Djokovic erleben durfte, wie es ist, bei einem Grand-Slam-Finale das Wohlwollen des Publikums zu genießen. Nachdem er bereits die ersten drei Major-Turniere des Jahres gewonnen hatte, war er nur noch einen Sieg davon entfernt, als erster Mann seit Rod Laver 1969 in einer Saison alle vier Majors zu gewinnen und damit den echten Grand Slam zu vollenden. Djokovic war in dem Finale gegen Daniil Medwedew innerlich derart aufgewühlt, dass er noch vor Ende des Matches in Tränen ausbrach und bei einem Seitenwechsel den Kopf unter seinem Handtuch verbarg. Anschließend erklärte er, dass sein Herz voll Freude sei. Obwohl er gerade in drei Sätzen verloren hatte, bezeichnete er sich als „glücklichsten Menschen auf Erden“.

Ein weiteres der seltenen Grand-Slam-Finals, bei denen Djokovic das Stadion auf seiner Seite hatte, war 2016 beim

Gewinn der French Open gegen Murray. Zum ersten Mal spürte er die Liebe des Publikums über die Dauer eines gesamten Major-Finals (wobei er bereits nach seinen Finalniederlagen 2014 und 2015 mit Ovationen verabschiedet worden war, was ihm beide Male die Tränen in die Augen getrieben hatte). Das Publikum von Roland-Garros hat bekanntermaßen seine Tücken. Manche Pariser begreifen Tennis nicht als Sport, bei dem sie einfach nur zuschauen, vielmehr schwingen sie sich zu Protagonisten des Dramas auf, indem sie bei jeder Gelegenheit oder auch ohne Anlass pfeifen und buhen. Einige Gäste wenden sich sogar gegen französische Spieler bei deren Heim-Grand-Slam. Selbst Rafael Nadal, der erfolgreichste Sandplatzspieler aller Zeiten, hatte es nicht immer leicht im Pariser Südwesten. Vor diesem Hintergrund wird niemand ernsthaft erwarten, dass das Verhältnis zwischen den Zuschauern und Djokovic bei Roland-Garros stets reibungslos und glücklich gewesen wäre.

Djokovic beklagte sich einmal, einige Zuschauer würden nur nach Roland-Garros kommen, um ihn noch für die kleinste Kleinigkeit auszubuhen. Da sie für ihre Eintrittskarten einiges hingeblättert haben, will er ihnen nicht das Recht absprechen, sich zu verhalten, wie es ihnen passt. Dennoch empfindet er ihr Betragen ihm gegenüber als respektlos und ist nicht gewillt, das wortlos hinzunehmen. Selbst bei dem Turnier im Frühsommer 2023, als er mit dem Gewinn seines 23. Grand-Slam-Titels – mehr als jeder andere männliche Tennisspieler – zu unbestreitbarer Größe aufstieg, musste er vereinzelte Buhrufe und Schmähungen von den Rängen hören.

Das Publikum, zu dem Djokovic bei den vier Grand Slams eindeutig das beste Verhältnis pflegt, ist jenes bei den Australian Open, was nicht zuletzt auf die große serbische Gemeinde in Melbourne zurückzuführen ist. Doch wie wir noch sehen werden, sollte diese Beziehung 2022 auf eine harte Probe gestellt werden.

DUNKLE ENERGIE

Trotz allem Drunter und Drüber bei den Grand Slams und den negativen Stimmen im Publikum schafft es Novak Djokovic immer wieder, sich vollständig „abzuschirmen“, allerdings hängt das von seinen Emotionen und den Geschehnissen im Match und im Stadion ab. Doch in der Regel gelingt es ihm, bewusst zu atmen und im Moment zu bleiben. Hin und wieder versucht er auch gezielt, die Erregung und Energie der Umgebung für sich zu nutzen. An anderen Tagen wiederum ist es ihm schlichtweg nicht möglich, sich abzuschirmen, stattdessen – auch er ist nicht perfekt – lässt er sich dazu hinreißen, auf das Geschrei, die Buhrufe und die negative Stimmung zu reagieren.

So bizarr und absurd die Hater sein mögen: Sie zeigen Djokovic nicht nur, dass er zu den wahrhaft Großen gehört, sie sind ihm auch während des Matchs nützlich, wo er stets nach einem Extra-Kick sucht. „Wenn man Novak ausbuht und ihn reizt, tut man ihm im Grunde einen Gefallen“, erklärt Jelena Jankovic. „Das pusht ihn und motiviert ihn, noch besser zu spielen. Wenn sich das Publikum gegen ihn stellt, schafft er es irgendwie, das in einen Vorteil für sich zu wenden. Novak ist mental so stark, dass er jede Herausforderung überwinden und zeigen kann, dass er der Beste ist.“ Während manche Tennisspieler die Zuneigung der Zuschauer brauchen, werden andere durch deren Feindseligkeit angespornt; sie brauchen diese Reibungsfläche. „Je lauter sie mich ausbuhen, desto besser für mich“, sagte Djokovic einmal. „Sie erwecken einen Teil von mir zum Leben, den sie vielleicht gar nicht kennenlernen wollen – den Gewinner.“

Nick Kyrgios – ein anderer Bad Boy des Tennis – hat erzählt, dass er eine dunkle Energie daraus zieht, wenn ein ganzes Stadion gegen ihn ist, und berichtet, wie gut sich diese Situation anfühlen kann. Wenn das Publikum sich auf Djokovic einschießt, beginnt es in ihm zu brodeln, und eine spezifisch serbische Form von dunkler Energie erfasst ihn. So weltläufig Djokovic auftreten kann, darunter lauert Boris Becker zufolge die Mentalität eines Straßenkämpfers. Laut Djokovics ehemaligem Fitnesstrainer Ronen Bega ist der Serbe auf dem Platz ein anderer Mensch: „Außerhalb des Courts ist Novak ein ausgesprochen netter Kerl. Er ist sehr intelligent, und man kann sich mit ihm über alles unterhalten. Doch auf dem Platz verändert sich seine Mentalität. Er ist ein Kämpfer. Wenn er den Platz betritt, ist das, als würde er in einen Boxring steigen."

In Djokovics Karriere gab es Momente, in denen er wegen der Feindseligkeit der Zuschauer nicht sein bestes Tennis zeigen konnte. Doch meistens hat sie ihm geholfen. „In einer bestimmten Phase hat sich das vielleicht negativ auf Novaks Leistung ausgewirkt", erklärt Craig O'Shannessy. „Bei so vielen Menschen, die seinen Gegner angefeuert haben, wäre es nur normal gewesen, wenn sich das ausgewirkt hätte. Aber mir kommt es so vor, als wäre er durch die Abneigung der Leute aufgeblüht. Es gab einige schwierige Momente, aber diese haben ihn zu dem taffen Wettkämpfer werden lassen, der er heute ist." Auch Goran Ivanisevic hat beobachtet, dass Djokovic häufig genau dann zu Höchstform aufläuft, wenn die Zuschauer nicht auf seiner Seite sind. Begegnet ihm das Publikum dagegen mit Sympathie, wirkt er zwar insgesamt ausgeglichener und zufriedener, spielt aber nicht unbedingt besser.

Meistens bleibt Djokovic ruhig, wenn das Publikum gegen ihn ist. Doch er hat auch klargestellt, dass die Fans damit rechnen müssen, dass er in solchen Situationen hin und wieder eine Reaktion zeigt. An manchen Tagen – „ich bitte die Tenniswelt um Verzeihung dafür, dass ich bin, wer ich bin, doch manchmal übernimmt das Ego die Kontrolle" – bricht es aus ihm heraus, und er „benimmt sich daneben", wie er selbst zugibt. Womöglich fällt seine Reaktion hin und wieder „explosiver" aus, als angemessen wäre, so seine eigene Einschätzung. Doch zumindest bekommt er auf diese Weise die Emotionen aus seinem System, bevor sie ihn nach unten ziehen können. Ein anderer Aspekt ist selbstverständlich, dass Djokovic seinen Peinigern zeigen will, wer der eigentliche Herr im Stadion ist – dass er ihnen ihre Grenzen aufzeigen will, etwa als er beim Davis Cup 2023 in Malaga einer Gruppe britischer Tennisfans „Ruhe!" zurief, da sie mit ihrem Getrommel sein Interview störten (zuvor hatte er bereits einem britischen Fan, der ihn mit seinen lauten Zwischenrufen genervt hatte, eine Kusshand zugeworfen). Oder als er bei den Australian Open 2024 einen Störenfried aufforderte: „Komm herunter und sag es mir ins Gesicht!" Als der Mann sich weigerte, bezichtigte Djokovic ihn der Feigheit. Zweifellos ein unerfreulicher Zwischenfall, allerdings rüttelte er Djokovic, der ein wenig teilnahmslos gewirkt hatte, wach und steigerte seine Intensität und sein Niveau. Ein Jahr zuvor hatte Djokovic in Melbourne den Schiedsrichter gebeten, einen Zwischenrufer zur Ordnung zu rufen, der „stockbesoffen" war und es offensichtlich vor allem darauf abgesehen hatte, Djokovic zu stören, sich aber nicht wirklich für das Match interessierte.

Andy Roddick zufolge kann Djokovic im Match ziemlich grob werden. In diese Rubrik dürfte wohl fallen, dass Djokovic selbst in Grand-Slam-Finals die Zuschauer angeherrscht hat, „verdammt noch mal die Klappe" zu halten. Die unbequeme Wahrheit für all jene, die Tennis als jugendfreies Vergnügen vermarkten wollen, lautet, dass Djokovic zwar der größte Spieler aller Zeiten ist, aber nicht unbedingt der Prinz oder Sportler aus dem Hause Disney, den sie sich wünschen würden. Häufig spielt er sogar gerade dann am besten, wenn er nicht nett ist.

Anders als man denken könnte, ist diese rüde Art nicht unbedingt von Nachteil für ihn. Manchmal braucht er das einfach. Schließlich ist er, wie der befreundete Ex-Fußballstar Zlatan Ibrahimovic es beschreibt, ein „Kind des Balkans", jemand, der manchmal Dampf ablassen muss, um seine beste Leistung abzuliefern (Ibrahimovic selbst ist ein Schwede, dessen Vorfahren aus Ex-Jugoslawien stammen).

Zu behaupten, Djokovic könne ohne Drama nicht leben, wäre übertrieben. Es folgt ihm einfach auf Schritt und Tritt. Ein Grand-Slam-Turnier ohne dramatische Zuspitzungen? Das ist für ihn schlicht unmöglich, so Djokovic. Wenn ihn die Zuschauer wie einen Schurken behandeln, wird er sich wie einer verhalten. Ein serbischer Beobachter sagte über Djokovic in diesen aufgeheizten, streitbaren Momenten: „Manchmal legt er sich einfach gern mit dem Publikum an." Die Zuschauer reizen Djokovic, und im Gegenzug provoziert er sie mit wütenden Blicken und spöttischen oder sarkastischen Bemerkungen. Er macht einen Schmollmund und wirft ihnen Küsschen zu. Er grinst, bläht die Backen, legt die Hand hinters Ohr, fordert das Publikum mit dem Finger auf den Lippen zur Ruhe auf oder wischt sich imaginäre Tränen weg.

Geschieht dies alles instinktiv? Oder ist Djokovics Verhalten kalkuliert, versucht er die Zuschauer bewusst gegen sich aufzubringen, weil er weiß, dass er davon profitiert? Provoziert dieser Mann, der doch von den Menschen geliebt werden will, gelegentlich Dinge, gelegentlich ganz bewusst, um weiterhin die Rolle des Bösewichts spielen zu können? Denkt er, wenn er sich an einem bestimmten Tag abgelehnt fühlt, dass er die Leute ebenso gut gegen sich aufbringen kann, um Kraft aus ihrer Feindseligkeit zu ziehen? Oder genießt er das Spektakel manchmal einfach, etwa als er 2023 beim Pariser Masters-Turnier in der Halle die Zuschauer animierte, noch heftiger zu buhen? Oder als er wenig später bei den ATP Finals in Turin auf die Antipathie reagierte, indem er so tat, als würde er die Buhrufer dirigieren? Möglicherweise kennt nicht einmal Djokovic die Antwort. Fest steht jedoch, dass er immer wieder auf die wirksamste Weise überhaupt kontert: indem er noch besser spielt und dem Favoriten der Fans keine Chance lässt.

„Es scheint, als würde Novak sein Spiel manchmal einfach wie in einem Film abspulen. Das Match zieht an ihm vorüber. Doch dann geschieht irgendetwas, wodurch er den Eindruck gewinnt, alle seien gegen ihn, und das löst etwas in ihm aus", erklärt Sascha Bajin. „In dem Moment will er den Leuten etwas beweisen und gibt alles. Wegen seiner Herkunft bekam Novak von Beginn an viel Feindseligkeit zu spüren und traf auf unzählige Nein-Sager, die ihm vermittelten, dies oder jenes könne er nicht tun. Tief in ihm steckt diese Motivation, es den Leuten zu zeigen. Er nutzt diese Energie, um sich selbst zu pushen."

Von einem Moment zum anderen wirkt Djokovic fokussierter und mehr in Einklang mit seinem Spiel, als hätte er einen Weg gefunden, seinen Zorn in etwas Positives zu verwandeln. „Manchmal kommt es einem tatsächlich so vor, als würde Djokovic seine geringere Beliebtheit und die fehlende Liebe der Menge als Antrieb nutzen", meint die Psychologin Daria Abramowicz. „Man sieht das auf dem Platz. Er setzt das ein, um seinen Energielevel und seine Konzentration zu steigern."

In manchen Situationen hat man den Eindruck, Djokovic stachele die Menge nicht auf, weil er sauer auf sie wäre, sondern weil er mit seinem Spiel unzufrieden ist. Abseits des Platzes gibt es keinen Tennisspieler, der so selbstbeherrscht und diszipliniert wäre wie Djokovic. Doch selbst dieser rein lebende Mönchskrieger, der für seine Yogaübungen und familiäre Kuschelsessions noch vor Sonnenaufgang aufsteht, rastet auf dem Court gelegentlich aus und lässt sich zu vollkommen unkontrollierten und destruktiven Aktionen hinreißen, womit er sein sorgsam errichtetes Image sabotiert.

Wenn Djokovic von seinen, wie er es nennt, „Dämonen" heimgesucht wird, kommt es vor, dass er aufgebracht, emotional und heftig wird, etwa wenn er theatralisch sein Shirt zerreißt (was er allerdings gern auch nach einem wichtigen Sieg tut). Einmal begann Djokovic auf dem Platz, ein Lied zu summen, um einen seiner „Ausraster" abzuwenden und „die Schwingungen zu verändern". Nicht selten jedoch lässt er seine Wut an irgendwelchen Sachen aus und malträtiert etwa mit seinem Racket den Boden, bis es zerbricht – nur um gleich darauf sein zerstörerisches Verhalten zu bedauern und sich zu fragen, wie er sich nur dazu hatte hinreißen lassen, obwohl er doch selbst zwei Kinder hat und Tausende Kinder ihm zusehen. Gerade noch hatte ihn eine leise Stimme in seinem Kopf ermahnt: „Gut, tu das, was du am besten kannst, aber tu es bitte mit Würde und Stil." Doch dann hatte er sich nicht beherrschen können und seinen Schläger zertrümmert. In einem solchen Moment fühlt er sich – auch wenn das hart klingen mag –, als hätte er sich selbst verraten, weil er sich nicht so verhalten hat, wie er es von sich selbst erwartet. Er schämt sich.

Doch dieses Gefühl hält nur wenige Augenblicke an. Djokovic hat sich abgewöhnt, sich lange zu schämen. Er hat erkannt, dass es nichts bringt, wenn er sich selbst fertigmacht. Besser für ihn ist es, wenn er sich verzeiht und akzeptiert, dass er ein fehlbarer Mensch ist und dergleichen einfach passiert, wenn er ganz auf sich allein gestellt und enormem Stress ausgesetzt ist. Er gestattet sich, die Angelegenheit abzuhaken. Wenn sein altes Racket Schrott ist, holt er ein neues aus der Tasche, als Zeichen des Neubeginns, konkret ebenso wie emotional. „Novak lässt seine rohen Gefühle raus, um Stress und Spannungen abzubauen und seine Wut loslassen zu können. Danach spielt er besser", sagte Bajin. „Ich finde es gut, wie er das macht."

Igor Cetojevic hat Djokovic klar gesagt, dass er es nicht gutheißt, wenn dieser seine Schläger zerstört, dass er es aber versteht. „Wenn man auf einem bestimmten Niveau spielt, muss man sich darüber klar sein, dass man gute und schlechte Tage hat. Und an schlechten Tagen kann es passieren, dass Novak in die Luft geht und seinen Schläger zertrümmert. Der Druck, der auf ihm lastet, ist enorm, und das ist seine Art, diesen Druck zu kontrollieren. Manche Menschen gehen anders, weniger aggressiv mit Stress um, aber das ist nun einmal sein Ventil. Es ist in Ordnung, und er weiß auch, dass er sich seine Fehler anschließend verzeihen kann."

Indem Djokovic seinem Ärger auf dem Platz Luft macht, kann er sein Talent voll ausschöpfen. „Wenn ein Sportler zeigt, dass er verärgert, wütend, frustriert oder auf hundertachtzig ist, dann ist das absolut gesund", führt Abramowicz aus. „Eine der Grundregeln des Lebens lautet: Halte diese Gefühle nicht zurück. Allerdings muss man eine gesunde Art und Weise finden, sie herauszulassen. Es ist in unserer Biologie angelegt, dass diese belastenden Emotionen uns auffressen, wenn wir sie immer zurückhalten und vergraben. Das kann sich auch auf unseren Körper auswirken und etwa Verletzungen verursachen; auf jeden Fall beeinflusst es unsere Leistung negativ. Seine Fähigkeit, Wut, Frustration und andere Emotionen zu kanalisieren und herauszulassen, ist von entscheidender Bedeutung."

Selbst wenn Djokovic auf dem Platz ausrastet, seinen Schläger zerstört und gegen die Etikette verstößt, wird er niemals so wütend, dass er seinen Matchplan und seine Taktik vergessen würde. Seine Wut hat kaum Nachteile für ihn. O'Shannessy berichtet: „Auch wenn Novak wütend wurde, hatte er immer noch den Matchplan vor Augen. Ich hatte nie das Gefühl, dass alles aus und vorbei gewesen wäre, wenn es mit ihm durchging. Er hat stets versucht, soweit es ging, einen klaren Kopf zu behalten. Nach meiner Erinnerung hatte er nie einen kompletten Filmriss. Novak war immer unheimlich gut darin, einen Matchplan zu verinnerlichen und umzusetzen. Manche Spieler, mit denen ich gearbeitet habe, hielten sich vielleicht einen Satz lang an ihren Matchplan, dann war er wie weggeblasen, sodass sie nur noch hilflos über den Platz irrten. Ich kann mich nicht erinnern, dass Novak das auch nur einmal passiert wäre. Er war nie hilflos in einem Match."

Wenn Djokovic Dampf ablässt, um den Kopf wieder freizubekommen, kann es durchaus vorkommen, dass er die Zuschauer damit gegen sich aufbringt. So war etwa das Publikum auf dem Centre Court von Wimbledon *not amused*, als er sich während des Finales 2023 als Holzfäller des All England Club betätigte und mit seinem Schläger eine Kerbe in den Netzpfosten schlug. „Novak verhält sich auf dem Court nicht immer korrekt", bestätigt Ronen Bega. „Er führt sich so auf, wie es Federer oder Nadal nie tun würde. Er ist sehr emotional, und vielen gefällt nicht, was sie dann zu sehen bekommen."

Am verhängnisvollsten für Djokovic war eine Episode bei den US Open 2020, als er in seinem Viertrundenmatch gegen den Spanier Pablo Carreño Busta aus Ärger über ein Break einen Ball aus seiner Hosentasche zog, ihn wutentbrannt wegschlug und damit versehentlich eine Linienrichterin am Hals traf. Die Offizielle sank, um Luft ringend und sich die Kehle haltend, an der Rückseite des Platzes zu Boden. Djokovic, der als Titelfavorit galt, wurde disqualifiziert. Zu seinem Glück fand das Spiel im Arthur Ashe Stadium mitten in der Pandemie vor leeren Rängen statt, weil noch keine Impfstoffe verfügbar waren. Mit 23 000 New Yorkern vor Ort hätte es ziemlich unangenehm für Djokovic werden können. Doch auch wenn es im Stadion selbst mucksmäuschenstill blieb, war es für Djokovic ein dramatischer und chaotischer Nachmittag. Die New Yorker Tennisfans, die sich nicht live vor Ort befanden, sprachen aus der Ferne ihr Urteil über ihn.

Der Ausschluss von dem Turnier nahm Djokovic nicht nur die Chance auf einen weiteren Grand-Slam-Titel. Auch sein

Verhältnis zum New Yorker Publikum nahm weiteren Schaden. Bei der Abreise aus der Stadt fühlte sich Djokovic, wenig verwunderlich, „traurig und leer". Es tat ihm leid, dass er der Linienrichterin „solchen Stress" beschert hatte, „so unbeabsichtigt, so falsch", wie Djokovic in einer Entschuldigung auf Instagram mitteilte. Zugleich hoffte er, dass es „mir eine Lektion sein wird, durch die ich als Spieler und Mensch wachsen und mich entwickeln werde". Dazu Chris Evert: „Bestimmte Vorfälle und Momente wirken sich auf dein Leben aus und formen dich als Mensch. Für Novak war die Disqualifikation bei den US Open ein solches Ereignis, als er die Linienrichterin getroffen hatte. Das war für ihn ein einschneidendes Erlebnis, über das er im Anschluss noch lange nachgedacht haben wird, vermutlich mit der Schlussfolgerung: ‚Okay, ich war da etwas unbesonnen. Ich muss mehr Rücksicht auf andere nehmen und vorsichtiger sein.' Er wird sich klargemacht haben, dass man als Tennisspieler nicht wild irgendwelche Bälle durch die Gegend schlagen kann."

In dem Fall hatte Djokovic zweifellos Pech. Er hatte den Ball nicht mit voller Wucht geschlagen und wollte eindeutig nicht die Linienrichterin treffen. Bei früheren Gelegenheiten konnte er dagegen durchaus von Glück sprechen, dass er keinen Offiziellen oder Zuschauer traf, als er seiner Wut freien Lauf ließ. Im Viertelfinale der French Open 2016 gegen den Tschechen Tomas Berdych wollte Djokovic offenkundig seinen Schläger auf der roten Asche zertrümmern, der rutschte ihm jedoch aus der Hand und flog in Richtung der hinteren Abgrenzung des Platzes. Doch der Linienrichter wich noch rechtzeitig aus. Hätte er ihn getroffen, hätte Djokovic sich selbst einen Strich durch den „Novak Slam" gemacht. In derselben Saison schmetterte er bei den ATP Finals in der O2 Arena in London wütend einen Ball weg und hätte mit etwas Pech einen Zuschauer erwischen können. Im Anschluss bestand er darauf, dass es zwar schlimm hätte ausgehen können, das jedoch nicht der Fall gewesen war. Und er fuhr fort: Genauso gut hätte es in der O2 Arena schneien können, aber auch das sei nicht passiert. Warum sich also Gedanken machen über etwas, das gar nicht geschehen war? Djokovic kam es so vor, als würden die Medien ihn als den einzigen Spieler hinstellen, der auf dem Platz hin und wieder ausrastete.

In den Jahren vor seiner Disqualifikation bei den US Open hatte Djokovic mehrmals den Abgrund gestreift. So warf er etwa im Frühjahr 2019 beim Turnier im Monte Carlo Country Club sein Racket in Richtung eines Balls, worauf es jedoch in die Zuschauerränge flog. Glücklicherweise wurde niemand getroffen, doch auch diese Episode hätte schlimm enden können. Als Djokovic in New York disqualifiziert wurde, konnte man fast meinen, seine früheren Verfehlungen würden ihn einholen.

*

Fast das gesamte Jahr 2023 über war Djokovic als Einziger der Großen Drei noch auf der Tour unterwegs. Federer war 2022 zurückgetreten, und Nadal musste den Großteil der Saison wegen Verletzungen aussetzen. Djokovic stand nicht mehr in einem Beliebtheitswettbewerb mit den beiden populärsten Tennisspielern der Geschichte, und das machte sich bemerkbar. Das war ein neuer, „relaxter" Djokovic, so Chris Evert. „All die Jahre waren sie stets als Dreierpack unterwegs gewesen. Novak hatte ständig im Schatten von zwei der beliebtesten Spieler überhaupt gestanden. Und er war stets der Bad Boy gewesen. Die größte Veränderung, die ich bei Novak bemerkte, als Roger und Rafa von der Bildfläche verschwanden, war, dass er entspannter wirkte, sich frei fühlte, der zu sein, der er ist, und laut zu sagen, was er will. Novak ist jetzt der Anführer, und die Bühne gehört ihm", so Evert.

„Dieser Beliebtheitswettbewerb mit Roger und Rafa brachte nicht immer Novaks beste Seiten zum Vorschein. Manchmal versuchte er zu sehr, die Zuschauer auf seine Seite zu ziehen, oder er polarisierte extrem. Doch inzwischen ist er ruhiger geworden, und ich habe den Eindruck, dass die Leute allmählich ihre Meinung über ihn ändern."

Maria Scharapowa, eine ausgewiesene Expertin für die Marketing-Schnittstelle von Tennis und Starwesen, gestand Djokovic einmal, dass ihr der Begriff der „Marke" überhaupt nicht gefalle. Doch wie, wenn nicht als „Markenaufbau", soll man Djokovics Aktivitäten im Herbst 2023 bezeichnen, in den Monaten nach dem Gewinn seines 24. Grand-Slam-Titels bei den US Open? So nahm Djokovic, der im Anschluss an den New Yorker Triumph die Geschäftsbeziehung zu seinem langjährigen Agenten Edoardo Artaldi beendete, beispielsweise in Rom an einem Promi-Golfturnier vor der Ryder-Cup-Begegnung zwischen Europa und den Vereinigten Staaten teil. Gefühlt konnte man dem Serben in jenem Herbst überhaupt nicht entkommen; unter anderem trat er auch beim Finale der Rugby-WM und bei der Ballon-d'Or-Preisverleihung in Erscheinung, wo er die Trophäe für die beste Fußballerin übergab. Langsam, aber sicher machte sich Djokovic auch außerhalb des Tennis einen Namen. Das war Neuland für ihn, doch wie immer ging er die Sache auf eigene Weise an und bat seinen Hitting Partner und Assistenztrainer Carlos Gomez-Herrera zudem, das Amt eines Teammanagers zu übernehmen, neben seinem anderen Manager Mark Madden.

Während Djokovic früher oft impulsiv war, wirken seine öffentlichen Aussagen inzwischen reflektierter. Dem neuen, „verbesserten" Djokovic – Evert bezeichnet ihn als „Denker und Gentleman" – dürfte es kaum passieren, dass er Kontroversen wie jene im Jahr 2016 lostritt, als er erklärte, Tennisspielerinnen sollten nicht dieselben Preisgelder wie ihre männlichen Kollegen erhalten, da sie nicht dasselbe öffentliche Interesse erzeugten und weniger Zuschauer anzögen. „Billie Jean King und ich nahmen ihn in Miami zur Seite und sagten: ‚Wir müssen mit dir reden.' Also unterhielten wir uns, und er war großartig. Jeder von uns sagt einmal aus dem Moment heraus etwas, das er nicht wirklich meint", berichtet Evert. „Inzwischen achtet Novak mehr darauf, was er sagt. Früher war er manchmal ein wenig impulsiv in seinen Äußerungen, aber heute überlegt er lieber zweimal. Er weiß, dass seine Worte ein Echo erzeugen, was auch immer er sagt."

Doch auch wenn Djokovic inzwischen reflektierter geworden ist, heißt das nicht, dass er sich zurückhalten oder gar selbst zensieren würde. Nach wie vor sagt er, was er will, und hält mit seinen Gedanken nicht hinterm Berg. Wenn das anderen nicht gefällt, dann ist das nicht sein Problem. „Novak spricht aus, was er fühlt, und zwar mit voller Überzeugung, ohne sich Gedanken über die Konsequenzen oder mögliche Kritik zu machen oder darüber, wie etwas wirken oder klingen mag", sagt Evert.

Djokovic hat weitgehend Frieden damit geschlossen, dass ihn die Medien seiner Ansicht nach nicht immer fair darstellen und ihm Fehler nicht so schnell verzeihen wie anderen. Er lässt sich davon nicht mehr herunterziehen oder bremsen. Ihre Angriffe ändern nichts an seinem Selbstbild oder an dem, was er tut. „Novak hat keine Angst, seine Meinung zu sagen und sich zu exponieren", erklärt Evert. „Er fürchtet sich nicht vor Kritik. Darin unterscheidet er sich von Roger und Rafa. Ich denke, Roger und Rafa wollten nie etwas Kontroverses äußern oder Kritik auf sich ziehen. Damit will ich überhaupt nicht sagen, dass das gut oder schlecht wäre, es liegt einfach in ihrer Natur, sie sind introvertierter als Novak."

Djokovics Verhältnis zur Öffentlichkeit kann man so deuten, dass er sich zwar nach mehr Zuneigung sehnt, aber nicht bereit ist, dafür seine Werte aufzugeben. Er wird sich auch weiterhin „gegen den Mainstream stellen“, selbst wenn ihn das die Sympathie der Fans kostet. „Quält es Novak, dass ihm die Menschen nicht mehr Liebe entgegenbringen? Auf jeden Fall. Er wäre kein Mensch, wenn ihn das nicht quälen würde“, sagt Sascha Bajin. „Jeder möchte geliebt und geschätzt werden. Das bedeutet jedem etwas. Aber sind Novak die Zustimmung und die Wertschätzung der Menschen wichtiger als seine eigenen Grundsätze? Ich glaube nicht. Genau das gefällt mir an ihm, dass er seine eigenen Werte und Ansichten nicht verrät, nur damit die Fans ihn mögen. Mehr Zuneigung vom Publikum zu bekommen, steht für ihn nicht an erster Stelle, das zeigt sein Verhalten, und davor habe ich einen Riesenrespekt.“

Wenn man sich auf einem Level wie Djokovic bewegt, muss man manchmal die Erwartungen bedienen und das Richtige sagen. Trotzdem hat er sich immer mehr getraut als die meisten in seiner Position. Für Djokovics Anhänger und Freunde macht ihn das authentisch. Ihnen gefällt, dass er sich nicht dem Tennis-Establishment andient, um sich das Leben leichter zu machen. Dass er offensichtlich nicht mehr der öffentlichen Anerkennung hinterherläuft, wie er es vielleicht in der Vergangenheit manchmal getan hat. Djokovic will er selbst sein, ob den Menschen das nun gefällt oder nicht. „Ich habe den Eindruck, dass sich Novak früher ein bisschen zu sehr bemüht hat, nicht anzuecken – damit meine ich außerhalb des Tennisplatzes –, und hin und wieder habe ich ihn sogar ermuntert, nicht immer so vorsichtig zu sein“, erzählt sein Freund Janko Tipsarevic. „Aber inzwischen sagt er viel offener, was er denkt.“

Ein serbischer Insider aus Djokovics nächstem Umfeld pflichtet ihm bei: „Was Novak ausmacht, ist seine Authentizität. Er vertritt Positionen, die den Leuten nicht gefallen. Würde er unbedingt wollen, dass die Menschen ihn lieben, dann hätte er vieles gelassen, was er gemacht hat.“ Die Tage unmittelbar vor den Australian Open 2022, die womöglich chaotischsten Tage in der Geschichte des Tennis, scheinen diese Analyse auf den ersten Blick zu bestätigen. Djokovic hatte sich seinerzeit bereits damit abgefunden, gelegentlich als Bösewicht des Tennissports herhalten zu müssen. Er wollte seinen Überzeugungen treu bleiben, auch wenn das Kratzer an seinem Image hinterlassen würde. Doch die Ereignisse im Vorfeld der Australian Open gingen weit darüber hinaus. Djokovic wurde öffentlich verdammt wie noch nie zuvor in seiner Karriere, und zwar nicht mehr allein von der Tenniswelt. Er fühlte sich wie der Oberschurke des Universums.

GEFANGEN

Wenn man nach einem Moment sucht, der wirklich Novak Djokovics Einzigartigkeit zeigt, einen Moment, in dem er Dinge tat, sagte und dachte, zu denen kein anderer Tennisspieler fähig wäre, dann sollte man nicht zuerst an eines seiner Grand-Slam-Finals denken, in denen er immer wieder vermeintlich Unmögliches schaffte, und auch nicht an die Demonstrationen seiner unfassbaren Beweglichkeit, wenn er sich wie ein menschliches Origami in eine neue Position streckt und faltet. Nein, Djokovics wohl einzigartigste Leistung war, mit dem Beistand eines Freundes seine Zeit in einem australischen Abschiebezentrum zu einer Gelegenheit umzudeuten, nämlich als Chance, geistig zu wachsen.

Djokovic war in dem Glauben, über eine medizinische Ausnahmegenehmigung zu verfügen, nach Australien gereist, um bei den Australian Open 2022 anzutreten, auch ohne gegen Covid geimpft zu sein. Stattdessen musste er in dem zweckentfremdeten Park Hotel seine Lungen mit abgestandener Hotelluft füllen, die ihm die Freude an seiner täglichen Atemarbeit geraubt haben dürfte. Die getönten Fensterscheiben in seinem Zimmer waren mit Schrauben fest verschlossen, ebenso wie die Fenster in den anderen Zimmern des nur wenige Meilen vom Melbourne Park entfernten Gebäudes, dem andere Insassen den Spitznamen „Park Prison" verpasst hatten. „Wie wir wird auch Novak keine Frischluft in seinem Zimmer gehabt haben", mutmaßt Hossein Latifi, ein Asylbewerber aus dem Iran, der bei Djokovics Ankunft bereits seit mehreren Monaten im Park Hotel eingesperrt war und sich seit neun Jahren im australischen Asylsystem befand. Die einzige Möglichkeit, in dem fünfstöckigen Gebäude Frischluft zu atmen, stellte ein winziger Balkon an einem der Zimmer dar, den manche der Männer zum Rauchen aufsuchten. Doch da die Wachen verhindern wollten, dass ihr Stargast mit den anderen Insassen zusammentraf, schied diese Option für ihn aus.

Die endlos innerhalb des Gebäudes zirkulierende dicke Luft verstärkte noch die bedrückende Atmosphäre in diesem albtraumhaften „Gefängnis“ in Carlton, einem Hochschulviertel nördlich des Stadtzentrums. So wie die Luft in der Klimaanlage in Endlosschleife durchs Gebäude geschickt wurde, musste auch den meisten der Insassen scheinen, dass der Schrecken für sie nie ein Ende nehmen würde. Neben Djokovic wurden rund dreißig weitere Männer dort festgehalten, viele von ihnen traumatisiert und zu dem Zeitpunkt, da der Tennisspieler in ihre Unterwelt eintrat, seit Jahren im Abschiebesystem gefangen. Latifi zufolge waren so gut wie alle „gebrochen“ oder „zerstört“. Manche der Männer weinten unablässig oder waren ständig kurz davor. Andere reagierten überhaupt nicht mehr. Die meisten erhielten starke Medikamente, um schlafen zu können oder ihre Depressionen und Angstzustände zu lindern. „Alle in dem Gebäude waren depressiv, mich eingeschlossen. Das System zerstört dich geistig und körperlich“, offenbart Latifi. „Novak dürfte diese Atmosphäre mitbekommen haben. Ich denke, er hat die Situation verstanden und wusste, was wir durchmachen.“

Einige Tage lang erlebte Djokovic am eigenen Leib, was es heißt, wie ein „Untermensch“ behandelt zu werden, so Alison Battisson, eine Menschenrechtsanwältin, die mehrere Klienten in dem Nullsternehotel hatte. Im Tennis war Djokovic ein absolutes Alphamännchen. Nicht jedoch im australischen Einwanderungssystem, in dem sein Status, nach der Annullierung seines Visums vor den Australian Open 2022, auf den eines

„unlawful non-citizen" („illegaler Ausländer") reduziert worden war. Noch rechtloser kann man in Australien nicht dastehen.

Der Arzt Igor Cetojevic, der sowohl das Denken als auch die Ernährung von Djokovic entscheidend beeinflusst hat, ist zweifellos eine der wichtigsten Personen im Leben des Tennisspielers. Als Cetojevic von Djokovics Zwangsaufenthalt im Park Hotel hörte, meldete er sich bei dem Sportler und ermunterte ihn, sich mit dem Leid der anderen im System gefangenen Insassen auseinanderzusetzen. Auch wenn Cetojevic nicht mehr mit dem Tennisspieler zusammenarbeitete, war er ihm weiterhin freundschaftlich verbunden und riet ihm, wie er für sich das Beste aus der Zeit in dem Lager machen konnte: „Novak, beobachte diese Männer, die seit Jahren dort sind. Mach dir bewusst, wie gut es dir geht. Du hattest noch nie Kontakt mit Menschen, die derartiges Leid erleben, also nutze die Gelegenheit und lerne von ihnen und von dieser Erfahrung. Betrachte es als Möglichkeit zu lernen – nutze die Zeit in dem Gefängnis und in Gesellschaft dieser Männer, um Informationen zu sammeln."

Um einen Ausdruck der mit Djokovic befreundeten Maria Scharapowa aufzugreifen: Er feierte keine Party des Selbstmitleids im Park Hotel. Sollte er mit seinem Schicksal gehadert haben, währte dies nur kurz. Wie Cetojevic ihm erklärte, war die Zeit im Park Hotel für ihn lediglich eine Unannehmlichkeit, auch wenn sie seinem Vorhaben in die Quere kam, die Australian Open zum zehnten Mal zu gewinnen. Anderen in dem Gebäude ging es sehr viel schlechter. „Einem Iraner dort, Mehdi Ali, hatte man die ganze Jugend gestohlen. Mit fünfzehn war er nach Australien gekommen, inzwischen war er ein erwachsener Mann Mitte zwanzig. Er lebte seit fast zehn Jahren eingesperrt in einem Zimmer", erzählt Cetojevic. „Ich sagte zu Novak: ‚Das Beste, was dir im Leben passieren kann, ist, das echte Leben kennenzulernen. Zu verstehen, worum es im

Leben wirklich geht. Sieh dir diesen jungen Mann an, und dann schau dich an. Mach dir klar, wie er leidet, und dann frag dich, was dein Leid dagegen ist. Ein paar Tage dort drinnen? Er leidet schon fast zehn Jahre. Du bist nur ein paar Tage dort, eine kleine Unannehmlichkeit."'

Djokovic war „zutiefst berührt" von den Schicksalen der anderen Insassen und erklärte in der BBC: „Meine Strapazen waren bei Weitem nicht so schlimm wie das, was sie durchmachten. Es war definitiv nicht angenehm, aber ich will mich hier nicht über die Zustände in dem Abschiebelager beklagen, weil ich nur wenige Tage bleiben musste, während manche seit Jahren dort waren." Obwohl sich Djokovic im Park Hotel nicht mit Mehdi unterhalten konnte, fühlt er sich ihm verbunden und würde sich freuen, ihn eines Tages zu treffen. Laut Craig Tiley, dem CEO von Tennis Australia, offenbarte sich in jener Zeit Djokovics empathische Ader. „Es gibt eine Seite an Novak, die gelegentlich übersehen wird, und das ist sein Mitgefühl für Menschen, die nicht so privilegiert sind wie er", sagt Tiley, der damals regelmäßig Kontakt mit Djokovic hatte. „Ich habe Novak aus der Nähe erlebt und mitbekommen, wie er sich um andere kümmert und über sie spricht, insbesondere über benachteiligte Menschen. Ein gutes Beispiel war sein Blick auf die Menschen im Park Hotel und dass er sich mit ihnen anfreundete."

Gefangen im Park Hotel und im eigenen Kopf, konnte es passieren, dass man den ganzen Tag über mit niemandem außer den Wachleuten ein Wort wechselte. Selbst wenn man sein Einzelzimmer verließ und über den Flur schlurfte, traf man so gut wie nie eine Menschenseele, da die meisten der Männer lieber in ihren Zimmern blieben. Viele von ihnen wollten mit niemandem sprechen, weder persönlich mit den anderen Insassen noch per Videocall mit ihren Familien. Was hätten sie auch in die Kamera sagen sollen, außer dass sie immer noch nicht wussten, wann – und ob überhaupt – sie herauskommen würden? Die Männer verbrachten mehr oder weniger 24 Stunden am Tag in ihren rund neun Quadratmeter kleinen Zimmern. Man kann sich vorstellen, dass sich der Raum für Djokovic wie ein Käfig anfühlte, schließlich war er die Weitläufigkeit und den Komfort seines Familiensitzes im südspanischen Marbella gewohnt. Jeder Tag schlug einem mehr aufs Gemüt, so Latifi, der schildert, wie sich seine Angst im Park Hotel immer mehr steigerte, bis er schließlich Panikattacken bekam.

Auch wenn sich jeder der Insassen einsam gefühlt haben wird, war Djokovic besonders einsam, da er getrennt von den anderen auf einem separaten Geschoss untergebracht war. Die Wachleute achteten sorgfältig darauf, dass er seine Etage nicht verließ und auch die anderen nicht zu ihm kamen. Battisson vermutet, ohne es mit Gewissheit sagen zu können, dass die australischen Behörden damit verhindern wollten, dass Djokovic die schrecklichen Auswirkungen der Haft auf die körperliche und geistige Verfassung der übrigen Männer mitbekam. Zumindest treffen ihr zufolge Behauptungen nicht zu, dies sei nur zu Djokovics Sicherheit geschehen, da die anderen „verzweifelte, aber friedliche und intelligente" Männer gewesen seien, von denen keiner wegen gewaltsamer Vorfälle aufgefallen war. Und wäre doch etwas passiert, hätten die Wachen Unterstützung von einem Spezialeinsatzkommando anfordern oder die Männer medikamentös ruhigstellen können.

Battisson zufolge gab es auch Bedenken wegen „übertragbarer Krankheiten" wie Corona, das bereits einmal im Hotel grassiert war. Damals musste ein Mann ins Krankenhaus eingeliefert werden, sodass die Anlage neben „Park Prison" noch einen zweiten Spitznamen erhielt, nämlich „Outbreak Hotel".

Als „unlawful non-citizen" hatte Djokovic keinerlei Rechte im Park Hotel und noch weniger Privatsphäre. Bei der Ankunft in der Anlage wurde er vermutlich durchsucht, außerdem dürften die Beamten seine Habseligkeiten durchgegangen sein. Einen weiteren Eingriff in seine Privatsphäre stellte die Befragung zu seiner medizinischen Vorgeschichte dar, bei der er Auskunft zu Impfungen, aber auch zu sexuell übertragbaren Krankheiten geben musste. Diese Akte war nicht vertraulich und konnte von Ministern und staatlichen Stellen angefordert werden. Dasselbe galt für seine Abschiebungsakte, die auch einen Bericht über sein Betragen in dem System enthielt.

Seine Zimmertür hatte kein Schloss, daher hätten die Wachleute zu jeder Tages- und Nachtzeit hereinstürmen können, ihm mit einer Taschenlampe ins Gesicht leuchten und sein Zimmer auf den Kopf stellen können. Nachdem Djokovic viele Jahre ein Leben ohne jegliche Einschränkungen geführt hatte, erlebte er nun ein neues, schockierendes und entmenschlichendes Gefühl: Machtlosigkeit. Kein Wunder, dass er kaum schlafen konnte. Battisson hatte bei anderen miterlebt, wie sehr sich das Gefühl der Machtlosigkeit auf ihr seelisches Wohlbefinden niederschlug. Sie geht davon aus, dass der Verlust der Kontrolle über das eigene Leben, auch wenn es nur wenige Tage waren, Djokovic zutiefst verstört haben muss: „Er will die absolute Kontrolle über seinen Körper, seinen Geist und seine Ernährung. Daher würde es mich nicht überraschen, wenn sich der Kontrollverlust zumindest in gewissem Maße auf seine seelische Gesundheit ausgewirkt hat." In dem Monat vor Djokovics Inhaftierung im Park Hotel hatte es dort gebrannt, und laut Battisson waren die Insassen während der Löscharbeiten in den Keller gebracht worden. „Können Sie sich vorstellen, dass man Djokovic daran gehindert hätte, ein brennendes Gebäude zu verlassen?"

Auf Tripadvisor hätte das Park Hotel fraglos keine Top-Bewertungen bekommen. Das Essen war so furchtbar, dass sich Latifi zweimal übergeben musste. Obwohl nicht komplett ungenießbar, war der Nährwert gering, außerdem war es nicht gerade abwechslungsreich. Man scherzte, ob man lieber Reis mit Hühnchen oder Hühnchen mit Reis wolle. Laut einem Zeugen, der selbst in den Genuss des Essens gekommen war, gab es dazu ein paar traurige Salatblätter und einen verschrumpelten Apfel. Die normale Kost in dem „Gefängnis" hätte laut Cetojevic bei Djokovic zu körperlichen Störungen führen können. Da sein Verdauungssystem seit Jahren kein Gluten mehr hatte verarbeiten müssen, bestand die Gefahr, dass es mit Entzündungen und Verstopfung reagierte oder die Nahrung abstieß. Daher ließ der serbische Staat Djokovic Pakete mit glutenfreier Nahrung zukommen.

Jeglicher Kontakt mit Passanten wurde an diesem furchtbaren und unmenschlichen Ort unterbunden. Die Fensterscheiben von Djokovics Zimmer waren zwar nicht geschwärzt, aber getönt. Auf diese Weise konnte er laut Latifi zwar den Melbournern dabei zuschauen, wie sie auf der Straße flanierten, ihren Coffee to go genossen und sich amüsierten. Doch die Menschen draußen dürften kaum einen Blick erhascht haben auf Djokovic, Latifi und all die anderen, die dort mitten in der Stadt vor den Augen der Öffentlichkeit verborgen lebten. Latifi und seinen Leidensgenossen blieb nur, zu warten und zu hoffen, gestützt auf die schwache Aussicht, irgendwann freigelassen zu werden. So wie die Luft in den Zimmern alt und abgestanden war, war der Alltag der Insassen von stumpfer Wiederholung geprägt. „Das System ist darauf ausgerichtet, dich geistig zu brechen", sagt Latifi.

Einige der Asylbewerber, darunter auch Latifi, betrachten Djokovics Stippvisite in ihrem Leben mit gemischten Gefühlen. Auf den ersten Blick war seine Unterbringung im Park Hotel das Beste, was ihnen seit Jahren passiert war. Latifi ist dankbar, dass der Aufenthalt des Tennisstars dem Park Hotel

Aufmerksamkeit bescherte und ihr Ausgeliefertsein an die in seinen Augen unmenschliche Brutalität des australischen Asylsystems „ins Licht der Öffentlichkeit rückte".

Bis zu Djokovics Ankunft war das Park Hotel gelegentlich als „Gefängnis" bezeichnet worden, und auch wenn die Fenster nicht vergittert waren, glich das Gebäude in vielerlei Hinsicht tatsächlich einer Haftanstalt. Als die Nachricht kursierte, dass sich Djokovic in dem Hotel befand, versammelten sich neben seinen Anhängern auch Fernsehteams und Reporter davor. Einer der geheimen Orte von Melbourne gelangte weltweit in die Schlagzeilen. Nur wenige Monate darauf wurde das Hotel geschlossen. Als ein Faktor in dieser Entscheidung gilt die Aufmerksamkeit, die der Einrichtung durch Djokovic zuteilgeworden war (manche aus Djokovics Umfeld meinen, dass die für ihn persönlich unerfreuliche Episode auf diese Weise zumindest noch etwas Gutes hatte). Zudem verhalf Djokovics Aufenthalt im Park Hotel einigen der Insassen möglicherweise zu einer legalen Lösung ihres Problems. Latifi wurde im Frühjahr 2022 entlassen, nach einem neunjährigen Martyrium, das 2013 begonnen hatte, als er mit einem Boot auf der australischen Weihnachtsinsel gelandet war.

Andererseits jedoch herrschte unter Djokovics Leidensgenossen im Park Hotel auch eine gewisse Bitterkeit und sogar Feindseligkeit ihm gegenüber, weil Australien und die Welt erst auf ihr Schicksal aufmerksam wurden, als der Tennisstar ein paar Nächte dort verbrachte. Dass im Fall des berühmten Sportlers eine rasche Lösung gefunden wurde, während andere hilflos in dem Haus hockten, sorgte für Unmut. Mussten sie erst einen Tennisschläger in die Hand nehmen, damit man ihnen Gehör schenkte?

Viele der Männer bekamen mit, dass Djokovic eine Sonderbehandlung genoss. Battisson konnte nicht nachvollziehen, weshalb Djokovic die Genehmigung erhielt, das Park Hotel für eine Beratung in der Kanzlei seines Anwalts zu verlassen. Darauf hätte ein normaler Insasse lange warten können. In einer weiteren Ausnahmeregelung erhielt Djokovic Trainingsgeräte und einen Laptop. Allerdings kann man sich einige weitere Wünsche vorstellen, etwa nach einem Privatkoch und Zugang zu einem Tennisplatz, die ihm offenkundig nicht erfüllt wurden. Djokovic war nach wie vor ein „unlawful noncitizen", doch ohne Zweifel war er der privilegierteste illegale Ausländer, der je in der Einrichtung eingesessen hatte. „Untermensch"? Vielleicht eher die Stufe unmittelbar darüber. Dennoch wünschte Latifi Djokovic nicht einen einzigen Tag mehr im „Park Prison".

Ein Großteil der Männer, die gleichzeitig mit Djokovic im Park Hotel festgehalten wurden und seither freigekommen sind, leiden bis heute unter der Gefangenschaft. „Äußerlich wirke ich vielleicht manchmal glücklich", sagte Latifi, „aber ich bin ein gebrochener Mann. Wir sind depressiv, und ich hoffe, dass das Gericht unser Leid in den anhängigen Klagen anerkennt, sonst werden wir für immer depressiv bleiben. Ich bin ein unglücklicher Mensch. Sie zerstören Jahre deines Lebens und des Lebens deiner Familie. Und niemanden kümmert es." Ein anderer Asylbewerber namens Don Khan schildert die psychischen Schäden, die der Aufenthalt im Park Hotel bei ihm auslöste: „Ich habe die ganze Zeit Stimmen gehört. Aber wenn ich mich umgedreht habe, um zu sehen, wer da mit mir sprach, war da niemand. Wenn ich dann eingeschlafen war, habe ich von Feuer geträumt, von Menschen, die ermordet wurden. Ich habe ihr Blut gesehen, und ich war ständig unruhig."

Die Zeit im Park Hotel veränderte auch Djokovic. Laut seinem Ex-Trainer Bogdan Obradovic war er bereits zuvor ein „Godzilla" des Tennis, doch diese Erfahrung hat ihn noch stärker gemacht.

Noch sind Djokovics Kinder zu klein, aber irgendwann würde er ihnen gern erzählen, wie er in ein Abschiebezentrum in Melbourne gelangte und was diese Erfahrung mit ihm machte. Das unscheinbare Gebäude ist beigefarben und grau, ein gesichtsloser Kasten, an den man sich schon im nächsten Moment nicht mehr erinnert. Doch wenn man einmal im Inneren war, wird man es nicht so schnell vergessen. Djokovic erklärte, dass er sich immer an die Zeit in dem Hotel erinnern wird, so unbedeutend sie auch war im Vergleich zu dem, was den anderen Männern angetan wurde. Latifi sagt: „Die seelische Qual und die körperlichen Folgen, wenn man vierundzwanzig Stunden am Tag in einem neun Quadratmeter großen Raum verbringt, würden jeden verändern. Ich denke nicht, dass Novak diese Tage je vergessen wird. Aber manchmal muss ich darüber lachen. Bei ihm waren es nur ein paar Tage. Ein Nichts verglichen damit, jahrelang ein Gefangener dieses Systems zu sein." Das ist auch Djokovic klar, daher äußert er sich nur zurückhaltend über die Bedingungen, die er dort erlebte. Wie schlimm auch immer die Episode für ihn war: Er weiß, dass andere weit Schlimmeres über einen sehr viel längeren Zeitraum durchmachen mussten.

Ursprünglich war Djokovic nach Melbourne geflogen, um am „Happy Slam" teilzunehmen, wie Roger Federer das Turnier einst in Anspielung auf das Image Australiens als entspanntes, sonnenverwöhntes, von Stränden gesäumtes Land getauft hatte. Dann wurde er zum Gefangenen an einem der finstersten Orte von Down Under. „Novak scheint das Herz am rechten Fleck zu haben. Ich wünsche mir, dass er einen Eindruck bekommen hat, was es heißt, als Untermensch behandelt zu werden, und dass ihm diese Erfahrung gezeigt hat, was für ein unglaublich privilegiertes Leben er führt. Aber das wusste er sicherlich schon davor", sagte Battisson. „Novak hat zwar auch hart dafür gearbeitet, doch Tatsache ist, dass er extrem privilegiert ist, während andere Menschen ohne eigenes Verschulden in dieser furchtbaren Lage sind, aus der sie jahrelang quasi nicht freikommen können. Ich glaube, dass ihm das die Augen für diese Probleme geöffnet hat und dafür, wie ein vermeintlich entwickeltes Land wie Australien diese schutzlosen Menschen behandelt. Hoffentlich ist er wütend darüber."

Die wenigen Tage im Park Hotel halfen Djokovic dabei, als Sportler auf ein höheres Level zu gelangen, so absurd, wenn nicht sogar grotesk, das in den Ohren von manchen der anderen Insassen klingen mag. „Die Erfahrung hat ihn zu einem besseren Tennisspieler gemacht, er wurde beständiger und entschlossener", meint Cetojevic. „Auf kurze Sicht war es eine Enttäuschung für Novak, aber langfristig betrachtet, hat ihm die Erfahrung gutgetan. Nur wenn wir im Leben auch harte Zeiten durchstehen, können wir wachsen", sagt Cetojevic. „Nicht selten erleben wir eine ziemlich schlechte Phase, auf die wenig später eine ziemlich gute Phase folgt, weil wir aus der Erfahrung lernen und diese Erkenntnisse umsetzen. Eine der großen Fragen, über die ich mich vor langer Zeit mit Djokovic unterhalten habe, war die, wie man das Leben am besten meistert. Novak musste noch reifen. Wie ein Wein, der Zeit braucht, um sein volles Potenzial zu entwickeln. Genauso ist es beim Menschen. Wir müssen unseren Platz im Leben finden, Erfahrungen machen und daraus lernen. Schlechte Erfahrungen haben ihren Sinn: Sie helfen uns zu wachsen. Wenn man eine schwere Zeit durchmacht, wenn man leidet und dieses Leid schließlich überwindet, dann geht man gestärkt daraus hervor. Das ist der Grund, weshalb Novak solch ein großartiger Spieler ist."

Cetojevic hat sich mehr als einmal gefragt, warum jüngere Spieler es bei aller technischen Brillanz nicht mit Djokovic aufnehmen können. Für ihn liegt das an der größeren Reife des Serben. Obwohl diese sich im Wesentlichen seinen Erfahrungen auf dem Platz verdankt, spielen auch die jenseits davon eine Rolle, etwa die Zeit im „Park Prison“. Cetojevic sagt: „Jede einzelne seiner Erfahrungen hilft Novak, der Beste zu sein. Er möchte immer dazulernen. Aus schlechten Tagen lernen und nach vorn schauen, das ist seine Philosophie. Er glaubt nicht, dass er alles weiß, sondern lernt die ganze Zeit dazu, selbst im Gefängnis.“

„DER OBERSCHURKE DER WELT“

Instagram war Novak Djokovics Verderben – ein Satz, der wie die Überschrift einer modernen Fabel über die Gefahren der sozialen Medien klingt, und vielleicht ist er ja genau das. Möglicherweise wäre sein Visum für Australien nicht kassiert worden und er hätte das Park Hotel nie von innen kennengelernt, wenn er nicht ein Bild von sich selbst gepostet hätte, das ihn in Spanien vor Antritt seiner Reise über Dubai nach Melbourne zeigte, begleitet von der Ankündigung: „Unterwegs mit einer Ausnahmegenehmigung Richtung Down Under, auf geht's 2022!“ War es die größte Panne in Djokovics Karriere, dass er dieses auf einem Flughafen aufgenommene Bild postete, auf dem er sich lächelnd an einen Trolley, voll beladen mit Schlägertaschen und weiteren Gepäckstücken, lehnt?

Nach Ansicht mancher australischer Juristen war das der Moment, in dem die Australian Border Force, der australische Grenzschutz, beschloss, sich Djokovic vorzunehmen. „Wenn er das Foto nicht auf Instagram hochgeladen hätte, wäre ihm vermutlich nichts passiert“, so die Menschenrechtsanwältin Alison Battisson, die neben Djokovic weitere Klienten vertrat, die im Park Hotel einsaßen. „Ohne den Post wäre er wohl ungehindert ins Land gekommen.“

Der Post beendete die Spekulationen, wie er es schaffen wollte, an den Australian Open 2022 teilzunehmen, da die Spieler entweder gegen Covid-19 geimpft sein oder über eine von unabhängigen medizinischen Gremien erteilte Ausnahmebescheinigung verfügen mussten. Zugleich löste er jede Menge neuer Spekulationen aus. Djokovic wollte in eine der Städte mit dem härtesten Lockdown weltweit reisen, aber viele Menschen in Melbourne sahen nach all den Opfern, die sie gebracht hatten, nicht ein, dass ein Sportler eine Ausnahmegenehmigung erhalten sollte, nur um in ihrem Land Tennis zu spielen. Vermutlich hatte er nicht einmal im Traum damit gerechnet, dass ein einziger Post von ihm Teile der australischen Öffentlichkeit gegen ihn aufbringen, die australischen Grenzbehörden auf den Plan rufen, seine Tennispläne durchkreuzen und zum Ausgangspunkt einer diplomatischen Differenz werden könnte, weswegen er sich schließlich laut eigener Aussage wie „der Oberschurke der Welt" vorkam.

Battisson ging von zwei potenziellen Szenarien aus. Erstens hielt sie es für möglich, dass ein übereifriger Grenzbeamter Djokovics Instagram-Account folgte, den Post entdeckte und sich dachte: Ha, den schnappe ich mir! Dem zweiten Szenario nach – und dieses ist ein bisschen sinistrer – war jemand aus der Regierung über Djokovics Post gestolpert und hatte den Grenzschutz angewiesen, ihn bei der Ankunft zu befragen, um herauszufinden, ob alles seine Richtigkeit hatte. Craig Tiley zufolge hatte Djokovic Pech, dass die Australian Open ausgerechnet in eine für das Land besonders schwierige Zeit fielen, als die Regierung nach dem richtigen Umgang mit neuen Virus-Varianten suchte. „In vielerlei Hinsicht war es bei Novak eine Frage des Timings", erklärt der Vorsitzende des australischen Tennisverbandes Tennis Australia. „Wenn die Australian Open nicht zu einer Zeit stattgefunden hätten, als die Emotionen derart hochkochten, wäre die Sache für Novak völlig anders ausgegangen."

Manche hielten den Instagram-Post schlicht für ungeschickt, andere dagegen sogar für agitatorisch. Doch dem setzte der Serbe entgegen, dass er davon ausgegangen war, nach Australien einreisen zu dürfen. Wenige Minuten nach der Landung des Fliegers aus Dubai auf dem Melbourner Tullamarine Airport wurden Djokovic und die drei Mitglieder seines Teams in seiner Begleitung vor den anderen Passagieren aus der Maschine eskortiert und zur Passkontrolle geleitet, wo ihn bereits der australische Grenzschutz erwartete.

Es war der 5. Januar 2022, kurz vor Mitternacht, und Djokovic war inklusive Zwischenlandungen bereits seit 25 Stunden unterwegs. Der Beamte an der Passkontrolle fragte den Serben, ob er gegen Covid geimpft sei. Djokovic verneinte, erklärte aber, dass er über eine medizinische Ausnahmegenehmigung verfügte. Er holte einige Papiere hervor, die das seiner Meinung nach belegten. Im Laufe des folgenden kurzen Gesprächs wurde klar, dass die Antworten des Tennisspielers den Beamten nicht zufriedenstellten. Also benachrichtigte dieser einen Kollegen vom Grenzschutz, der die Befragung fortsetzte – in einem engen, anonymen Raum mit einem Tisch, zwei Stühlen und einer Videokamera, die alles aufzeichnete, sowie einem Diktiergerät auf dem Tisch.

Die Befragung zog sich über die gesamte Nacht, mehr als acht Stunden, allerdings mit mehreren Pausen, damit Djokovic sich ein wenig auf einem Sofa ausruhen konnte, das auf dem Gang stand. Irgendwann mitten in der Nacht wurde ihm in einem anderen Raum ein Bett angeboten. Er legte sich hin, setzte seine Kopfhörer auf und versuchte zu schlafen. Doch bereits nach kurzer Zeit wurde er wieder aufgeweckt. Geistig und körperlich zunehmend erschöpft, war er irgendwann „verwirrt“ und „wütend“ über den Verlauf der Nacht, wie er im Anschluss in einer eidesstattlichen Erklärung festhielt. Kurz vor acht Uhr morgens teilte der Beamte Djokovic mit, dass sein Visum annulliert worden war. Wenige Minuten später wandte sich eine Beamtin mit den beunruhigenden Worten an den Serben: „Mein Name ist Beck, ich bin Beamtin des australischen Grenzschutzes. Mir wurde mitgeteilt, dass Sie sich als illegaler Ausländer in Australien aufhalten. Daher nehme ich Sie hiermit in Abschiebehaft.“

Normalerweise wäre Djokovic angesichts seines juristischen Status – als „unlawful non-citizen“ – in Handschellen abgeführt und am Hinterausgang in einen bereitstehenden Van mit schwarzen Scheiben verfrachtet worden. Aber kein einziges Bild von Djokovic in Handschellen ist an die Öffentlichkeit gelangt. Es gibt nur ein Foto von ihm bei der Passkontrolle. Möglicherweise legten die Beamten Djokovic keine Handschellen an, um ihm die Demütigung zu ersparen. Er kam in das Immigration Transit Accommodation Centre, das zentrale Auffanglager, wo sein Fall zunächst zur Weiterbearbeitung landete. Von dort wurde er ins Park Hotel überführt, für dessen Wahl ausschlaggebend gewesen sein könnte, dass er dort einfacher isoliert werden konnte als anderswo. Gerüchten zufolge wurden während Djokovics Aufenthalt die Sicherheitsmaßnahmen im Park Hotel verschärft und mehr Wachleute eingesetzt.

Laut Igor Cetojevic machte Djokovic an der ganzen Geschichte nicht etwa der Verlust der Privatsphäre oder die Beschneidung seiner Bewegungsfreiheit besonders zu schaffen, sondern „die Erkenntnis, dass sie“ – die australischen Politiker – „ihn benutzten. Novak bekam mit, wie sie sich seinen Namen und seine Leistungen zunutze machten und ihn als Bösewicht abstempelten. Dabei hat er unglaublich hohe ethische Maßstäbe und ist einfach ein guter Mensch“, so Cetojevic.

In Serbien wuchs die Überzeugung, wichtige und einflussreiche Persönlichkeiten hätten sich gegen Djokovic verschworen, weil es ihnen nicht gefiel, dass ein Mann aus einem kleinen osteuropäischen Land den Tennissport dominierte. Endlich hätten diese Mächte eine Möglichkeit gefunden, ihn zu stoppen. Die Unterstützung für Djokovic nahm in dem Land geradezu religiöse Züge an, sein Vater verglich die ganze Geschichte gar mit der Kreuzigung Jesu. In Belgrad schürten Demonstrationen und Pressekonferenzen den Zorn, während Srdjan Djokovic seinen Sohn als Nächstes mit Spartakus verglich, dem Anführer des Sklavenaufstands im antiken Rom. Er erklärte: „Sie trampeln auf Novak herum, wie sie auf Serbien und dem serbischen Volk herumtrampeln." Australien versuche, „Serbien in die Knie zu zwingen". Novaks Bruder Djordje verlas in Belgrad eine Botschaft, die Novak an seine Familie geschickt hatte: „Gott sieht alles. Die Moral und die Ethik sind die höchsten Ideale und die Leitsterne auf dem Weg zum spirituellen Aufstieg. Meine Gnade ist spirituell, ihre Gnade ist weltlicher Reichtum."

Die Situation wuchs sich in kürzester Zeit zu einer diplomatischen Krise aus, mit der unvermeidlichen Folge, dass die Sprache undiplomatisch wurde. So bezichtigte etwa der serbische Präsident Aleksander Vucic Australien der „Misshandlung" und „Schikane" Djokovics. Die wohl schärfsten Äußerungen kamen aus dem serbischen Außenministerium, demzufolge Djokovic wie „ein Krimineller, Terrorist oder illegaler Migrant" behandelt wurde und die serbische Öffentlichkeit „den starken Eindruck hat, dass Djokovic gegen seinen ausdrücklichen Willen zum Opfer eines politischen Ränkespiels geworden ist, indem man ihn mit einem Trick dazu gebracht hat, nach Australien zu fliegen, um ihn dort zu demütigen".

Manche bezeichneten das Geschehen als Trauerspiel, mit den australischen Behörden und Tennis Australia als Schuldigen und Djokovic als dem bedauernswerten Opfer. Doch in Djokovics engstem Umkreis wurden auch Stimmen laut, die von einer Verschwörung sprachen. „Ja, natürlich war das geplant. Alles war vorbereitet, alle warteten nur auf ihn", so Cetojevic. „Wie bei einer Venusfliegenfalle. Sie warteten nur auf die Fliege, um diese Riesen-Mediengeschichte abzuziehen. Mit Novak hatten sie einen Hauptdarsteller, den jeder kannte, einen Star, und vor allem jemanden aus einem kleinen Land, mit dem man anstellen konnte, was man wollte. Wir in Serbien stehen auf Novaks Seite, das ist normal. Für uns ist er ein

Superheld. Wir sind ein kleines Land und sehnen uns nach großen Menschen, zu denen wir aufschauen und auf die wir stolz sein können. Wir sahen diese Ungerechtigkeit, und die ganze Nation war sauer, weil er so hinters Licht geführt worden war. Also kochten unsere Emotionen hoch."

Ein großer Teil Serbiens war davon überzeugt, dass sich die australischen Politiker – und die westliche Welt insgesamt – auf Djokovic eingeschossen hatten, weil er Serbe war. Dass der Tennisspieler auch das serbisch-orthodoxe Weihnachtsfest im Park Hotel verbringen musste, verlieh allem noch zusätzliche emotionale Brisanz. „Bei dieser Geschichte mit Novak ging es um Politik: Die Politiker führten ihre Macht vor", stellt Bogdan Obradovic fest, nicht nur als Freund Djokovics, sondern auch als ehemaliges Mitglied des serbischen Parlaments. „Man muss sich bloß an die Haltung der Vereinigten Staaten und der Europäischen Union gegenüber Serbien in den 1990er-Jahren erinnern. Sie brachten uns mit ihrer Bombardierung an den Rand der Existenz und zerstörten anschließend unsere Wirtschaft, bis wir völlig am Boden lagen. Und dann machten sie Novak fertig. Damit war eine Grenze überschritten. Novak hat sich nicht ein einziges Mal negativ über Australien oder seine Bewohner geäußert. Er begriff nur einfach nicht, warum sie das machten, insbesondere in dem Moment, da er nach seinem zehnten Titel griff. Ich verstehe nicht, was für einen Unterschied ein einziger ungeimpfter Tennisspieler machen soll. Warum die Menschen es zu solch einem Problem stilisierten, dass Novak nicht geimpft war. Er hat nie eine vernünftige Antwort auf die Frage bekommen: Worum ging es bei alldem eigentlich wirklich?"

Sehr viel einfacher dürfte folgende Frage zu beantworten sein: Wie hätte man von dieser Geschichte nichts mitbekommen können? Das war natürlich schlechterdings unmöglich. Jeder schien eine Meinung dazu zu haben. Die Stimmung in Melbourne drohte zu kippen und wurde allmählich bedrohlich.

Auf den Straßen nahmen die Spannungen zwischen der Polizei und Djokovics Anhängern zu. Die Ordnungskräfte setzten sogar Pfefferspray gegen Fans ein, die unter „Nole"-Sprechchören seinen Wagen einkreisten, als er von der Kanzlei seines Anwalts aufbrach.

Die angespannte Atmosphäre in der Stadt und rund um Djokovic wurde noch dadurch angeheizt, dass Craig Tiley nach Morddrohungen Personenschutz für sich und seine Familie erhielt. Tiley wurde von allen Seiten kritisiert, von Menschen, die ihm die Verantwortung zuschoben, dass Djokovic überhaupt nach Australien gekommen war, ebenso wie von solchen, die ihm vorwarfen, an dessen Abschiebung mitgewirkt zu haben. „Sich in einer unsicheren Situation zu befinden, zehrt immer an den Nerven. In meinem Fall hieß das, dass ich mich zurückzog, um die Menschen zu schützen, die mir am wichtigsten sind. Ich habe das für meine Familie und meine Freunde getan, aber auch für unser Team, unsere Mitarbeiter", erklärte Tiley später. „Der Druck damals war extrem. Einerseits war da die Sorge wegen dem, was vor sich ging, aber mir persönlich ging es vor allem darum, meine Familie und Freunde und unsere Leute zu schützen." Tiley stand die gesamte Zeit über in regelmäßigem Kontakt mit Djokovic. Als Privatmensch ebenso wie als Chef von Tennis Australia war für ihn das Wichtigste, dass es dem Sportler gut ging.

Djokovic hat die Menschen nie kalt gelassen. Dass sich Tennisfans polemisch über ihn äußerten, war nichts Neues. Das kannte er seit Jahren, und er hatte sich daran gewöhnt. Doch damals gaben erstmals auch Personen ihre Meinung zum Besten, die nichts mit Tennis zu tun hatten – anscheinend die ganze Welt. Djokovic saß als „non-citizen" in einem kleinen Zimmer fest, doch zugleich war er allgegenwärtig: in den Nachrichten, im Internet, wo er zum Monster stilisiert wurde, oder in unzähligen Diskussionen offline. Einige Tage lang schien es auf der Welt kein anderes Thema zu geben. „Novak stand weltweit im Mittelpunkt des Interesses. Er war überall in den Nachrichten“, sagte Tiley. „Ich glaube nicht, dass er je zuvor solche Aufmerksamkeit und solchen Druck erlebt hat. Das war heftig. Andere Sportler haben private Tragödien erlebt, die für sie traumatisch waren, aber ich denke nicht, dass irgendein anderer Tennisspieler oder sonstiger Sportler jemals etwas derart Extremes in einer so breiten Öffentlichkeit durchmachen musste.“

Djokovic erlebte während der Geschichte in Australien einige düstere Momente. Doch Obradovic ist überzeugt, dass er diese Zeit durchzustehen vermochte, weil er ein außerordentlich positiver Mensch ist. „Man kann an Novaks Gesicht ablesen, dass er ein glücklicher Mensch ist. Er ist extrem positiv. Man spürt diese Energie, wenn man Zeit mit ihm verbringt, und dann genießt man es, mit ihm zusammen zu sein, sich mit ihm zu unterhalten oder einen Film zu schauen. Novak hat einfach Spaß am Leben. So einfach ist das, man muss das gar nicht groß analysieren. Er ist positiv, Punkt. Novak ist beim Aufwachen positiv, und er ist nachts um zwölf positiv. Er ist 24 Stunden am Tag positiv, das weiß ich, weil ich unzählige Male den ganzen Tag mit ihm verbracht habe. Er tut alles für diese positive Einstellung, ständig und auf jede erdenkliche Weise. Novak liebt das Leben. Er liebt es, Spaß zu haben. Er möchte reden, er möchte zuhören, er möchte in jeder Minute des Tages irgendetwas machen, und er möchte einen Plan haben“, erzählt Obradovic. „Wenn er wie in Australien etwas Negatives erlebt, verstaut er diese Negativität irgendwo weit hinten in seinem Geist oder seiner Seele, und macht dann weiter. Das wird ihm dabei geholfen haben, diese Zeit durchzustehen.“

In dieser heiklen Zeit achtete Djokovic genau darauf, was er öffentlich sagte. Er wollte nicht noch Öl ins Feuer gießen. „Es war nicht einfach, aber Novak verhielt sich wie ein Gentleman“, erinnert sich sein Freund Sam Osmanagic, der „bosnische

Indiana Jones". „Bei jeder seiner öffentlichen Äußerungen – selbst im Abschiebelager, vor Gericht und schließlich bei der Abreise aus Australien – zeigte Novak stets größten Respekt für Australien, die Australier, die Turnierorganisatoren und seine Fans."

Djokovic liest keine Zeitungen, allerdings nutzt er die sozialen Medien, wo er unweigerlich auf Zitate aus Zeitungen und Links zu Artikeln stößt. Sein Ruf wurde in den Dreck gezogen. Mit Unbehagen las er, was andere über ihn schrieben. Er bekam mit, dass die Menschen, auch einige andere Tennisspieler, die falschen Schlüsse zogen. Ursprünglich hatte Djokovic sich damit abgefunden, nicht nach Australien fliegen zu können, doch dann hatte er sich mit Covid-19 infiziert und um eine medizinische Ausnahmegenehmigung gebeten, die ihm auch erteilt worden war. Ihm war klar, dass manche es für einen glücklichen Zufall hielten, dass er ausgerechnet Mitte Dezember an Corona erkrankt war, da er somit um eine medizinische Ausnahmegenehmigung nachsuchen konnte. Doch in einem späteren Interview mit der BBC erklärte er, dass eine Covid-Erkrankung niemals glücklich oder passend kommt (er selbst hatte beim ersten Mal, im Juni 2020, starke Symptome). Eine der häufigsten Unterstellungen war, er verhielte sich, als würden die Regeln für ihn nicht gelten, während sich die meisten Australier den weltweit schärfsten Regeln unterworfen hatten. Djokovic selbst glaubte keineswegs, dass er seine privilegierte Stellung ausgenutzt hatte, um sich die Einreise nach Australien zu erschleichen. Seine Bitte um eine medizinische Ausnahmegenehmigung war durch zwei unabhängige Fachkommissionen beglaubigt und anonym eingereicht worden.

Für manche Menschen war er fortan nur noch „No-vax Djokovic" (ungeimpfter Novak) – ein moralisch bedenklicher Impfgegner und eine Bedrohung für die Gesellschaft und die öffentliche Gesundheit. Dabei hatte sich Djokovic kein einziges Mal zu irgendeiner wie auch immer gearteten Impfgegner-Bewegung bekannt. Allerdings hatte er im April 2020 in einem Facebook-Livechat erklärt, er wolle „von niemandem dazu gezwungen werden, mir einen Impfstoff verabreichen zu lassen", um mit dem Tenniszirkus um die Welt reisen zu dürfen. Djokovic setzte sich für das Recht jedes Einzelnen ein, selbst zu entscheiden, was er seinem Körper zuführen will – in seinen Augen ein menschliches Grundrecht. Niemals würde er irgendjemandem vorzuschreiben versuchen, ob er sich impfen lässt oder nicht.

Djokovic war nicht aus ideologischen Gründen gegen das Impfen. Als Kind war er geimpft worden, und er behauptete keineswegs, dass die Covid-Impfstoffe unwirksam wären. Allerdings war er der Meinung, nicht über ausreichend Informationen hinsichtlich der Auswirkungen auf seinen Sportlerkörper zu verfügen. Djokovic achtet genau darauf, was in seinen Körper gelangt, es ist für ihn das Geheimnis seiner langen Karriere als Spitzensportler. Daher beschäftigt er sich seit jeher auch intensiv mit den möglichen Vor- und Nachteilen der Nahrungsergänzungsmittel und Sportgetränke, die er zu sich nimmt. Er ist überzeugt, dass diese Sorgfalt und Aufmerksamkeit noch für die kleinste Kleinigkeit dafür verantwortlich sind, dass er sich derart lange an der Spitze halten konnte. Daher wollte er schlicht nicht das Risiko eingehen, dass die Impfung seinem Körper womöglich schadete. Wie erst im Januar 2022 bekannt wurde, hatte Djokovic bereits zu Beginn der Pandemie 2020 die Mehrheit an dem Kopenhagener Biotech-Unternehmen QuantBioRes erworben, das statt eines Impfstoffs ein Medikament gegen Covid entwickeln wollte.

Nicht wenige sahen Djokovic als Freiheitskämpfer und Anwalt der Menschenrechte, der sich gegen den medizinischen Mainstream und die mediale Orthodoxie stellte. Doch während einigen Menschen die ganze Geschichte zu Herzen ging, war sie für viele lediglich Unterhaltung und die amüsante Demontage eines Stars. Im Zentrum all dessen zu stehen und das eigene Leben seziert zu sehen, muss furchtbar gewesen sein. Djokovic stand nicht nur kurz vor der Abschiebung, zugleich ruinierte man auch noch seinen Ruf. Eine Fotografie von ihm ging um die Welt, auf der er zu sehen war, wie er, als er nach eigener Angabe Corona hatte, ohne Maske an einem Tennis-Event mit Kindern teilnahm. Tatsächlich hatte er am Morgen des entsprechenden Tags einen Test gemacht, allerdings zum Zeitpunkt der Aufnahme noch nicht das positive Ergebnis erhalten. Diese Entschuldigung konnte er jedoch nicht geltend machen, als es darum ging, warum er der französischen Sportzeitung *L'Equipe* ein seit Langem verabredetes Interview mitsamt Fotoshooting gab – denn zu dem Zeitpunkt wusste er bereits, dass er an Corona erkrankt war. Später gab Djokovic zu, dass es ein Fehler gewesen war, sich mit dem Journalisten zu treffen, doch in dem Moment habe er ihn nicht enttäuschen wollen.

Bereits vor seiner Internierung in Melbourne war die Pandemie-Zeit für Djokovic alles andere als gemütlich gewesen, denn er musste damals einige PR-Pleiten einstecken. So entfalteten etwa die Bilder von Djokovics Adria-Tour, einem Showevent zu einer Zeit, da rund um die Welt die meisten ihre Wohnung nicht ohne Maske und Desinfektionsmittel verließen, zwangsläufig eine provozierende Wirkung. Sie zeigten mehrere Spieler, die Arm in Arm und oben ohne in einem Belgrader Nachtclub tanzten. In der PR ist der Schein alles, und nicht wenige Menschen gewannen den Eindruck, dass es sich um ein Superspreader-Event handelte. Die Fans von Djokovic wiesen jegliche Kritik an der Tour, unter anderem vom „enttäuschten" Wimbledon-Chef, als unfair zurück, schließlich hätten sich die Spieler an die zu dem Zeitpunkt in den Balkanländern geltenden Regeln gehalten. So mussten sie etwa keinen Mundschutz tragen. Djokovic selbst sah sich als Opfer einer „Hexenjagd". Obradovic meinte: „Novak wollte etwas Gutes tun, doch er hörte nur Vorwürfe: ‚Wie konntest du nur diese Tour auf die Beine stellen?' Das war eine schwere Zeit für Novak. Er hatte so viele Probleme, und alle schienen gegen ihn zu sein."

Nachdem sich mehrere Spieler, darunter Djokovic selbst, mit Corona infiziert hatten, wurde die Tour abgebrochen. Doch für Djokovic war die Sache damit keineswegs ausgestanden, denn als man ihn anderthalb Jahre später als subversiv und sogar als Gefahr für die Gesellschaft an den Pranger stellte, wurden die Bilder erneut hervorgekramt. Inmitten der weltweiten Aufregung wurde zudem eine weitere Geschichte abermals ausgebreitet: Djokovics Ehefrau Jelena hatte zu einem früheren Zeitpunkt ein Video von Dr. Thomas Cowan in den sozialen Medien geteilt, in dem er einen Zusammenhang zwischen der 5G-Technologie und Covid herstellte. Das Video wurde auf einer Plattform als „Fehlinformation" gekennzeichnet, was ein wenig peinlich war, allerdings hatte Jelena auch nie behauptet, dass sie die These unterstützte.

Alles, was in den beiden Jahren zuvor geschehen war, mündete in Melbourne in einer Art Finale furioso der Pandemie-Saga des Serben. „Um Novak wurde ein wahnsinniges Theater gemacht", empört sich Cetojevic und versteigt sich zu der Aussage: „Vielleicht ist das nicht gerade der allerbeste Vergleich, aber man denke an Jesus. Auch er wurde zu seiner Zeit von den Herrschenden öffentlich bloßgestellt und bestraft. Auch er stellte sich gegen die etablierte Politik und die Mainstream-Ideen. Und auch bei ihm zeigte die Zeit, dass er den richtigen Weg eingeschlagen hatte." Cetojevic weiß so gut wie kaum ein anderer, wie Djokovic tickt. Ihm zufolge kam es für den Sportler darauf an, dass er lernte „zu akzeptieren", um diese Zeit durchzustehen. „Novak musste die Welt so akzeptieren, wie sie ist, nicht wie er sie gerne hätte. Außerdem musste er, und das war ihm absolut bewusst, sich selbst und seine Entscheidungen annehmen. Im Leben muss man sich selbst akzeptieren und zu sich stehen, nicht versuchen, andere zu imitieren. Jemand anderen nachahmen zu wollen, funktioniert nicht, denn dann verliert man sich selbst."

Auf dem Höhepunkt der Aufregung schrieb Cetojevic Djokovic eine Nachricht, in der er ihn als „Lichtgestalt der Menschenrechte" bezeichnete. „Ich mag Menschen mit einer eigenen Persönlichkeit, und Novak ist ein einzigartiges Wesen. Die Pandemie war eine Herausforderung für die gesamte Menschheit. Manche Menschen sind Lichtgestalten. Novak würde sich niemals dem Druck der Medien beugen, er ist kein blinder Mitläufer. Er ist ein Wissender, ein bewusster Mensch. Ihm ist klar, dass da ein Riesenbetrug vor sich geht [mit den Covid-Impfstoffen, so Cetojevics Meinung; d. Verf.], und er lässt sich nicht gerne die Pistole auf die Brust setzen. Die Serben im Allgemeinen lassen sich von niemandem unter Druck setzen. Wir kämpfen. Normalerweise sind wir ausgesprochen friedliche Menschen, aber niemand sollte uns in eine Lage bringen, in der wir kämpfen müssen", so Cetojevic wörtlich.

„Novak hat sich sein ganzes Leben lang, auf jeden Fall solange ich ihn kenne, mit Gesundheit und Ernährung beschäftigt. Und er war felsenfest davon überzeugt, dass eine Impfung ihm nicht nutzen würde. Novak glaubt an die Entscheidungsfreiheit und dass jeder tun soll, was auch immer er will. Manche Menschen verfügen über Informationen, andere nicht. Manche Menschen lassen sich von den Medien beeinflussen, andere nicht. Er entschied sich, ungeimpft zu bleiben. Novak wollte nicht an diesem Experiment teilnehmen. Einige fallen nach wie vor auf die Medien herein, doch inzwischen kennen wir die medizinischen Folgen des Impfens. Novak hat sich nach bestem Wissen und Gewissen entschieden."

Ein anderer Topspieler in Djokovics Situation – also mit dem Wissen, dass alle seine Konkurrenten geimpft waren – hätte womöglich eingelenkt und den Ärmel hochgezogen, um sich die Spritze verpassen zu lassen. Einige bezeichnen Djokovic deswegen als stur und unbelehrbar und meinen, dass er sich selbst die Chance genommen hat, ein noch größerer Spieler zu werden. Andere hingegen, darunter auch sein engstes Umfeld, unterstützen, dass er seinen Prinzipien treu geblieben sei. Einige Wochen nach seiner Rückkehr aus Australien schilderte Djokovic, wie er sich von dem enormen Druck und der öffentlichen Zurschaustellung „nicht unterkriegen ließ" und überlegte, ob das möglicherweise mit seiner Geschichte zusammenhing. Da er bereits in jungen Jahren immer wieder allein zu Turnieren gefahren war, hatte er mehr Eigenverantwortung entwickelt und eigenständiger zu denken gelernt als die meisten anderen Spieler seines Alters. Als Kind muss sich Djokovic oftmals so gefühlt haben, als wäre er mutterseelenallein auf der Welt und müsste sehen, wie er sich durchschlägt. Und nun als Erwachsener befand er sich erneut in dieser Situation.

Djokovics Umfeld reagierte teils skeptisch auf den Umgang der Schulmedizin mit Covid-19. Sein Freund Osmanagic erläuterte Djokovic, die hohe Dosis negativer Ionen in den Tunneln unterhalb der bosnischen Pyramiden habe ihn und alle anderen Besucher gegen Covid und sonstige Viren immunisiert. „Ich habe mit Novak über die messbaren Eigenschaften der Tunnel gesprochen und ihm sogar unsere Instrumente vorgeführt, um ihm die Konzentration der negativen Ionen zu zeigen. Er wusste also Bescheid darüber. Covid war ein Virus, und die negativen Ionen ermöglichen unserem Körper, Viren zu bekämpfen", so Osmanagic. „Was den Impfstoff betrifft, also das experimentelle genetisch-pharmazeutische Produkt, so wissen wir herzlich wenig über seinen Inhalt. Aber ich weiß genau, was in den Tunneln passiert."

Die Zeit im Park Hotel verging nur langsam. Doch im Gegensatz zu den übrigen „Gästen" wurde Djokovic bereits nach wenigen Tage zur Anhörung vorgeladen. Für das Gericht war er so etwas wie ein Schiff mit verderblicher Ware, dessen Fracht möglichst rasch gelöscht werden musste. Ein Richter widerrief die Annullierung des Visums, da der Spieler von den australischen Grenzschutzbeamten nicht fair behandelt worden sei. Djokovic durfte das Park Hotel verlassen und im Melbourne Park trainieren. Dennoch war nichts mehr wie zuvor – obwohl Melbourne und die Rod Laver Arena zu den Städten bzw. Tennisanlagen gehören, wo Djokovic sich wohler fühlt als an anderen Orten des weltweiten Tenniszirkus. Gewöhnlich traf er dort im Januar voller Energie und hochmotiviert ein, um bestmöglich in die Saison zu starten, befeuert von der Erinnerung an seine vergangenen Erfolge.

„Dies ist mein Revier, dies ist mein Court, hier bin ich der Chef, und hier fühle ich mich am besten", so hatte er im Jahr zuvor sein Gefühl beschrieben, wenn er in der Rod Laver Arena spielte. Doch war das immer noch so, als während seines Trainings die Hubschrauber von Nachrichtensendern am Himmel kreisten?

Besonders setzte Djokovic zu, dass einige andere Spieler offensichtlich sauer auf ihn waren, weil sie den Eindruck hatten, er hätte ein Schlupfloch genutzt, um sich ins Land zu stehlen – und weil er die Schlagzeilen zum ersten Grand Slam des Jahres gekapert hatte, obwohl zu diesem Zeitpunkt eigentlich alle nur darüber hätten spekulieren sollen, welche Tennisgeschichten diesmal in Melbourne geschrieben würden. Doch niemand interessierte sich für das Sportliche und dafür, wer bei den Australian Open wie weit kommen und den Titel gewinnen würde. Sondern alles drehte sich darum, ob Djokovic ausgewiesen werden sollte und würde. Ihn schmerzten die Blicke, mit denen ihn manche Spieler musterten, und er fühlte sich unbehaglich angesichts der Energie, die sie in seiner Gegenwart ausstrahlten. Dies waren Menschen, die er häufiger sah als seine Familie, und ihm war wichtig, was sie über ihn dachten.

Djokovic ist alles andere als abgehoben, vielmehr nutzt er seine Stellung als Star, um seine Kollegen zu unterstützen, etwa mit seinem Engagement als Mitgründer der Professional Tennis Players Association (PTPA), die einen höheren Preisgeld-Anteil für Spieler mit niedrigerer Ranglistenposition fordert. Doch in dem Moment schien das niemanden mehr zu interessieren, alles wurde durch die Kontroverse um sein Visum und die fehlende Impfung überdeckt. Djokovic kam es so vor, als würde seine Reputation in einem Strudel „andauernder Fehlinformationen" (seine Worte) untergehen. Ein Punkt, den er klären wollte, betraf sein Formular zu vorangegangenen Reisen. Darauf war irrtümlich notiert worden, dass er in den vierzehn Tagen vor seiner Ankunft in Melbourne keinerlei sonstige Reisen unternommen hätte. Doch in diesem Zeitraum war Djokovic zunächst in Serbien gewesen, bevor er dann von Spanien aus über Dubai nach Australien geflogen war. Allerdings, so erklärte er, habe er keineswegs etwas verschleiern wollen, es habe sich schlichtweg um den „menschlichen Fehler" eines Teammitglieds gehandelt, von dem das Formular ausgefüllt worden sei. Erstaunlicherweise war einer der wenigen Spieler, die öffentlich Partei für Djokovic ergriffen, ausgerechnet Nick Kyrgios, mit dem ihn bis dahin nicht gerade ein herzliches Verhältnis verbunden hatte (die Stellungnahme des Australiers führte schließlich dazu, dass sich ihr feindseliges Verhältnis in eine innige Freundschaft verwandelte).

Einen der merkwürdigsten Auftritte lieferte der umstrittene britische Politiker Nigel Farage, einer der führenden Köpfe hinter der Brexit-Kampagne, die mit Großbritanniens bedauerlichem Austritt aus der Europäischen Union endete. Farage tauchte überraschend bei Familie Djokovic in Belgrad auf, was der Brite Andy Murray nicht unkommentiert ließ. Er postete ein Video von Farage im Pokalzimmer der Familie und schrieb dazu: „Bitte filmen Sie auch den peinlichen Moment, wenn

Sie ihnen erzählen, dass Sie sich seit Langem dafür einsetzen, Personen aus Osteuropa abzuschieben." Als 2023 die Privatbank Coutts Farages Konto sperrte – was später wieder rückgängig gemacht wurde, begleitet von einer Entschuldigung bei dem Politiker –, wurden in einem internen Dokument der Bank auch seine Verbindungen zur Familie Djokovic erwähnt, so als habe seine Reputation auch dadurch Schaden genommen.

Djokovic gilt als Galionsfigur der Impfgegner. Das wollte er nie sein. Dass sein Visum in einem Berufungsverfahren abermals für ungültig erklärt wurde, ging auf eine Intervention von Alex Hawke zurück, den australischen Minister für Einwanderung, und zwar „aus Gründen der Gesundheit und der öffentlichen Ordnung". In einem bei Gericht eingereichten Schriftstück erklärte Hawke, Djokovic werde „von manchen als Leitfigur einer Gemeinschaft von Impfgegnern angesehen" und könne daher „Unruhen" auslösen und Teile der australischen Bevölkerung bewegen, die Impfung zu verweigern. Djokovic reagierte betroffen und legte vergeblich Widerspruch gegen die Entscheidung ein. In einem BBC-Interview erklärte er später: „Dieser Wahrnehmung widerspreche ich entschieden. Ich bin wirklich traurig und enttäuscht, dass ich auf dieser Grundlage abgeschoben wurde. Ich inspiriere die Menschen, aber ich inspiriere sie nicht dazu, auf der Straße zu demonstrieren und sich den Impfgegnern anzuschließen."

*

Bereut Djokovic irgendetwas? Ja, einiges. Doch größtenteils handelt es sich dabei nur um Nebensächlichkeiten, zum Beispiel dass er wiederholt wutentbrannt seine Schläger zertrümmerte. Wenn wenige Augenblicke darauf sein Zorn verraucht war und sein Blick auf die traurigen Überreste fiel, bedauerte er sein Verhalten sofort. Djokovic hat sich damit abgefunden, dass er in der Pandemie nicht alles richtig gemacht hat. So hätte er das

L'Equipe-Interview während seiner Corona-Erkrankung absagen sollen. Doch laut Bogdan Obradovic bedauert Djokovic nicht, dass er sich nicht impfen ließ, auch wenn er dadurch die Gelegenheit verpasste, noch mehr Grand Slams zu gewinnen, und sein Ruf gelitten hat. Auch Djokovic selbst hat das öffentlich bekannt. Ob privat oder öffentlich, die Botschaft ist dieselbe: Ich bereue nichts.

Djokovic hat sein Leben vollkommen dem Tennis und dem Gewinn der größtmöglichen Anzahl von Grand-Slam-Titeln verschrieben. Dennoch stand für ihn immer fest, dass die anhaltende Fürsorge für den eigenen Körper Vorrang hat. Die Konsequenzen waren klar: Ohne Impfung sank die Anzahl seiner Chancen, eines der Major-Turniere zu gewinnen. Doch damit konnte er leben. Dennoch bedauerte er es, nicht in Melbourne spielen zu können. Das Finale der Australian Open 2022 vor dem Fernseher zu verfolgen, schmerzte Djokovic, der sich mehr als alles andere gewünscht hätte, selbst auf dem Platz zu stehen. Doch das bedeutete nicht, dass er bereute, nicht geimpft zu sein. (Aufheitern konnte ihn an dem Tag nur sein Sohn Stefan, der jedes Mal, wenn Rafael Nadal bei seinem Sieg über Daniil Medwedew einen Punkt machte, wild durch die Gegend hüpfte und die Faust in der Art des Mallorquiners ballte.)

Die Australian Open 2022 waren nicht das einzige Grand-Slam-Turnier, bei dem Djokovic wegen seiner Haltung zum Impfen die Teilnahme verwehrt blieb. Im weiteren Verlauf der Saison durfte er auch nicht bei den US Open antreten, da ausländischen Staatsbürgern die Einreise in die Vereinigten Staaten nur mit vollständigem Impfschutz gestattet war.

Irgendjemand sagte einmal, dass ein Jahr, in dem man Wimbledon gewinnt, immer ein gutes Jahr sei. Und ebendies gelang Djokovic 2022 mit einem Sieg über Nick Kyrgios, da die Einreise in das Vereinigte Königreich auch Ungeimpften offenstand. Doch zwei der vier Majors des Jahres verpasste er – und damit zwei Chancen, seine Sammlung von Grand-Slam-Titeln zu erweitern. Doch sollten sich andere ruhig den Kopf darüber zerbrechen, was hätte sein können, Djokovic ließ sich von solchen Überlegungen nicht beirren. „Novak wird seine Impf-Entscheidung niemals bereuen. Er verschwendet keinen Gedanken daran, dass er noch mehr Grand Slams hätte gewinnen können, wenn er geimpft gewesen wäre“, sagt Obradovic. „Novak nimmt sich Zeit, bevor er eine Entscheidung trifft. Er denkt nach, tauscht sich mit anderen aus und legt sich schließlich fest. Er entscheidet sich nicht überstürzt, sondern geht höchst taktisch und strategisch vor. In der Regel vermeidet man genau so gravierende Fehler. Novak dürfte klar gewesen sein, was warum passiert ist. Möglicherweise war ihm bereits im Voraus bewusst, dass man ihn leiden lassen würde. Aber das war ihm egal. Er blieb stark und hielt an seinen Überzeugungen fest.“

Trotz Djokovics zur Schau getragener Freundlichkeit und seines positiven Wesens fragt man sich unweigerlich, ob ihn die Geschehnisse in Melbourne innerlich nicht zum Kochen brachten. Kyrgios zufolge hätte man bei dem Turnier einen wütenden und „gefährlichen Motherfucker“ erlebt, wäre der Serbe nicht vor Beginn der Australian Open ausgewiesen, sondern freigelassen worden, sodass er im Melbourne Park hätte antreten können. Auch wenn es 2022 nicht dazu kam, konnte man ein Jahr darauf sehen, wie die Wut Djokovic antrieb. Inzwischen durften auch Ungeimpfte nach Australien einreisen, sodass er nach Melbourne fliegen konnte, mit dem festen Vorsatz im Gepäck, dort seinen zehnten Titel zu gewinnen und Nadals Rekord von 22 Grand-Slam-Titeln einzustellen. Manche sagten, dass sich Djokovic auf einem Rachefeldzug befunden hätte. Und auch wenn das ein wenig überzogen gewesen sein dürfte, war er 2023 ohne Frage bis in die Haarspitzen motiviert. Während in seinem Umfeld Stimmen laut wurden, ob er überhaupt noch einmal nach Australien reisen sollte, da er in dem Land so viel Leid und so vielen Problemen ausgesetzt gewesen war, wollte Djokovic die Australian Open 2023 unter keinen Umständen verpassen; er hatte noch etwas klarzustellen.

„Sie hatten den Bären gekitzelt", erklärt Todd Martin. „Doch Novak blieb standhaft. Was auch immer andere über Impfstoffe, Anordnungen und Strategien in der Pandemie dachten: Novak war entschlossen. Die größten Persönlichkeiten der Weltgeschichte haben aus ihrem Scheitern gelernt. Damit will ich nicht sagen, dass Novak wegen seiner Abschiebung aus Australien gescheitert wäre. Meiner Meinung nach war das ein kollektives Scheitern von Systemen, Organisationen und Individuen. Doch die wirklich großen Persönlichkeiten stemmen sich gegen das Scheitern, aber wenn es dennoch dazu kommt, nutzen sie es in irgendeiner Weise für sich. Sie nehmen das, was falsch läuft, und wenden es zu ihren Gunsten. Sie machen die Dinge irgendwie besser. Für ihn wurde das zu einer zusätzlichen Motivation."

Tiley sprach von Djokovics „unfassbarer Widerstandskraft" bei den Australian Open, sowohl 2022 als auch 2023. „Es war wirklich unglaublich, wie Novak reagierte, wie er diese Zeit durchstand, und wie er dann 2023 zu diesem Turnier zurückkehrte, das für ihn mit so vielen Emotionen verbunden war", führt er aus. „Novak hielt durch, weil ihm klar war, dass diese schwierige Zeit vorübergehen würde."

Djokovic ist gekommen, um zu bleiben. „Diese unbedeutenden Politiker in Australien hatten Novak gereizt, und er wollte zeigen, dass er der Beste war", sagt Cetojevic. „Inzwischen kann sich niemand mehr an diese Politiker erinnern. Aber Novak steht immer noch an der Spitze."

BESESSENHEIT

„Ich sage Ihnen, dass in Novaks Kopf ein tiefes Geheimnis verborgen liegt", erklärt Bogdan Obradovic aus der Perspektive des Mentors des jungen Novak Djokovic, der ihn später als Kapitän des serbischen Teams zum Davis-Cup-Triumph führte. Möglicherweise sei noch nicht einmal dem Spieler selbst klar, worin dieses Geheimnis bestehe. Obradovic zufolge wird man Djokovics Größe und die Ursache dafür, dass er derart viele Grand-Slam-Turniere gewinnen konnte, nicht verstehen, wenn man sich nur mit seiner Technik beschäftigt. Vielmehr müsse man sich ihm auf einer übernatürlichen oder paranormalen Ebene nähern. Seiner Überzeugung nach hat Djokovic, den er als Zehnjährigen kennengelernt hat, Zugang zu einer geistigen Energiequelle, die unmittelbar auf ein übersinnliches Wesen zurückgeht. „Ich glaube, dass Novak in gewisser Weise die Grenze zum Göttlichen, zu unserem Schöpfer, überschreitet."

Obradovic geht nicht so weit, Djokovic eine Tennis-Gottheit zu nennen. Gleichwohl ist der Serbe für ihn der Einzige, dem diese Energie, eine gleichermaßen göttliche wie exklusive Energie, zur Verfügung steht, was anscheinend nichts anderes heißt, als dass er sich selbst heilen und unermüdlich weitermachen kann. Bereits bei ihrer ersten Begegnung, als Djokovic noch ein Kind war, spürte Obradovic eine derart starke „kosmische Energie", die der Junge mit auf den Tennisplatz brachte, dass es ihm so vorkam, als hätte er es mit einem „Außerirdischen" zu tun. Im Laufe der Jahre nahm Obradovic jedoch noch etwas anderes an Djokovic wahr, nämlich dass er litt und sich oftmals leer und einsam fühlte – denn auch das bedeutet Spitzentennis.

Doch während andere zusammengebrochen wären, pushte Djokovic sich immer noch weiter.

„Wenn ich so etwas erzähle, dann nicht etwa, weil Novak der größte Tennisspieler aller Zeiten ist. Ich schildere nur, was ich mit eigenen Augen gesehen habe. Manchmal kann man tatsächlich sehen, wie er sich selbst heilt. Er besitzt magische Fähigkeiten, glauben Sie mir", bekräftigt Obradovic. „Andere großartige Sportler – und ich meine Typen wie Michael Jordan oder Michael Phelps – hatten jede Menge Unterstützung von außen. So luden sie ihre Akkus wieder auf. Fast alle Tennisspieler holen sich ihre Energie im Außen. Ich glaube, Novak ist der Einzige, der zum Aufladen seiner Batterien ausschließlich die eigenen, inneren Ressourcen nutzt. Das macht ihn so besonders. Er hat so etwas wie eine Antenne für den Typen da oben oder ist irgendwie anders mit ihm verbunden. Er empfängt Energie. Ich habe keine Ahnung, wie er das macht. Vielleicht weiß er das nicht einmal selbst, aber irgendwie vermag er es."

Obradovic hat keine andere Erklärung für Djokovics außergewöhnliche Kräfte, auch wenn viele skeptisch reagieren werden. „Es muss so sein. Wäre er ein Mensch wie du und ich, hätte er all diese Momente in seiner Karriere nicht überstanden. Dass Novak so viele Grand-Slam-Titel gewonnen hat, liegt nicht an seiner Vorhand oder seiner Rückhand, sondern an dieser Energieressource, die er anzapfen kann, und dieser Fähigkeit, seine Batterien von innen heraus wieder aufzuladen. Er braucht kein Kabel. Das geschieht in ihm. In seinem Geist gibt es etwas Außerordentliches und Großes. Vielleicht wird er es uns eines Tages erzählen. Oder vielleicht muss er das erst noch selbst begreifen, und dann macht jemand irgendwelche Tests mit ihm, und dadurch erfahren wir, was es ist. Wir beziehen unsere Energie von der Sonne und aus dem Trinkwasser und der Nahrung. Auch die Liebe spendet uns Energie, wenn wir jemanden lieben und diese Person uns ebenfalls liebt. Doch was ist, wenn irgendetwas dich fertigmacht und dir die normalen Dinge wie die Sonne, der Mond und deine Familie keine Energie mehr schenken? Dann suchst du in sehr viel tieferen Schichten und nutzt andere Quellen. Genau das hat Novak gemacht."

Wenn Nikola Tesla noch leben würde, der berühmte serbische Wissenschaftler und Erfinder, könnte er Djokovics Energie vielleicht erklären – stellt sich Obradovic vor. Doch wo auch immer sie herkommen mag, Obradovic zufolge ist sie der Grund für Djokovics Jugendlichkeit. „Darum sieht er viel jünger aus und hatte nicht so viele Verletzungen und Zipperlein wie viele andere Sportler in seinem Alter."

*

Wie Djokovic seinem engen Freund Janko Tipsarevic gestanden hat, geht ihm eine Frage unablässig durch den Kopf. Vor jeder Entscheidung – egal, ob sie weitreichende Folgen hat oder unbedeutend erscheinen mag – fragt er sich: „Was ist das Beste für mein Tennis?" Diese Frage bestimmt Djokovics Haltung im Leben. Alles, was er tut, dient dem übergeordneten Ziel, ein besserer Tennisspieler zu werden. Auf dem Trainingsplatz oder im Match die richtigen Entscheidungen zu treffen, genügt nicht: Djokovic richtet jeden einzelnen Aspekt seines Lebens darauf aus, noch mehr Grand-Slam-Titel zu gewinnen. Wenn er denkt, dass etwas seinem Spiel schaden oder ihn irgendwie bremsen könnte, lässt er es bleiben.

Wie Djokovic Tipsarevic erzählte: „Wenn man sich ein Ziel setzt und fest entschlossen ist, es zu erreichen, dann muss von Beginn an jede Entscheidung, die man trifft, dazu beitragen, dass man tatsächlich an dieses Ziel gelangt."

Tipsarevic war ein großer Fan von Kobe Bryant, dem tödlich verunglückten Basketballer und ehemaligen Mentor von

Djokovic. Tipsarevic erkennt viele Charakterzüge von Bryant bei Djokovic wieder, etwa den unerbittlichen Kampfgeist, der ihn immer weiter vorantreibt und Tag für Tag jede seiner Entscheidungen beeinflusst. Seit rund zwanzig Jahren erlebt Tipsarevic aus nächster Nähe mit, dass Djokovic über eine „Willenskraft verfügt, durch die er alles erreicht, was er sich vornimmt". Tipsarevic erklärt: „Wenn Novak sich ein Ziel setzt, ordnet er diesem alles andere unter. Nichts anderes ist dann mehr von Bedeutung. Jeden Tag treffen wir Hunderte, wenn nicht gar Tausende Entscheidungen. Und Novak fragt sich bei jeder noch so kleinen Entscheidung, inwiefern sie ihm hilft, sein Ziel zu erreichen. Das mag enorm anstrengend klingen, und das ist es auch. Doch so ist er eben. Das ist die Art und Weise, wie er sein Leben führt."

Auch Dusan Vemic konnte in seiner ehemaligen Position als Djokovics Trainer dessen Hingabe aus nächster Nähe beobachten. „Da sind keine Lücken – er ist so akribisch, was sein Leben und seine täglichen Abläufe betrifft. Novak wird niemals sagen: ‚Heute fühle ich mich so und so, also mache ich das, und falls mir morgen nicht danach ist, mache ich es nicht.' Er lebt es jeden Tag. Die Arbeit, die er auf und abseits vom Platz leistet, ist wirklich ein Spiegelbild seiner Persönlichkeit als Champion. Novak hält alles einfach und akkurat. Er verschwendet keine Zeit mit Dingen, die ihm nichts bedeuten. Die Familie steht bei ihm an erster Stelle, dann kommen seine Freunde, dann sein Sport. Jeden einzelnen Tag tut er alles, um seine Maschine so gut er kann am Laufen zu halten, etwa mithilfe der reinsten Nahrung aus den besten verfügbaren natürlichen Quellen. Jeder von uns weiß, dass das der richtige Weg ist, doch nur Novak lebt entsprechend. Und es gibt ständig neue Ziele für ihn, immer noch mehr Grand Slams, die er gewinnen will."

Tipsarevic sagt über Djokovic: „Er bekommt niemals genug." Andere hätten sich womöglich schon lange zufriedengegeben.

Djokovic dagegen verfügt, in Tipsarevics Worten, über eine „unstillbare Besessenheit". Laut seinem ehemaligen Coach Todd Martin liegt die Größe des Tennisprofis in der Beständigkeit, die sein Spiel prägt. „Die meisten Menschen haben in ihrem Leben Dinge, die Bestand haben, aber sie ermüden uns auch oft. Wenn ich Novak sehe, sage ich ihm immer, wie sehr ich sein Niveau bewundere, seinen Erfolg und seine Reife", sagt Martin.

Die Frage „Was ist das Beste für mein Tennis?" beschäftigt Djokovic bereits seit seiner Jugend. Personen aus seinem Umfeld erzählen sich bis heute, wie er als Fünfzehnjähriger in Deutschland und Österreich zusammen mit einer Reihe anderer Spieler, die teilweise bereits auf der ATP-Tour unterwegs waren, einen Trainingsblock zur Saisonvorbereitung absolvierte. Um den Abschluss des Bootcamps zu feiern, war eine Party geplant, doch zuvor wandte sich Djokovic mit einem dringenden Problem an seinen damaligen Trainer Dirk Hordorff: „Ich habe eine Frage: Ist es gut für mein Tennis, wenn ich dorthin gehe und ein Bier oder ein Glas Wein trinke?" Hordorff antwortete: „Wenn dir danach ist, dann tu es. Du hast wochenlang hart geschuftet und musst auch mal abschalten. Kein Problem." Djokovics Reaktion darauf war verblüffend für einen Teenager, der noch neu war in dieser elitären Welt: „Bitte versteh mich nicht falsch, aber ich habe dich nicht um deine Erlaubnis gebeten. Meine Frage war, ob das gut für mein Tennis ist."

Bis heute, etliche Jahre später, hinterfragt Djokovic nach wie vor jede seiner Entscheidungen. Selbst unter der Handvoll absoluter Topspieler ist er in dieser Hinsicht die Ausnahme. Möglicherweise ist Djokovic sogar der einzige Spieler, der sich mit derartiger Konsequenz seinem Sport verschrieben hat. Wenn man sich das vor Augen führt, wird auch begreiflich, wie er sich so lange an der Spitze halten und derart viele Major-Titel gewinnen konnte. Obradovic erinnert an die NBA-Basketballer, die gern auf das Ende der Saison anstoßen und dabei eine fette Zigarre genießen. Dergleichen wird man bei Djokovic nie erleben. „Novak schafft es, seine Karriere zu verlängern, weil er clever ist und weiß, was gut für seinen Körper ist. Er tut alles nur Erdenkliche für den Sport und dafür, seine beste Leistung abrufen zu können."

Viel zu viele Tennisspieler sind dem Irrglauben erlegen, sie müssten nur gut spielen, dann würden sie auch klar denken können, zufrieden sein und ein glückliches und zufriedenes Leben führen (das bedauerliche Resultat: mehr als nur ein paar unglückliche Athleten, die hinter den Erwartungen zurückbleiben). Glaubt man der Psychologin Daria Abramowicz, die mit der polnischen Tennisspielerin Iga Swiatek zusammenarbeitet, ist es genau andersherum: Beinahe jeder Aspekt des Lebens neben dem Tennisplatz wirkt sich darauf aus, wie man spielt. Wenn man ein glückliches und zufriedenes Leben führt, steigt die Wahrscheinlichkeit, dass man auf dem Platz Herausragendes leistet. Djokovic hat das verstanden. Führe ein gutes Leben, dann wirst du auch ein besserer Spieler: Das ist das Djokovic-Modell. Laut Abramowicz sind sämtliche Facetten von Djokovics Leben darauf ausgerichtet, dass er alles aus sich als Tennisspieler herausholen kann. Bedauerlicherweise wird kein Spieler sein Potenzial jemals zu hundert Prozent ausschöpfen. Doch Abramowicz sieht Djokovic „beinahe bei der Hundert-Prozent-Marke, und das zählt zu seinen einzigartigen Eigenschaften".

Eine seiner Superkräfte besteht darin, dass er sein Leben ununterbrochen optimiert – einschließlich seiner Routinen und seines gesamten Umfeldes – und so gewährleistet, dass er bestmöglich zu spielen vermag. „Aus irgendeinem Grund glauben die meisten anscheinend nach wie vor, dass Regeneration nur den Körper beträfe. Doch das stimmt nicht. Regeneration besteht aus vier Komponenten: der kognitiven, der emotionalen, der sozialen und der körperlichen. Djokovic scheint jede dieser vier Komponenten zu erkennen, sie klar voneinander zu trennen und die jeweils passenden Maßnahmen zu ergreifen", sagt Abramowicz. „Er erschafft eine Plattform, die es ihm erlaubt, seine Bestleistung abzurufen."

*

Besessenheit führt zu kreativen Spannungen. Wenn bei Djokovic oftmals eine intensive oder sogar spannungsgeladene Atmosphäre auf dem Trainingsplatz herrscht, so liegt das daran, dass er genau das will. Er ist keine verwöhnte Tennis-Diva und verlangt von seinem Coach Goran Ivanisevic und den Mitgliedern seines Teams nichts Außergewöhnliches. Wenn er anstrengend ist, dann nicht aus einer Laune heraus. Bei der Vorbereitung auf den Wettkampf erwartet er von seinen Leuten allein deswegen so viel, weil er überzeugt ist, nur so sein Spiel verbessern zu können. Für ihn ist diese Form des Trainings produktiver als ein Arbeitsumfeld, in dem eitel Sonnenschein herrscht. Wenn man mit Djokovic arbeitet, steht man, so Ivanisevic, „vierundzwanzig Stunden am Tag unter Strom, nichts ist jemals gut, so wie es ist".

„Novak verlangt von allen, mit denen er zusammenarbeitet, durchgängig vollkommene Hingabe", erklärt sein langjähriger Fitnesscoach Gebhard Gritsch. „Haben Sie vielleicht *The Last Dance* mit Michael Jordan gesehen? So ist es auch bei Novak. Wenn man auf dem Level spielt, muss man aus jeder Trainingseinheit das Maximum herausholen, und das heißt, man muss die gesamte Situation optimieren. Man braucht eine Art der Intensität, eine Art Druck, die an das Geschehen auf dem Platz herankommt. Um besser zu werden, muss man jeden in seinem Umfeld antreiben, selbst den Hitting Partner, damit alle ihr Bestes geben, und man muss die Situation analysieren. Wenn etwas nicht wie gewünscht läuft, muss man Lösungen finden." Es kommt immer wieder vor, dass Djokovic den Trainingsplatz „vollkommen genervt" verlässt und „vor Wut platzt". Dass er, wie er seinem Freund Chervin Jafarieh gestand, „unzufrieden" ist mit sich selbst, seinem Trainerteam und der „ganzen Welt". Hinter dieser Wut steht der Wunsch – oder vielmehr die psychische Notwendigkeit –, sich unermüdlich weiterzuentwickeln. „Novak geht jeden Tag mit dem Vorsatz an, besser zu werden, und genau so muss es sein. Ihm ist klar, dass er diese Veränderungen vornehmen und sich ständig steigern muss", so Gritsch. „Sein Fokus ist einfach unglaublich. Für mich ist das der große Unterschied zwischen ihm und anderen Athleten."

Djokovic erfindet sich permanent neu, inzwischen dürfte er beim 20. Upgrade angekommen sein. Womit er in dem einen Jahr noch zufrieden war, das genügt ihm in der nächsten Saison schon nicht mehr, schließlich entwickeln auch seine Rivalen ihr Spiel ständig weiter. Da sie kontinuierlich voranschreiten, muss auch Djokovic Lösungen finden, wie er sein Tennis verbessern kann, um ihnen immer einen Schritt voraus zu sein. Laut seinem Freund Dusan Lajovic interessieren Djokovic keine Veränderungen, die ihn zwanzig Prozent besser machen würden. Ihn beschäftigen die Feinheiten seines Spiels. Kleine Anpassungen – so klein, dass manche sie noch nicht einmal bemerken werden –, die jedoch große Momente hervorbringen können. „Novak versucht unermüdlich, ein besserer Spieler zu werden, und gönnt sich keine Pause", so Lajovic. „Wenn es eine Chance gibt, sein Spiel um ein Prozent zu verbessern, wird er sie nutzen. Er sucht ständig nach Möglichkeiten, sein Spiel variantenreicher zu gestalten, und entwickelt sein Gesamtpaket als Spieler weiter, was erstaunlich ist, insbesondere in seinem Alter."

Als Ivanisevic Djokovic kennenlernte – der Serbe war damals gerade einmal dreizehn Jahre alt –, spürte er sofort, was für ein außerordentliches Talent da vor ihm stand. Das Jahr

2000, ein schwieriges Jahr für Ivanisevic auf der ATP-Tour, neigte sich dem Ende zu. Vermutlich wusste nicht einmal er selbst, bei wie vielen Turnieren er bereits in der ersten Runde ausgeschieden war. Als Ivanisevic zum Training in die Akademie von Niki Pilic kam, hielt der ihm gnadenlos seinen körperlichen Zustand vor: „Goran, du bist fett. Du musst unbedingt ein paar Kilo abnehmen." Nachdem sie an einem Sonntag bereits mehrere Stunden trainiert hatten, forderte Pilic Ivanisevic auf: „Spiel mal ein paar Minuten mit dem Jungen da, dem mit den schwarzen Haaren." Letztlich lieferte sich Ivanisevic 23 Minuten lang einen Schlagabtausch mit Djokovic. Pilic beobachtete sie und erinnert sich: „Novak war wie in Trance. In den 23 Minuten schlug er nicht einen einzigen Ball ins Netz."

Seit Sommer 2019 gehörte Ivanisevic zum Team des Serben, und wenn sie auf dem Trainingsplatz standen, war Djokovic noch fokussierter und mit noch größerer Intensität dabei als früher. Immer wieder erlebte Ivanisevic, dass er nichts an Djokovics Spiel auszusetzen hatte, aber sein Schützling ihm vehement widersprach und an seinem Aufschlag, seiner Rückhand oder irgendeinem anderen Aspekt seines Spiels arbeiten wollte, mit dem er nicht hundertprozentig zufrieden war. Ivanisevic hält Djokovic für ein Tennisgenie. Zugleich gesteht er ein, dass die Zusammenarbeit mit ihm alles andere als einfach war. Doch das sind selbstverständlich lediglich die beiden Seiten einer Medaille: Djokovics Größe verdankt sich seiner Gabe, sich auf dem Trainingsplatz niemals zufriedenzugeben und immer mehr zu wollen. Djokovic erwartete von Ivanisevic keine netten, schmeichlerischen, ermutigenden Ansagen. Er will ständig herausgefordert werden und verlangt eine kritische Analyse seines Spiels, die ihn dazu anstachelt, sich zu verbessern.

Um sich die kreative Spannung zwischen Djokovic und Ivanisevic fern der Kameras auf dem Trainingsplatz vorstellen zu können, muss man sich nur ins Gedächtnis rufen, wie Djokovic bei Matches mit Ivanisevic sprach – oder ihn vielmehr anbrüllte. Ivanisevic meinte einmal, Djokovic werde „grantig“, wenn es um etwas gehe. Genauso gut könnte man auch sagen, dass Djokovic in jenen hitzigen Momenten auf ordinäre Weise ausfällig wurde. Doch da Ivanisevic sich nicht gerne grundlos beschimpfen ließ, fluchte er hin und wieder nicht minder bissig zurück. Ein Problem für die beiden war, dass viele Schiedsrichter aufgrund der Erfolge von Spielern vom Balkan in der jüngeren Vergangenheit mit den serbokroatischen Schimpfwörtern vertraut sind. Daher mussten sie auf Slangwörter ausweichen und teilweise sogar welche erfinden. Doch wenn die Wut Djokovic übermannt, macht er sich keine Gedanken darüber, ob die Offiziellen oder sonst jemand seine Obszönitäten verstehen könnte. In diesen Momenten brechen sich seine Gefühle vollkommen ungefiltert Bahn. Nicht nur Ivanisevic wurde zum Opfer seiner heißblütigen Tiraden. Manchmal schleuderte er sie auch einem der anderen aus seiner Box entgegen, etwa seinem Hilfstrainer und Hitting Partner Carlos Gomez-Herrera, seinem Physiotherapeuten Miljan Amanovic oder seinem Athletiktrainer Marco Panichi.

Einem Djokovic-Match in der Spieler-Box beizuwohnen, ist nicht gerade ein vergnügungssteuerpflichtiges Erlebnis. Doch Ivanisevic liebt die starken Emotionen, die Tennis hervorzurufen vermag: Er selbst zerstörte bei einem Turnier im englischen Brighton einmal sämtliche seiner Schläger, sodass er schließlich aufgeben musste. Als Ivanisevic 2001, mit einer Wildcard ausgestattet, Wimbledon gewann, lagen in seinem Kopf drei Persönlichkeiten im Widerstreit: der gute Goran, der böse Goran und, als Vermittler dazwischen, Goran, der Retter in der Not. Djokovic und Ivanisevic arbeiteten nicht nur miteinander, sie waren auch Freunde. Ihre Beziehung reichte über den Tennisplatz hinaus, und ebendeshalb konnte Djokovic vermutlich so unverblümt mit seinem Coach umgehen.

Djokovic war seinem Team dankbar, weil es akzeptierte, dass seine Zunge gelegentlich eine genauso durchschlagende Wirkung haben konnte wie seine Vor- oder Rückhand.

Die harte Arbeit und das Brennen in Lunge und Muskeln sind Balsam für Djokovics Psyche. Dann vermitteln ihm die unzähligen Stunden auf dem Trainingsplatz das Gefühl, alles in seiner Macht Stehende unternommen zu haben, um sich bestmöglich vorzubereiten. Allerdings hat sich seine Einstellung im Laufe der Zeit ein wenig verändert. Früher war er ungnädig mit sich, wenn er glaubte, nicht genügend getan zu haben, und machte sich Vorwürfe: „Du bist nicht gut genug, du wirst verlieren!" Inzwischen jedoch ist ihm klar, dass er in bestimmten Momenten aus seiner Routine ausbrechen muss, auch wenn sich sein Kopf manchmal noch weigert. Weniger kann mehr sein, etwa als er bei den Australian Open 2023 wegen eines drei Zentimeter langen Einrisses in der Oberschenkelmuskulatur in den Tagen zwischen seinen Matches nicht trainierte, oder bei den French Open desselben Jahres, als er ebenfalls an seinen freien Tagen pausierte. Dennoch sollte man nicht glauben, Djokovic wäre „weich" geworden. Vielmehr ist es ein Zeichen eines gesteigerten Bewusstseins dafür, was ihm guttut. Wenn er überzeugt wäre, dass noch härtere Trainingseinheiten seine Chancen verbessern würden, dann würde er genau das tun. Letztlich hängt alles immer wieder von der Frage ab, die Djokovic sich unaufhörlich stellt: „Was ist am besten für mein Tennis?"

Egal, mit wem man sich unterhält unter denen, die irgendwann einmal mit Djokovic zusammengearbeitet haben, immer wird man hören, dass er ein Perfektionist ist. „Die Präzision, mit der Novak sich auf ein Match vorbereitet, die Präzision, mit der er seinen Körper aufwärmt, um zu gewährleisten, dass sein Spiel da ist und die Schläge so kommen, wie sie müssen – das ist das Äußerste an Perfektionismus, das ich je in irgendeiner Sportart erlebt habe", sagte Craig O'Shannessy, sein ehemaliger

Strategie-Coach. „Backstage, als Mitglied von Novaks Team, bekam ich mit, dass für ihn alles so perfekt wie möglich sein musste und er alles in seinem Umfeld weitestmöglich kontrollieren wollte. Er verlangt sich alles ab, um immer besser zu werden und seinen Rivalen stets einen Schritt voraus zu sein. Er macht es sich nie leicht, bei nichts. Er unternimmt alles nur Menschenmögliche, um sich weiterzuentwickeln und als beste Version seiner selbst auf dem Platz zu erscheinen."

Dass Djokovic akribischer vorgeht als irgendjemand sonst auf der Tour, bleibt auch seinen Kontrahenten nicht verborgen. „Wenn Novak auf der anderen Seite des Netzes steht, weiß jeder, dass da jemand ist, der nichts dem Zufall überlässt, weder seine Ernährung noch seine Vorbereitung oder sein Training. Jemand, der alles hinterfragt", sagt Craig Tiley. „Als Novaks Gegner denkt man unweigerlich: Verdammt, das wird eine harte Nuss – der tut all das, was ich auch tun sollte. Über die Jahre habe ich mitbekommen, wie Novak sich immer noch intensiver mit all den Dingen beschäftigt hat, durch die er zu einem so großartigen Spieler geworden ist. Genau das ist für Novaks Konkurrenten das Problem: Sie sehen und hören, wie ausgiebig Novak sich vorbereitet." Für Marketa Vondrousova, die Wimbledon-Gewinnerin 2023, ist Djokovics Hingabe an den Sport beispiellos: „Seine Motivation ist für mich unglaublich. Einfach unfassbar. Mir kommt es so vor, als wäre Novak unter uns allen im Tennis, Männern wie Frauen, der Professionellste. Man muss ihm nur beim Training zuschauen: Er gibt immer hundert Prozent."

O'Shannessy erinnert sich an einen Morgen im Dezember 2017, als Djokovic im Monte Carlo Country Club seine Saisonvorbereitung absolvierte. „Novak machte eineinhalb Stunden lang Dehn- und Aufwärmübungen. Ich hatte noch nie erlebt, dass sich jemand in dieser Form auf das Training vorbereitet, mit derart vielen Übungen. Ich konnte mir nicht vorstellen, dass sich irgendein vernünftiger Mensch schon vor dem eigentlichen Training dermaßen verausgabt. Aber dann trainierte er noch zwei Stunden. Was mich wirklich beeindruckt, ist sein Eifer jenseits des Platzes, um seinen Körper in Form zu bringen und konkurrenzfähig zu bleiben."

Nur wenige andere Sportler sind derart unerbittlich in ihrer Arbeit. Immer wieder schaut er über den Tellerrand des Tennissports hinaus, um verwandte Seelen zu finden und Informationen und Erkenntnisse zu sammeln. Seine Freundschaften mit der Quarterback-Legende Tom Brady oder mit Zlatan Ibrahimovic gaben ihm neue Impulse, wie er sich weiter verbessern konnte. Brady gelang es, noch nach seinem vierzigsten Geburtstag zweimal die Super Bowl zu gewinnen, und auch Ibrahimovic war noch jenseits der vierzig aktiv. Die Möglichkeit, sich mit den wenigen Menschen auszutauschen, die das unvermeidliche Leid und die notwendigen Opfer verstehen – und ihr Wissen anzuzapfen –, half Djokovic, in neue und zuvor unvorstellbare Sphären aufzusteigen. Die anderen Tennisprofis sehen Djokovic und finden sich damit ab, dass sie einfach nicht mit ihm mithalten können. „Sagen wir, du bist die Nummer fünf oder zehn in der Welt und möchtest die Nummer eins werden, dann musst du eigentlich noch mehr investieren als derjenige, der in dem Moment an der Spitze steht", erklärt O'Shannessy. „Also schaust du dir Novak an und was er jeden Tag so macht – was er im Match macht, wie er sich vorbereitet und ernährt oder was er für seinen Körper tut. Und dann kommst du zu der Einsicht: ‚Das ist einfach nicht zu überbieten.' Die Maßstäbe, die Novak in puncto Professionalität setzt, sind unglaublich. Man denke nur an den Tempel, zu dem er seinen Körper gemacht hat. Perfekt für Tennis. Du willst mehr tun als Novak? Nur zu, viel Erfolg!"

Kein Sportler ist alterslos. Doch Djokovic hat dem Zahn der Zeit erfolgreich getrotzt, sodass Ivanisevic sich immer wieder verwundert fragte, wie es sein Schützling bloß schaffte, sich wie ein Ninja über den Platz zu bewegen. So unglaublich es ist, doch 2023 – in dem Jahr, in dem er seinen 36. Geburtstag feierte – war Djokovic in annähernd so guter körperlicher Verfassung wie in seinen Zwanzigern. Eigentlich ist das schlicht unmöglich. Djokovic mag ein wenig an Explosivität eingebüßt haben und insgesamt ein wenig langsamer geworden sein, doch laut Gritsch war der Unterschied nur minimal: „Novak schien nach wie vor in hervorragender körperlicher Verfassung zu sein, noch immer nah an seinem Spitzenniveau, und das ist ziemlich bemerkenswert“, sagt er. Spielerisch bewegte sich Djokovic 2023 möglicherweise sogar auf einem höheren Niveau als je zuvor. Er war schon immer für seine Präzision bekannt, doch womöglich war sein Spiel noch präziser geworden, was ihn noch gefährlicher machte. „Im Lauf der Jahre hat es Novak immer besser verstanden, sein präzises Spiel zu steuern, und seine Präzision immer weiter gesteigert. Was er körperlich eingebüßt haben mag, wurde durch seine zunehmend exakten Bewegungen mindestens kompensiert.“

Präzision ist der Schlüssel zu Djokovics Spiel. Sein Aufschlag ist in der Hinsicht inzwischen herausragend. Nach Ansicht von Gritsch passen der Rhythmus und die Bewegung exakt zu Djokovics Spiel, seiner Persönlichkeit und der natürlichen Bewegungsweise seines Körpers. Um den Athleten Djokovic zu verstehen, muss man etwas von den biomechanischen Prinzipien verstehen. „Es geht dabei um die Grundlagen der menschlichen Bewegung“, erklärt Gritsch. „Wenn man diese Prinzipien beachtet, kann man sein natürliches Spiel spielen, so wie es dem eigenen Körper entspricht. Wenn man immer weiterarbeitet und das perfekte Set-up sowie Rhythmus, Balance und Stabilität im Griff hat, wird man immer präziser werden. Genau das ist bei Novak der Fall.“

Schon in seinen Zwanzigern war Djokovic ein herausragender Tennisspieler. Doch in seinen Dreißigern hat er sich noch einmal gesteigert. Zwölf seiner Major-Titel hat Djokovic vor seinem dreißigsten Geburtstag gewonnen, den Rest danach. „Eine der Besonderheiten von Novak ist, dass wohl niemand sonst mit über dreißig auf einem derart hohen Niveau gespielt und derart viel erreicht hat", sagt Chris Evert. „Wenn ich mich nicht irre, hat er die Hälfte seiner Grand-Slam-Titel nach seinem dreißigsten Geburtstag gewonnen, und das verdankt er dem Körperlichen ebenso wie dem Mentalen."

Manche Trainer bewundern, wie Ivanisevic Djokovic dabei geholfen hat, sein Spiel weiterzuentwickeln. So verbesserte sich etwa Djokovics Volleyspiel enorm, und er ist sehr viel schwieriger zu passieren als noch vor wenigen Jahren. Als einer der besten Aufschläger in der Geschichte des Sports half Ivanisevic Djokovic, diesen Schlag zu optimieren. „Novaks Service ist extrem effektiv. Vor fünfzehn Jahren war er das noch nicht, doch das hat sich inzwischen geändert", sagt Martin. „Seine Vorhand wird immer besser, und er hat eine herausragende und unglaublich sichere Rückhand. Auch Novaks Netzspiel hat sich über die Jahre weiterentwickelt, und er hat seinen Volley ständig verbessert. Goran hat sehr viel zu diesen Aspekten von Novaks Spiel beigetragen." Auch der Franzose Gaël Monfils, der nur wenige Monate älter ist als Djokovic, bemerkte einige entscheidende Veränderungen bei dem Serben: „Novak ist in allem besser geworden. Auffällig ist, dass er sehr viel besser aufschlägt als zu Beginn seiner Karriere. Heute kann man sich das kaum mehr vorstellen, aber früher hatte er immer mal wieder Probleme mit der Vorhand. Inzwischen nicht mehr. Er ist mit jedem Jahr stärker geworden."

*

Djokovic verfügt über ein riesiges Vermögen, dennoch macht er sich kaum etwas aus Geld. In der Tennisgeschichte hat niemand mehr Preisgeld verdient als der Serbe, der sich inzwischen der Zweihundert-Millionen-Dollar-Marke nähert – Werbeverträge, Bonuszahlungen und Antrittsgelder nicht mitgerechnet. Doch es ist nicht das Geld, das ihn motiviert, sich im Training und bei Matches immer weiter zu quälen. Djokovic kennt beide Extreme: Als er noch ein Junge war, hatte die fünfköpfige Familie so gut wie nichts (einmal in den 1990er-Jahren sogar nur noch rund zehn D-Mark), heute dagegen dürfte er bei der Zeitschrift *Forbes* unter die Kategorie „Generational Wealth" fallen, hat also vermutlich mehr Geld, als er jemals wird ausgeben können. Auch wenn ihm das Geld ein luxuriöses Leben ermöglicht, beruht sein Glück nicht darauf. Nicht das Geld treibt ihn an, sondern allein der Wunsch, möglichst viele Grand Slams zu gewinnen und ein glückliches und erfülltes Leben zu führen. „Ich kenne keinen anderen Menschen, der in seinem Leben so viel erreicht hat und alle Möglichkeiten hat, dem im Grunde die ganze Welt offensteht, der aber dennoch so bescheiden und bodenständig ist", sagte Tipsarevic. „Novak ist der am wenigsten materialistische Mensch, den man sich in seiner Position vorstellen kann."

Das Geld kann Sportlern den Kopf verdrehen und ihnen den unbedingten Siegeswillen rauben. Die Sorge brauchte man bei Djokovic nie haben. „Novak macht das nicht fürs Geld oder wegen irgendwelcher Villen, Jachten und Privatjets", so Obradovic. „Natürlich ist ihm das nicht fremd, und er ist sich der Summen, um die es im Tennis geht, absolut bewusst. Aber glauben Sie mir, sie bedeuten ihm nichts. Absolut nichts. Er ist frei wie ein Adler. Er ist ein Teil der Natur, und das alles spielt keine Rolle für ihn. Wenn du ihn fragen würdest: ‚Was ist deine Motivation? Willst du mehr Geld?', dann würde er antworten: ‚Nein!' Du könntest ihn fragen: ‚Willst du dieses oder jenes?', und er würde sagen: ‚Nein, was ich will, ist Glück.' Er möchte einfach nur ein glücklicher Mensch sein. Und wo ist er glücklich? Auf dem Tennisplatz. Aber nicht etwa als irgendein Freizeitspieler. Er will sich nach wie vor auf dem höchsten Level messen. Er will kämpfen. Über all das habe ich mich unzählige Male mit ihm unterhalten. Keine Frage: Er ist ein Superstar. Und das schon sein Leben lang. Aber er sieht das nicht als selbstverständlich an. Bis heute ist er seiner ersten Liebe treu geblieben, und das ist Tennis. Verdammt, wie hat er das nur geschafft?"

Djokovics Haltung zum Geld entspricht seiner genügsamen Lebenseinstellung. „Novak ist bescheiden und demütig", erklärt Tipsarevic. Das heißt aber nicht, dass er etwas dagegen hätte, als größter Tennisspieler aller Zeiten bezeichnet zu werden: „Wenn ich Novak sagen würde, dass ich ihn für den GOAT halte, wäre ihm das nicht peinlich. Es würde ihm wirklich gefallen. Er kennt meine Ansicht. Auf eine stille Weise ist er äußerst selbstbewusst. Ihm mangelt es nicht an Selbstvertrauen, ohne geht es überhaupt nicht. Wenn man nicht im tiefsten Inneren von sich selbst überzeugt ist, kann man nicht derart gut und dominant sein und der Größte aller Zeiten werden. Er ist nur eben kein Conor McGregor [ein als Großmaul bekannter Mixed-Martial-Arts-Kämpfer; der Verf.], wenn Sie wissen, was ich meine."

Der Ruhm und der Erfolg haben Djokovic nicht verändert, so Cosmin Georgescu, sein einstiger Zimmergenosse in der Akademie von Niki Pilic bei München. „Während meiner Zeit als Trainer von Ernests Gulbis organisierte ich für ihn eine Trainings-Session mit Novak in Wimbledon. Da sah ich ihn das erste Mal seit Jahren wieder. Novak war immer noch derselbe. Er machte ein paar Witze und erkundigte sich, wie es mir ging und wie es so lief." Pilic ist auch stolz auf Djokovic, dass er zum größten Tennisspieler aller Zeiten aufgestiegen ist, doch noch wichtiger ist ihm, dass er sich „als durch und durch anständiger Kerl“ erwiesen habe. „Novak hat alles gewonnen, trotzdem ist er entspannt und mit beiden Beinen auf der Erde geblieben.“

Viele Sportler wären in Djokovics Position arrogant und unausstehlich geworden. Er dagegen ist alles andere als das. Wohin auch immer man sich in Belgrad wendet, irgendjemand wird stets eine Geschichte über eine kleine Gefälligkeit von Djokovic erzählen, die es nicht in die Nachrichten geschafft hat, oder über einen Moment, der seine Menschenfreundlichkeit und Bescheidenheit verrät. Obradovic bezeichnet Djokovic als bescheidensten aller Superstars. Vor vielen Jahren, Djokovic war noch ein junger Mann, kam Obradovic einmal nach dem Training in die Umkleidekabine und erwischte Djokovic bei einer, in Obradovics Worten, „faulen Massage“, bei der ein Masseur Djokovics Muskeln für ihn dehnte. Als Obradovic das sah, beschimpfte er Djokovic „unflätig“, und der wohl einzige jugendfreie Teil seiner wütenden Tirade war: „Verdammt, wie kann man so faul sein? Ich hasse das!“ Obradovic redete Djokovic ins Gewissen, er solle alles, was er selbst machen könne, auch selbst tun und nicht andere darum bitten: „Wenn die Menschen denken, dass du wichtig bist, erfüllen sie dir all deine Wünsche. Also bitte sie um nichts! Sei nicht so jemand. Tu es selbst. Es ist wichtig, dass du normal bleibst.“

Das war das letzte Mal, dass Obradovic meinte, Djokovic ermahnen zu müssen, damit er nicht abhebt. Immer wieder bekam er aus erster Hand mit, wie höflich und respektvoll Djokovic die Menschen behandelt, einschließlich der Arbeiter, die die Trainingsplätze pflegen und sauber halten. Obradovic sieht auch in Djokovics Essgewohnheiten ein Zeichen seiner Demut. Er nimmt sich nie mehr, als er essen kann und andernfalls weggeworfen würde. Er überlegt genau, wie viel er sich auf den Teller tut, und isst es dann auf. Wenn er anschließend noch

Hunger hat, nimmt er sich nach. Für Obradovic ist Djokovic der Vertreter einer seltenen Spezies: jener der Superstars, die sich nicht wie solche aufführen. „Keiner aus seinem Umfeld, also aus seinem Team, glaubt, dass ihm wirklich klar ist, wer er eigentlich ist. Er ist solch ein einfacher Mensch."

Dennoch hat Djokovic ein großes Ego und gesteht das sogar offen ein – auch dass sein Ego ihm manchmal Streiche spielen kann. Lange betrachtete Djokovic sein Ego als seinen Feind. Doch irgendwann wurde ihm klar, dass er ihm seine Macht nehmen und es kontrollieren konnte, indem er Freundschaft mit ihm schloss. „Hey", wandte er sich an sein Ego, „du bist ein Teil von mir, schließen wir uns zusammen!" Djokovic bekam mit, dass sein Vater gern mit seinem erfolgreichen Sohn „angibt", und amüsierte sich darüber, als er an dem Belgrader Gebäude, in dem die Familie ein Restaurant betreibt, riesige Werbebanner mit Novaks Porträt angebracht hatte, so groß, dass jeder, der über die Autobahn in die Stadt kam, sie sehen konnte. Djokovic selbst macht sich nur wenig aus Ruhm und Prominenz und zeigt keine Starallüren. Sich selbst auf Plakaten zu sehen, bereitet ihm eher Unbehagen und gibt ihm ganz gewiss keinen Kick. Dennoch hat er sich mit der Zeit damit abgefunden, dass dies zum Dasein als Spitzenspieler mit unzähligen Werbeverträgen dazugehört.

Djokovic hält die Dinge einfach, sodass er sich immer selbst treu bleiben und Großartiges erreichen kann, so Obradovic. „Deshalb ist Novak solch ein Champion – er ist eine einfache Person. Als Zehnjähriger hat er dasselbe gemacht wie heute, nur dass die Bühne immer größer geworden ist. Er ist unglaublich geduldig. Er macht einen Schritt nach dem anderen, unzählige kleine Schritte", sagt Obradovic. „Wegen des bescheuerten Internets denken alle, sie müssten ständig alles verändern, aber das ist ein Riesenfehler. Warum? Nehmen wir die Suppe deiner Oma. Sie kocht ihre Suppe, und du weißt schon vorher, wie sie schmeckt. Sie schmeckt immer gleich, jeden Tag. Isst du sie? Natürlich tust du das, weil sie so lecker ist. Wir beginnen Dinge zu verändern, die gut sind. Aber Novak ist klug genug, das nicht zu tun."

Obradovic erklärte Djokovic bereits in jungen Jahren, dass sich Genialität häufig im Einfachen zeigt – dass die Beatles in vielen ihrer Songs nur zwei oder drei Akkorde verwendeten oder Nikola Tesla seine Erkenntnisse in simple Begriffe fasste. „In meiner Zusammenarbeit mit Novak beschränkten wir uns auf einfache Sachen. Wir machten nie etwas Besonderes. Die Leute fragten mich, warum ich etwas Bestimmtes mit ihm übte, und häufig war der Grund, dass er so viele Fehler machte. Und wie konnten wir die Fehler ausmerzen? Durch Wiederholung. Wiederholen, wiederholen und noch mal wiederholen, dann wird es irgendwann gut. An manchen Tagen war er wie ein Löwenjunges, das versucht, auf einen Baum zu klettern und immer wieder runterfällt. Doch eines Tages schaffte er es bis in die Krone. Das war das Ergebnis der Wiederholung", erzählt Obradovic.

„Wenn ich ihn beim Training beobachte, kommt es mir so vor, als würde er bis heute Tag für Tag dasselbe machen wie immer. Er schaut den Ball an und verleiht seiner Energie Ausdruck, jedes Mal aufs Neue. Und genau deshalb wird er auch morgen und übermorgen wieder auf dem Platz stehen. Die positiven Dinge, die er macht, sind ganz einfach. Er liebt Tennis, er hat sich dem Sport mit Haut und Haar verschrieben und ordnet ihm alles in seinem Leben unter. Wenn er sich dafür einschränken muss, dann schränkt er sich eben ein. Er spürt immer noch die Herausforderung. Was auch immer sonst in seinem Leben geschehen mag, er steht immer noch da draußen auf dem Platz."

GOAT

Einmal mehr zieht er sich vor aller Augen splitterfasernackt aus. Dies ist nicht etwa einer von Novak Djokovics Angstträumen, sondern sein Gefühl, wenn er sich offen und ehrlich äußert, obwohl er weiß, dass er für seine Offenheit Prügel beziehen wird. Indem er sein Ziel klar benennt – nämlich mehr Grand-Slam-Titel zu gewinnen als irgendjemand vor ihm in der Geschichte des Tennis –, provoziert er unweigerlich den Vorwurf der Hochmütigkeit und erhöht den Druck auf sich. Doch genau deshalb hat Djokovic, der sich nicht bequem im Leben einrichten möchte, seine Ziele stets deutlich formuliert.

Er braucht diesen zusätzlichen Druck, die kritischen Blicke und Erwartungen, denn sie verleihen ihm Energie und treiben ihn an, sich selbst und sein Spiel auf die nächste Stufe zu heben. Die meisten anderen Spieler ziehen es vor, ihre Erwartungen nicht vor der Öffentlichkeit auszubreiten, da sie ohnehin genügend Druck und Stress in ihrem Leben verspüren. Sie lenken ab, sie spielen herunter, sie bezeichnen ihren Kontrahenten als Favoriten, auch wenn das unwahrscheinlich klingen mag und sie die Zuhörer damit für dumm verkaufen. Sie schweigen sich über ihre Ambitionen auf dem Platz aus, weil sie glauben, auf diese Weise ein ruhigeres und einfacheres Leben führen zu können, um sozusagen unter dem Radar zum Titel zu fliegen. Djokovic dagegen hält sich nicht zurück, sondern will den Einsatz noch erhöhen. Seine Freimütigkeit erzeugt nicht nur eine Atmosphäre und ein Umfeld, in dem andere mehr von ihm erwarten; auch er selbst erwartet mehr von sich. Einmal laut ausgesprochen, gibt es kein Zurück mehr.

Djokovics Offenherzigkeit – seine Bereitschaft, die eigenen Gefühle und Wünsche freiheraus zu äußern – verdankt er zu einem gewissen Maße seinem Vater. In seiner Kindheit lernte Novak, dass Srdjan aus seinem Herzen keine Mördergrube machte. Er hielt nichts zurück, ließ alles heraus. Novak Djokovic ist davon überzeugt, dass seine Seele diese Familie für ihn gewählt hat, damit er in seiner Kindheit Lektionen wie diese vermittelt bekam. Auf den ersten Blick erscheint Djokovic von der Person her offener und transparenter – authentischer – als viele andere im Tennis. Zugleich hat es jedoch auch etwas Kalkuliertes, dass er derart offen seine Ambitionen ausplaudert. Er versucht gezielt, den Druck auf sich zu erhöhen, will sich unbehaglich fühlen. Laut Dusan Vemic spürt er erst dann das gewisse „Feuer" und gibt alles.

„Die Frage bei Novak war: ‚Wird er genügend Gründe finden, um weiterzumachen?' In den letzten Jahren wurde ihm klar, dass er sich selbst mehr Druck machen muss, auch auf die Gefahr hin, arrogant oder was auch immer zu klingen – was er absolut nicht ist", sagt Vemic. „Novak braucht diese Erwartungen an ihn, von sich selbst und allen anderen, denn dann spürt er dieses Feuer und pusht sich und weiß, warum er auch weiterhin das Leben eines absoluten Spitzenathleten auf sich nehmen sollte. Druck lässt ihn aufblühen. Er entfacht in ihm diesen Funken und dieses Feuer. Unter Druck liefert er sein bestes Tennis ab. In diesen Momenten spielt er beinahe nie unter seinem Niveau."

Nach all den Jahren im Tenniszirkus ist Djokovic nach wie vor mit seinem inneren Kind verbunden. Er hat sich bis heute etwas von der Liebe zum Tennis bewahrt, die er als Vierjähriger spürte, als er zum ersten Mal in den serbischen Bergen einen Schläger in der Hand hielt. Diese pure, einfache Freude ist durchaus vereinbar mit der gelegentlich chaotischen, oftmals komplizierten und stets nervenaufreibenden Aufgabe, sich selbst die höchsten Ziele zu setzen, nämlich so viele Grand-Slam-Titel zu gewinnen und so viele Wochen an der Spitze der Weltrangliste zu stehen wie noch kein Spieler zuvor. Laut Djokovics Überzeugung ist jeder Top-Spieler, der sich nicht ebenfalls zu diesen Zielen bekennt, nicht wirklich ehrlich. Seit seiner Kindheit trieben Djokovic in jeder Trainingssession und bei jedem Match zwei Wünsche an: Wimbledon zu gewinnen und die Nummer eins zu werden. Als er diese Lebensträume im Jahr 2011 schließlich verwirklicht hatte, wurde ihm rasch klar, dass es an der Zeit war für neue Träume, besser gesagt: für den Traum von der wahren Größe. Ihm schwebte nichts Geringeres vor, als der erfolgreichste Tennisspieler aller Zeiten zu werden – nicht nur der beste seiner eigenen goldenen Generation mit Roger Federer und Rafael Nadal, sondern aller Generationen. Und für dieses Ziel sollte er von da an viele Jahre lang alles geben.

Ob Djokovic der GOAT ist, müssen andere als er selbst entscheiden. Sein Fokus liegt allein darauf, die unglaublichen Zahlen zu liefern, um diese Diskussion zu entscheiden und unter den Dampfplauderern des Tennis etwas höchst Seltenes zu erzeugen: Übereinstimmung. Jedenfalls eine solch weitgehende Übereinstimmung, wie sich beim Tennis überhaupt erzielen lässt, einer Sportart mit sehr viel eingefleischteren Fan-Lagern, als man angesichts des gelegentlich vornehmen Habitus erwarten würde.

Wenn man einen so großen Fußabdruck in der Geschichte seines Sports hinterlässt wie Djokovic, wird man beinahe unausweichlich selbst zum Historiker seines Sports, um die eigenen Leistungen einordnen und in allen Facetten begreifen zu können. Genau so erging es laut Boris Becker auch Novak Djokovic. Seit einiger Zeit ist er sich höchst bewusst, was die legendären Tennisspieler einst erreichten und was er selbst geleistet hat, um sie zu überflügeln. Als er auf die Tour kam, führte bei den Männern sein Kindheitsidol Pete Sampras mit vierzehn Major-Titeln die Statistik an, und es wurde bezweifelt, ob jemals irgendein anderer Spieler dieser Zahl auch nur nahekommen würde. Doch dann betrat die goldene Generation mit Federer, Nadal und Djokovic die Bühne, die alle an dem US-Amerikaner vorbeizogen und jeweils mindestens zwanzig Grand-Slam-Titel gewannen, eine bis dahin für unmöglich gehaltene Zahl. Viele Jahre lang galt Federer mit seinen zwanzig Titeln als größter Spieler aller Zeiten. Aber auch er wurde von Nadal und von Djokovic in den Schatten gestellt. Daher dürfte sich der Serbe früher oder später gedacht haben: Um dir deinen Platz an der Spitze eine Zeit lang zu sichern, solltest du so viele Majors wie möglich gewinnen. Denn wer weiß, wer sonst eines Tages kommt und dich vom Thron stößt.

Je weiter man auf die fünfunddreißig oder gar vierzig zugeht, desto anstrengender werden die Grand Slams, und zwar mental, emotional und körperlich, sodass die richtige Planung zu einer Kunst wird, wie Djokovic nur allzu bewusst ist. Dabei dürfte ihm ein Blick auf Federer geholfen haben, von dem er lernen konnte, wie viel man spielen muss, um sein Niveau zu halten, ohne dass man sich überfordert und bei den Grand Slams nicht durchhält.

Die Tennissaison ist mit einer Dauer von elf Monaten unbeschreiblich lang, und es ist unmöglich, bei jedem Event sein bestes Tennis zu spielen. Die Grand Slams sind das Größte für jeden Tennisspieler, noch mehr aber für jemanden auf Djokovics Level, der weiß, dass diese Titel über sein Bild in der Öffentlichkeit bestimmen. „Novak legt für jede Saison seine Schwerpunkte fest, ausgehend von den Grand Slams“, erklärt Janko Tipsarevic. „Ich glaube nicht, dass er dabei unbedingt die Nummer eins im Hinterkopf hat, aber er ist so gut, dass das einfach die logische Folge ist.“ Wenn Djokovic bei den normalen ATP-Turnieren nicht in der richtigen mentalen Verfassung war, zerbrach sich Goran Ivanisevic deswegen nicht den Kopf, sondern wartete einfach auf den Moment, in dem der Serbe in den Grand-Slam-Modus schaltete. Man konnte beinahe den Eindruck gewinnen, dass Djokovic zwei unterschiedliche Sportarten ausübte: das gewöhnliche Tennis jenseits der Major-Turniere und Grand-Slam-Tennis, das für dieses gewisse Kribbeln in seinem Kopf sorgte.

„Novaks Psyche ist unerschütterlich wie ein Fels", hat Dusan Lajovic festgestellt. „Normalerweise brauchen Spieler Matches, sie müssen in einen Turnierrhythmus kommen, insbesondere vor einem Grand Slam. Bei ihm ist das nicht der Fall. Aufgrund seiner vergangenen Resultate vertraut er darauf, dass er nicht mehr so viel spielen muss, nicht einmal vor einem Grand Slam. Novak weiß, dass er es zu Beginn langsam angehen lassen kann. Bis zur vierten Runde gelangt er in seinen Rhythmus, und dann ist er fast unschlagbar. Mit dieser Mentalität wurde er nicht etwa geboren, er hat sie sich erarbeitet."

Bereits vor vielen Jahren hat Djokovic alles erreicht, was sein Vater sich jemals für ihn vorgestellt hat. Dennoch will er immer noch mehr. Auch wenn er inzwischen, mit Mitte/Ende dreißig, glücklicher ist als zu anderen Zeiten in seiner Karriere, ist er nicht so zufrieden, dass er nicht immer noch weiter pushen, streben und suchen würde. Auch als er Vater wurde, hat das seinen Ehrgeiz nicht gedämpft. So schwer es ihm fallen mag, seine Kinder manchmal wochenlang nicht zu sehen, es motiviert ihn zugleich, das Bestmögliche aus der Reise zu einem Turnier zu machen, mit anderen Worten: am Sonntagnachmittag als Sieger die Dankesrede zu halten. Doch auch auf ganz direkte Weise dient ihm seine Vaterschaft manchmal als Motivation, denn da seine Kinder zu den Grand Slams mitreisen und ihm im Stadion zuschauen, will Djokovic vor ihren Augen den Titel gewinnen. „Wenn man so viel erreicht hat, wird man geistig ausgeglichener. An einem gewissen Punkt muss man zufrieden sein mit dem, was man erreicht hat. Auf die Weise wird man ein glücklicheres Leben führen", räsoniert Gebhard Gritsch. „Doch wenn Novak spielt, sehe ich, dass er bis heute in engen Matches, im Wettkampf, aufblüht. Er genießt es einfach über alle Maßen, und es treibt ihn immer weiter an."

Daria Abramowicz findet es einfach unglaublich, wie „hungrig" Djokovic nach wie vor danach sei, „immer noch mehr im Tennis zu erreichen. Selbst nach all den Jahren hat Djokovic weiterhin diesen Willen, sich zu messen. Geht es darum, Rekorde zu brechen und der GOAT zu sein? Oder schlicht um die Liebe zum Wettkampf? Oder geht es um das Gefühl des Gewinnens und darum, als der Beste gewürdigt zu werden, auch wenn er nicht so viel Unterstützung und Zuneigung von den Tennisfans erhält wie Roger Federer und Rafael Nadal? Ich vermute, dass es von allem etwas ist. Seine Motivation lässt nicht nach. Außerdem ist er entschlossen und hat einen starken Charakter, und das spielt eine große Rolle für seine mentale Leistung."

Natürlich wollte jeder der Großen Drei des Tennis der Beste sein. Doch Abramowicz zufolge unterscheidet sich ihre Motivation. Federer, so die Sportpsychologin, wollte der Maestro sein. Nadal hingegen ticke anders. Der Spanier sei jenseits des Platzes sensibel, zeige auf dem Platz jedoch einen extremen Wettkampfgeist: „Rafa kämpft stets um jeden einzelnen Punkt, mit einer enormen Energie." Djokovic wiederum brauche das Gefühl, der Beste zu sein. „Novak wirkt manchmal ruhig und gefasst, fast schon verschlossen. Gelegentlich scheint es, als würde er gegen etwas in seinem Inneren ankämpfen. Dann wieder legt er sich mit seiner Box oder mit den Zuschauern an. Aber er sucht immer nach einer Lösung, um der Beste zu sein", stellt Abramowicz fest. „Selbst wenn es an einem Tag nicht gut für ihn läuft, sucht er nach einem Weg, wie er sich am Ende durchsetzen kann, wie er sich steigern kann, um auf die Siegerstraße zu gelangen. Mir kommt es so vor, als suche Novak dieses Gefühl der Befriedigung und der Bestätigung, der Beste zu sein."

*

Folgt man Todd Martin, so wäre es allzu einfach zu behaupten, Djokovic würde von seinem Erfolgsstreben angetrieben. Vielmehr beruht Djokovics Größe laut seinem Ex-Coach darauf, dass er sich gegen das Scheitern stemmt. „Novak hat einen Weg gefunden, nicht zu scheitern. Seine Willenskraft ist mit Händen zu greifen und nur sehr schwer zu erreichen. Andere Menschen würden vielleicht von Erfolgssucht sprechen. Aber ich bin mir da nicht sicher. Ich mag positives Denken, trotzdem greift das vielleicht zu kurz. Für mich hat er einerseits dieses unbedingte Verlangen nach Erfolg, aber zugleich will er auch einfach nicht scheitern. Am deutlichsten zeigt sich das meiner Meinung nach in Novaks außergewöhnlichen Erfolgen. Etwas in seinem Geist stemmt sich einfach gegen die Niederlage", erklärt Martin.

„Ich würde sagen, dass Novak und Rafa am besten darin sind, Niederlagen abzuwenden. Doch diese Willenskraft lässt sich unmöglich die ganze Zeit aufrechterhalten. Rafa hatte im Verlauf einer Saison immer wieder Momente, in denen er damit zu kämpfen hatte, vielleicht weil er ein wenig das Vertrauen in seine Bewegungen verlor oder in die Art und Weise, wie er den Ball traf, daher kam es bei ihm zu diesen Aussetzern. Novak dagegen schafft drei Jahre ohne Aussetzer. Zugegeben, dann kann er diese Willensstärke vielleicht ein paar Monate verlieren. Zumindest war das in der Vergangenheit so. Aber er kann diese Energie aufrechterhalten, er verfügt über eine außergewöhnliche Konzentrationsfähigkeit." Martin zufolge ist es dieser „beispiellose Widerstand gegen das Scheitern", der Djokovic immer wieder über lange Zeit unschlagbar machte.

„Diese Willenskraft ist eine Kopfsache, aber auch eine Frage des Herzens. Sie steckt einfach in ihm. Er strahlt sie aus und fordert sie auch von den Menschen in seinem Umfeld."

Mental und emotional ist Djokovic stärker als irgendjemand sonst auf der Tour. Mindestens genauso entscheidend ist jedoch, dass ihm das bewusst ist. Das verschafft ihm einen erheblichen Vorteil, so Chris Evert, die in ihrer aktiven Zeit den Spitznamen „Ice Maiden" (Eisjungfrau) trug, weil sie in jeder Lage cool und beherrscht blieb. „Wenn Novak den Platz betritt, weiß er, dass er mental und emotional jedem seiner Kontrahenten überlegen ist. Ihm ist bewusst, dass sein Gegner vielleicht kraftvoller schlagen kann und möglicherweise immer wieder herausragende Momente hat. Doch das akzeptiert er, denn er weiß auch, dass der andere Schwächephasen haben wird, Nerven zeigen und Fehler machen wird. Novak kennt sich selbst und seine Stärken und Schwächen besser, als irgendjemand sonst sich selbst kennt", erklärt Evert. „Er ist diszipliniert und überlässt auf und neben dem Platz nichts dem Zufall, weder seinen Schlaf noch seine Ernährung, seine Fitness oder sein Training. Das überträgt sich auch auf seine Matches, wo er hochkonzentriert ist und alles unter Kontrolle hat. Ich kenne niemanden sonst, der bei allem, was er tut, derart bewusst vorgeht. Ich finde es großartig, dass Novak jedem Punkt dieselbe Aufmerksamkeit schenkt, als wäre es jedes Mal ein Matchball. Er macht nur sehr wenige unerzwungene Fehler und hat in seiner Konzentration und seinem Spiel kaum Ausschläge nach unten. Er ist der Inbegriff von Konstanz. Über fünf Sätze ist er wegen seines mentalen Fokus kaum zu bezwingen."

Mit dem Druck zurechtzukommen, ist eine von Djokovics entscheidenden Fähigkeiten. „Um derart viele Grand Slams zu gewinnen und der beste Spieler der Geschichte zu werden, muss man diesen Druck aushalten können, denn der wird nicht geringer. Er steigt und steigt und steigt", sagt Ronen Bega,

Djokovics ehemaliger Fitnesstrainer. „Bei starker Anspannung funktioniert Novak ausgezeichnet. Manche Spieler wissen nicht, wie sie ihre Emotionen und die Anspannung auf dem Court kontrollieren sollen. Novak dagegen hat seine Emotionen im Griff und kann seine emotionale Energie an die richtigen Stellen lenken."

Lässt sich ein Wimbledon-Finale von knapp fünf Stunden Dauer als Instant-Klassiker bezeichnen? Warum nicht? Wenn es ein Musterbeispiel für Djokovics mentale Stärke gibt, so ist es sein Sieg über Roger Federer im Wimbledon-Finale 2019, in dem er zwei Matchbälle abwehrte, ehe er beim Stand von 12:12 den fünften Satz im Tiebreak für sich entschied. Es war das längste Wimbledon-Finale der Geschichte, und Djokovic selbst räumte ein, dass Federer an dem Tag dominant war. Doch irgendwie schaffte es der Serbe, in den entscheidenden Momenten auf sein höchstes Niveau zu gelangen, und das reichte letztlich. Dabei half ihm, dass er sich auch mit einer Niederlage hätte abfinden können. Natürlich wollte er gewinnen und tat alles in seiner Macht Stehende, um den goldenen, von einer Ananas gekrönten Pokal in die Höhe zu halten. Doch er konnte auch akzeptieren, dass das Match möglicherweise nicht zu seinen Gunsten ausgehen würde, und das hatte eine beruhigende und befreiende Wirkung auf ihn.

Selbst wenn Djokovic auf dem Platz Gefühle zeigt, hat man nicht den Eindruck, dass er vollkommen die Kontrolle verlieren würde. „Es ist bemerkenswert, wie Novak mit schwierigen Situationen umgeht", findet Jelena Jankovic. „Andere Spieler geraten in Panik oder werden hypernervös. Natürlich hat er auch seine Höhen und Tiefen wie alle anderen. Doch worin er wirklich besser ist als die anderen: sich irgendwie wieder zusammenzureißen und in den wirklich wichtigen Momenten ruhig, fokussiert und mental bärenstark zu bleiben. Wenn es in einem Match wirklich zählt, ist er einfach der Stärkste."

Doch was, wenn Djokovic keineswegs so gelassen und ruhig ist, wie er auf seine Gegner und die Zuschauer wirken mag? Was, wenn er sich beim Tennis wie in einem endlosen Feuergefecht vorkommt, innerlich wie äußerlich? Obwohl Djokovic hin und wieder den Eindruck vermittelte, einen Grand-Slam-Titel zu gewinnen, sei kinderleicht, hat es sich in seinem Kopf für ihn nie so angefühlt – während die Zuschauer ihre Erdbeeren genießen, geht er in seinem Inneren seit vielen Jahren durch die Hölle. Und diese Ängste, Unsicherheiten und negativen Stimmen suchen Djokovic keineswegs nur ausnahmsweise heim – sie sind bei jedem einzelnen Match da, in seinem Kopf. Wie er einmal Maria Scharapowa gestand, ist Tennis für ihn zugleich ein Schlachtfeld und eine Schule des Lebens: Auf dem Court passiert mehr mit ihm als in irgendeinem anderen Lebensbereich. Jene ungeheuren Druckmomente können alle möglichen emotionalen Probleme zum Vorschein bringen, Djokovic selbst sprach sogar von Traumata.

Sportler werden gern als „furchtlose Krieger" dargestellt, so erzählte Djokovic einmal Chervin Jafarieh. In Djokovics Welt wird erwartet, dass man unerschütterlich und betont männlich auftritt, emotional kühl und hart. Wer sich öffnet und Schwächen eingesteht, riskiert, als schwach zu gelten. Doch wie Djokovic einmal sagte: Verletzlichkeit ist etwas Schönes. Genauso wie er sich stets offen zu seinen Zielen bekannt hat, spricht er auch ehrlich über die mentalen Kämpfe, die er durchstehen musste, um seine Ziele zu erreichen. Er hat Fehler und Schwächen, und andere dürfen ruhig erfahren, dass er ein nicht perfektes Mensch ist – was viele Sportler zu verbergen suchen.

Djokovic ist davon überzeugt, dass auf dem Platz jeder Angst verspürt und alle, die etwas anderes behaupten, lügen. Er hält es für wenig hilfreich, wenn manche Menschen etwa behaupten: „Angst existiert nicht!" In dem Interview auf *60 Minutes* erklärte er, dass er allergisch darauf reagiert, wenn einem Sportler gesagt wird: „Denk einfach positiv, sei optimistisch." Das werde niemals funktionieren. Djokovic verspürt wie alle anderen im Tennis Angst. Was ihn aber von ihnen unterscheidet, ist die Fähigkeit, nicht lange in diesem Zustand zu verharren. Als Djokovic jünger war, versuchte er vergeblich, seine Selbstzweifel zu ignorieren. Sie verschwanden nicht einfach von einem Moment auf den anderen. Wenn er heute negative Gefühle hat, dann gesteht er sie sich ein. Auf diese Weise kann er sein internes Programm neu starten und noch einmal von vorn beginnen.

Allerdings erforderte es eine Menge Übung, bis er seinen Kopf wieder auf null setzen konnte. Immer wieder wird Djokovic als geborener Sieger bezeichnet, der mit einem starken Geist gesegnet sei. Doch mit einer solchen Sicht auf den Aspekt der inneren Stärke übersieht oder unterschätzt man, wie viel Zeit und Energie er bis heute für die mentalen und emotionalen Elemente des Tennissports aufwendet. Letztlich schenkt er dem mentalen Training genauso viel Aufmerksamkeit wie der Übung seiner Muskeln und Technik. „Auf dem Platz kann Novak zur Bestie werden, aber seine mentale Kraft ist nicht angeboren", sagt Viktor Troicki, langjähriger Freund und Davis-Cup-Teamkamerad von Djokovic. „Als er jünger war, hatte er in manchen Momenten Riesenprobleme mit seinem Fokus, seiner Energie, mit allem. Aber er hat hart an seiner Psyche und seiner Konzentration gearbeitet und ist in der Hinsicht inzwischen nahezu perfekt. Mental ist Novak unaufhörlich gewachsen, sodass er immer mehr an sich glaubt, und deshalb ist er heute der Größte und der Beste aller Zeiten."

Die anderen Spieler sehen, wie viel Arbeit Djokovic in die Entwicklung seiner geistigen und psychischen Verfassung steckt. „Novak hat so viel Erfahrung, er ist schon so lange dabei, und er nimmt sein mentales Spiel wirklich ernst", beschreibt ihn der ehemalige US-Open-Halbfinalist Frances

Tiafoe. „Er hat diese Gier, die sonst niemand hat. Das ist im Grunde alles. Novak ist im Laufe der Jahre immer stärker geworden. Wenn es darauf ankommt, kann er sein Niveau noch einmal steigern. Mental wechselt er dann in eine andere Sphäre, und er ist supergelassen."

Eine Zeit lang war die Zusammenarbeit mit dem Performance-Psychologen Jim Loehr Bestandteil von Djokovics Mentaltraining. Er bezeichnete den Tennisprofi als „außergewöhnlich intelligenten Menschen", der sich für abstrakte Ideen, jedes Detail und das Zusammenspiel von Körper und Geist interessiere. Auch mit seinen spirituellen Ratgebern sowie seinem Team und seiner Familie tauscht sich Djokovic darüber aus, wie er in die für ihn bestmögliche emotionale Verfassung gelangen kann. Gleichwohl ist ihm klar, dass es letztlich auf ihn selbst ankommt und er nicht von anderen erwarten sollte, dass sie seine Probleme für ihn lösen. Ihm ist auch bewusst, dass das mentale Thema niemals endgültig abgeschlossen sein wird – er wird nie an den Punkt kommen, wo keine Fragen mehr offen sind, denn so funktioniert es schlichtweg nicht. Darum sucht er stets nach neuen Möglichkeiten, zu seiner optimalen mentalen Verfassung zurückzufinden.

Loehr zufolge gehört zu den kniffligsten Dingen beim Tennis die Zeit zwischen den Punkten und die noch längere Pause beim Seitenwechsel, denn in solchen Momenten neigt unser Geist dazu, sich auf Zeitreise zu begeben. Mal führt er uns noch einmal einen Fehler vor Augen, mal spult er vor zu einem in der Zukunft liegenden Augenblick. Während eines Matches spukt Djokovic ständig eine Stimme durch den Kopf, die von ihm wissen will: „Wie wird es ausgehen: Gewinnst du oder nicht?" Dabei ist es das Beste, wenn man ganz im Augenblick bleibt und an nichts denkt außer an den nächsten Punkt. Allzu leicht lässt man sich ablenken, indem man sich irgendwelchen Gedankenspielen und negativen Gefühlen hingibt oder sich selbst und das eigene Spiel beschimpft. Indem man sich vorhält, wie unfassbar schlecht man spielt. Die Person in Djokovics Umfeld, die wohl am besten versteht, wie unser Geist unsere Wahrnehmung beeinflusst, ist Wim Hof, der Eisbad-Prediger. Djokovic erzählte ihm einmal, dass gewisse Umweltfaktoren einen Tennisspieler ablenken können, etwa wenn die tief stehende Sonne ihn blendet. Wenn man dann noch die sonstigen Bedingungen bedenkt, die einen Spieler mental aus dem Tritt bringen können, erkennt man die Gefahr, dass die negativen Gedanken die Oberhand gewinnen.

In einem solchen Moment wird es für Djokovic höchste Zeit, dass er in das Selbstgespräch in seinem Kopf eingreift und zu den positiven Selbstbotschaften zurückkehrt: dass er gut genug ist, dass er sein Bestes geben wird und dass er das Ergebnis akzeptieren wird, wie auch immer das Match ausgehen mag. Djokovic hat erkannt, dass es ihm außerdem hilft, sich vor Augen zu führen, dass bei jeder Partie neue Störungen und Ablenkungen auftreten können, die er trotz allem, was er bereits erlebt hat, noch nicht kennt. Denn so ist er darauf vorbereitet.

Bewusst zu atmen, ist für Djokovic die einfachste und effektivste Weise, um in der Hitze eines Grand-Slam-Finales oder in einer beliebigen anderen stressigen oder emotional belastenden Situation Achtsamkeit zu praktizieren. Hin und wieder wird er von dem Gefühl überwältigt, er würde ersticken, sodass ihm seine Kurzatmigkeit jede Energie raubt. In diesen Momenten konzentriert sich Djokovic auf seine Atmung, und sei es nur ein oder zwei Atemzüge lang; aber wenn er Zeit hat, gern auch für zehn oder mehr Atemzüge. Manchmal schließt er währenddessen auch einige Sekunden lang die Augen, da ihm das hilft, seine Mitte wiederzufinden.

Man kann sich dies als einen Prozess der emotionalen und mentalen Erholung vorstellen, in dem Djokovic versucht, seine negativen Gedanken anzuhalten, wieder die Kontrolle zu übernehmen und sich in einen optimalen Zustand zu versetzen.

Selbst für einen mental derart trainierten Menschen wie Djokovic ist es unrealistisch, über ein gesamtes Match im Hier und Jetzt zu bleiben, insbesondere, wenn es mehrere Stunden andauert. Doch was Djokovic von anderen Spielern abhebt, ist, dass er es akzeptieren kann, wenn er seinen Fokus verloren hat, und sich dann mental umgehend wieder fängt.

Tennis ist ein komplexer Sport, dessen vielfältige Dimensionen jeden Spieler vor enorme Herausforderungen stellen. Doch wenn Djokovic vollkommen im Moment aufgeht, muss er überhaupt nicht nachdenken. An seinen besten Tagen befindet er sich im Flow, dem ultimativen Zustand für jeden Tennisspieler, Sportler oder allgemein jeden Menschen. Wenn er im Flow ist, fällt ihm alles leicht, als würde es von allein geschehen, sodass er einfach macht, nicht erst nachdenkt und dann macht.

Kann man die Bedeutung des Kopfes im Profitennis in Prozent beziffern? Djokovics Vater hält das für möglich; ihm zufolge hat das Mentale auf dem absoluten Spitzenniveau einen Anteil von 95 Prozent. Alle können aufschlagen und beherrschen die Grundschläge. Was einen Champion jedoch laut Srdjan Djokovic von einem soliden Profi unterscheidet, ist das, was im Kopf passiert. Und sein Sohn tut alles, um das eigene Selbstvertrauen zu stärken, sodass die Ängste und Befürchtungen in seinem Kopf keine Chance haben. Idealerweise will Djokovic einen Zustand erreichen, in dem er nicht nur denkt, dass er gewinnen wird, sondern es in jeder einzelnen Zelle seines Körpers spürt. Denn wie er einmal Jay Shetty erklärte: „Das ist der Moment, in dem es magisch wird."

Was sagt es über Djokovic aus, dass er seine Ängste und Zweifel derart freimütig eingestehen kann? „Novak ist in vielerlei Hinsicht ziemlich offenherzig", erklärt Craig O'Shannessy. „Wenn alles gut läuft, sagt er das. Und wenn es nicht gut läuft, erklärt er es in den meisten Fällen. Er versucht, so offen wie möglich zu sein." Doch auch Djokovics Offenheit hat ihre

Grenzen, so O'Shannessy: „Wie jeder andere Spieler wird auch Novak keine Geheimnisse ausplaudern. Ein Spitzenspieler betreibt immer ein gewisses Maß an Geheimniskrämerei."

Bei jedem x-beliebigen Turnier kann es in Djokovics Kopf drunter und drüber gehen, aber bei den Australian Open 2023 quälten ihn besonders heftige Ängste und Sorgen. Er war erneut in dem Land, das ihn gerade einmal ein Jahr zuvor in ein Abschiebezentrum gesteckt und anschließend als potenzielle Gefahr für die Gesellschaft ausgewiesen hatte. Manche unterstellten ihm, er befände sich auf einem Vergeltungsfeldzug, doch Djokovic gehört nicht zu den Menschen, die nachtragend und rachsüchtig in der Vergangenheit verharren. Ihn beschäftigte in erster Linie, wie ihn das australische Publikum bei seiner Rückkehr empfangen würde. Zudem bereitete ihm ein Einriss in der Oberschenkelmuskulatur Sorge. Manch anderer Spieler wäre damit vielleicht gar nicht erst angetreten, doch Djokovic baute auf die Hilfe der serbischen „Plazenta-Ärztin" Marijana Kovacevic, die bei ihren Behandlungen eine Salbe aus Pferdeplazenten verwendet. Vor allem machte ihm indes zu schaffen, dass ihm einige in Melbourne offenbar unterstellten, er würde die Verletzung nur vortäuschen. Warum nur, fragte sich Djokovic, schlug ihm mehr Misstrauen entgegen als anderen Spielern? Warum akzeptierten die Menschen seine Erklärungen nicht? Manche in seinem Umfeld gewannen den Eindruck, dunkle Kräfte hätten sich gegen ihn verschworen, um ihn daran zu hindern, ein zehntes Mal die Australian Open zu gewinnen und damit Rafael Nadals Rekord von 22 gewonnenen Grand-Slam-Titeln bei den Herren einzustellen.

Nicht zuletzt beschäftigte Djokovic die Empörung über ein Video, das im Melbourne Park, dem Austragungsort der Australian Open, entstanden war und seinen Vater mit einem Mann zeigte, der eine Fahne mit Wladimir Putins Porträt in die Kamera hielt und ein T-Shirt mit dem Kriegssymbol „Z" trug.

Weniger als ein Jahr nach dem russischen Einmarsch in die Ukraine wurde das Video zu einem unerquicklichen Riesenaufreger in der zweiten Woche des Grand-Slam-Turniers, in der ein Spieler keinerlei Nebenschauplätze gebrauchen kann. Der ukrainische Botschafter forderte Tennis Australia sogar auf, Srdjan Djokovic die Akkreditierung zu entziehen. In einer Stellungnahme erklärte Djokovics Vater, dass seine Familie die Schrecken des Krieges am eigenen Leib erlebt hätte und daher stets für Frieden sei; er habe nicht die Absicht gehabt, eine Kontroverse auszulösen, sondern lediglich mit Tennisfans posiert. Dabei sei ihm nicht aufgefallen, was der Mann in den Händen gehalten und am Leib getragen habe. Djokovic selbst meinte, sein Vater sei „benutzt" worden.

Um Novak vor jeglicher Ablenkung zu schützen, tauchte Srdjan beim folgenden Match, dem Halbfinale, nicht in der Spielerbox auf. Auch während des Finales, in dem Novak Djokovic den Griechen Stefanos Tsitsipas glatt in drei Sätzen schlug, blieb sein Platz dort frei. Jahrelang hatte Srdjan all seine Energie und sein Geld dafür geopfert, dass sich sein Sohn den vermeintlich utopischen Traum erfüllen konnte, zu einem der besten Tennisspieler aller Zeiten zu werden; er hatte sich mit Kredithaien herumgeschlagen und sich nicht von den Neinsagern beeindrucken lassen. Doch in diesem besonderen Moment, als Novak Djokovic bei den Australian Open auf seinem allerhöchsten Niveau spielte, hielt sein Vater es für das Beste, nicht persönlich im Melbourne Park dabei zu sein, sondern das Geschehen vor dem Fernseher zu verfolgen. Das schmerzte Djokovic sehr. Unmittelbar nach seinem Sieg über Tsitsipas deutete er zunächst auf seinen Kopf, dann auf sein Herz. Kurz darauf brachen sich seine Emotionen Bahn wie nach kaum einem anderen seiner Grand-Slam-Titel. Er kletterte in die Spielerbox, um mit seinem Team und seiner Familie zu feiern, wo er von seinen Gefühlen überwältigt wurde, sich nicht mehr auf den Beinen halten konnte und schluchzend zu Boden sank. Auch als er schließlich auf den Court zurückkehrte, konnte er die Tränen nicht zurückhalten.

Djokovic hockte sich auf seine Bank, den Kopf gesenkt, das Gesicht in ein Handtuch vergraben, und weinte.

*

Niemand gelangt im Tennis an die Spitze – oder auch nur in die Nähe –, ohne etliche Psychodramen zu erleben, sei es am eigenen Leib oder bei einem der Kontrahenten. Doch ungeachtet aller Erfahrung fällt es selbst den Topspielern häufig schwer, zu entschlüsseln, was in Djokovics Kopf vorgeht, beinahe so, als würden sie versuchen, kyrillische Schriftzeichen zu entziffern. „Rafa hüpft vor einem Match auf und ab und schüchtert dich mit seiner Intensität ein, Novak dagegen ist vor und während eines Matches eher in sich gekehrt. Seine Gedanken zu lesen, ist ein wenig komplizierter“, erklärt der Norweger Caspar Ruud, der Djokovic 2023 im Finale von Roland-Garros gegenüberstand, als dieser seinen 23. Grand-Slam-Titel gewann. Auch nach all den Jahren ist Djokovic manchen Weggefährten noch immer ein Rätsel. Gaël Monfils, der sämtliche seiner bisher 19 Matches auf ATP-Ebene gegen Djokovic verlor – die längste derartige Serie in der Geschichte der Tour –, versucht bis heute dahinterzukommen, wie der Serbe tickt. „Was Novak mental so stark macht? Ehrlich gesagt, kann ich darauf keine vernünftige Antwort geben. Das ist echt schwer. Ich wünschte, ich wüsste es, denn dann könnte ich versuchen, mir das zunutze zu machen. Er ist eine Legende. Er hat etwas ganz Besonderes. Und ich glaube, dass wir seine Art zu denken vermutlich auch dann nicht imitieren könnten, wenn er sie uns erklären würde.“ Doch wenn man nicht weiß, was Djokovic denkt und fühlt, wie soll man dann in seinen Kopf gelangen?

Djokovic hingegen gelingt es meist, in den Kopf seines Gegners hineinzuschauen und sich geradezu darin auszubreiten. Tennisspieler versuchen immer, die Psyche ihres Gegners zu erkennen. Zwischen den Ballwechseln oder beim Seitenwechsel, wenn Djokovic auf seiner Bank Platz nimmt, sucht er den Blickkontakt mit seinem Gegner, um sich ein Bild von dessen Zustand zu machen. Im Interview mit *60 Minutes* führte er aus, dass es im Tennis zwar keinen Körperkontakt gebe, jedoch sehr viel mit den Augen laufe: Auch Blicke könnten zu Schlägen werden. Zudem behält Djokovic stets den großen Stadionbildschirm im Auge, falls dort gezeigt wird, wie sich sein Kontrahent erfrischt. Dann beobachtet Djokovic die Art und Weise, wie der andere in dem Moment trinkt. Um das Befinden und die Gedanken seines Gegners zu verstehen, sammelt Djokovic so viele Informationen wie möglich. Klebt ihm das Shirt schweißgetränkt am Körper? Wie atmet er? Aber auch, wie sein Gegner mit seinem Trainerstab kommuniziert, beobachtet Djokovic ganz genau.

Dabei hilft ihm, dass er derartige Momente bereits unzählige Male erlebt hat. In den meisten Fällen kann Djokovic daher recht gut erkennen, wie sein Gegner mit der Situation umgeht.

Die meisten Spieler wissen nur allzu gut, dass Djokovic gerade bei den entscheidenden Punkten immer wieder sein bestes Tennis abrufen kann, ein Zeichen für die mentale Stärke des Serben und seine Fähigkeit, dem Druck in einer bestimmten Situation standzuhalten. Caspar Ruud sagt dazu: „Wenn es am meisten darauf ankommt, spielt Novak eigentlich immer am besten. Im Laufe seiner Karriere konnte er gerade in den heftigsten Gefechten immer noch einen Gang zulegen. Natürlich verliert jeder einmal ein Match oder einen Titel, aber man hat das Gefühl, dass er in knappen Matches in 95 Prozent der Fälle einen inneren Antrieb oder eine Motivation findet, um sein bestes Spiel abzuliefern. Er äußert sich ganz offen zum mentalen Aspekt des Sports. Alle können eine Vorhand oder eine Rückhand spielen, aber gelingt ihnen das auch noch, wenn sie unter Druck sind oder bei einem Punkt, auf den es wirklich ankommt? Novak schafft das, deshalb hat er so gut wie jeden Rekord gebrochen. Er hat sein mentales Spiel auf das höchste Level gebracht. Er ist ein zäher Krieger. Er weicht niemals zurück, gibt niemals auf. Novak ist unglaublich. Es ist einfach verrückt, was er in den letzten drei, vier Jahren geschafft hat!"

Nie zuvor hatte jemand im Herrentennis 23 Grand-Slam-Einzeltitel errungen: Durch den Triumph in Paris krönte sich Djokovic zum erfolgreichsten Spieler der Geschichte (außerdem zum ersten Mann, der jedes der vier Majors mindestens dreimal gewonnen hat, also entweder ein dreifaches Quadrupel oder ein vierfaches Triple). Doch in Paris hatte sich Djokovic keineswegs zum ersten Mal die Gelegenheit geboten, Federer und Nadal in der Rangliste der meisten Grand-Slam-Siege hinter sich zu lassen. Das erste Mal war das Finale der US Open 2021 gewesen, in dem Djokovic nach dem echten Grand Slam griff, dem Gewinn aller vier Major-Turniere in einem Jahr, nachdem er bereits die Australian Open gewonnen hatte, bei Roland-Garros nach Zwei-Satz-Rückstand Stefanos Tsitsipas niedergerungen hatte und auch in Wimbledon siegreich gewesen war. Doch dann unterlag er bei den US Open relativ sang- und klanglos Daniil Medwedew. Das Geschehen in New York City 2021 war eine Erinnerung daran, dass selbst die größten Sportler einmal einen schlechten Tag haben und auch der GOAT nur ein Mensch ist. Doch schließlich fand Djokovic 2023 auf der Asche von Roland-Garros einen Weg, um Ruuds Vorhand, dem übermenschlichen Druck, den Erwartungen und dem Tumult in seinem Kopf standzuhalten.

Für die meisten Beobachter war dies der Moment, in dem Djokovic endgültig die Antwort auf die Frage lieferte, wer als der größte Spieler aller Zeiten gelten musste. Aber selbstverständlich erhob sich auch Widerspruch, nicht zuletzt unter den eingefleischten

Federer-Anhängern. Djokovic hat die Weltrangliste insgesamt mehr als 400 Wochen angeführt, über 100 Wochen länger als der Nächste auf der Liste, Federer. Wie Janko Tipsarevic hervorhebt, belegen auch die Bilanzen in den direkten Duellen die Ausnahmestellung des Serben. Djokovics 27 Siegen gegen Federer stehen 23 Niederlagen gegenüber, und auch gegen Nadal liegt er in dem Moment, da ich dies schreibe, vorn.

Schon als Djokovic noch ein Kind war, erzählte sein Vater jedem in Belgrad, dass sein Sohn einmal der größte Tennisspieler aller Zeiten werden würde. Seinerzeit erntete er dafür mehr als einmal Augenrollen. Erst als Djokovic in seinen Dreißigern war, wurde den meisten aus der Tenniswelt klar, dass Srdjan die ganze Zeit recht gehabt hatte. Einige Jahre lang diskutierten die Tennisfans, welcher der Großen Drei den Titel des GOAT für sich beanspruchen konnte (wobei „diskutieren" den Eindruck erweckt, es sei dabei jederzeit höflich und gesittet zugegangen, was keineswegs der Fall war).

Die Puristen, die Traditionalisten, die Stilbewussten und natürlich die Fed-Heads setzten sich für Federer ein, als er noch mehr Majors als irgendjemand sonst gewonnen hatte, außerdem gaben sie ihm Extrapunkte für den künstlerischen Ausdruck. Andere ergriffen Partei für Rafael Nadal, der ja ebenfalls eine unerhörte Anzahl an Grand-Slam-Titeln gewonnen hatte und weil sie seine kompromisslose Art schätzten. Doch je mehr Majors Djokovic gewann, desto deutlicher wurde auch, dass er der Größte war. Manche Dinge im Tennis sind zweifellos subjektiv, etwa wer die schönste Rückhand hat, andere hingegen nicht, und bei der Frage nach dem GOAT sollte man sich an die Tatsachen halten, also daran, wer die meisten Majors gewonnen hat. Auch wenn das all jenen nicht passen mag, die einen Vergleich zwischen den verschiedenen Generationen für unfair halten, erscheint das als sinnvollste Methode, um wahre Größe zu beurteilen.

Djokovics Mentor Niki Pilic zufolge sprechen die Fakten für sich: „Im Tennis gibt es handfeste Beweise dafür, wie gut ein Spieler ist. Und zwar die Zahlen, und den Zahlen zufolge ist Novak der beste Spieler aller Zeiten. Ob die Leute das hören wollen, ist eine andere Frage. Aber Novak hat mehr Grand Slams gewonnen als irgendjemand sonst. Natürlich, Federer hat immer wieder fantastisches Tennis gespielt. Und wie oft Nadal Roland-Garros gewonnen hat! Doch wenn man sich die Zahlen anschaut, ist die Sache klar. Wenn du in einer Generation mit Federer und Nadal bist, und dazu auch noch mit Murray, und du stehst trotzdem mehr als 400 Wochen auf Platz eins der Weltrangliste, dann ist das einfach unglaublich."

Djokovic spielt jedes Match zweimal: das erste Mal in seinem Kopf, bevor er nach draußen auf den Platz geht. Selbstverständlich malt er sich dabei aus, dass er das Match gewinnt, überzeugt von der Macht der Visualisierung, einer der Mentaltechniken, die er nutzt. Bereits als Kind sah er lebhaft vor sich, wie er in Wimbledon gewinnen und wie sich das anfühlen würde. Diese Form der Vergegenwärtigung führte er auf jeder Stufe seines Tennislebens fort. Djokovic stellte sich vor, mit einem Sieg in Paris 2023 zum erfolgreichsten Tennisspieler aller Zeiten zu werden, und genau so kam es.

*

Niederlagen nagen nicht an Djokovics Seele. Verliert er ein Match – selbst ein Grand-Slam-Finale, das er hätte gewinnen können oder müssen –, lernt er aus der Erfahrung und geht sofort weiter. Jede Form des Bedauerns wäre ihm nur ein Klotz am Bein. Es ist weit besser, in die Zukunft zu schauen, als in der Vergangenheit zu verharren. „Novak hat diese erstaunliche Fähigkeit, sich zusammenzureißen und weiterzumachen. Er ist unerbittlich", sagt Dusan Vemic. „Eine Niederlage ist für ihn bereits in dem Moment, da sie feststeht, Vergangenheit. Er hat diese Fähigkeit, den Blick immer nach vorn zu richten. Wenn ein anderer dasselbe wie er durchmachen müsste, würde er möglicherweise über Tage, Wochen, Monate, Jahre oder sogar bis in alle Ewigkeit davon verfolgt werden. Doch Novak wächst wirklich mit jeder Erfahrung. Wie sein Geist funktioniert, ist einfach großartig – ob etwas gut oder schlecht war, er findet immer einen Weg, dadurch eine bessere Version seiner selbst zu erschaffen. Es gibt nicht viele Sportler wie Novak Djokovic."

Dusan Lajovic ist am meisten beeindruckt von der Fähigkeit seines Freundes und Landsmannes, „Dinge abzuhaken". Lajovic, der selbst einmal unter den Top 25 der Welt war, sagt: „Wenn Novak irgendwo ein enges Match verliert, merkst du ihm schon beim nächsten Turnier nichts mehr davon an. Er kann die Dinge hinter sich lassen. Novak verarbeitet Niederlagen genau richtig."

Im Augenblick einer Niederlage kann diese sich verheerend anfühlen. Und doch – Djokovic weiß, dass sich das verrückt anhören mag: Er mag diesen Schmerz, da er ihm in Erinnerung ruft, wie viel ihm das alles nach wie vor bedeutet. Eine Niederlage zieht ihn keineswegs runter. In der Regel sogar ganz im Gegenteil: Er richtet sich an Niederlagen auf. Zu verlieren ist für Djokovic nicht das Ende der Welt, nicht im Entferntesten. Laut seinem verstorbenen Mentor Kobe Bryant ist Scheitern ein unabdingbarer Teil des Erfolgs, da man aus der Erfahrung lernt. Doch womöglich ist Scheitern in diesem Zusammenhang ohnehin der falsche Begriff. Ein Zitat von Sadhguru, einem indischen Mystiker und Yogi, bringt Djokovics Haltung dazu auf den Punkt: „Für einen engagierten Menschen gibt es kein Scheitern – nur Lektionen, die es auf dem Weg zu lernen gibt." Wenn man sich ganz einer Sache verschrieben hat – etwa dem Versuch, so viele Major-Titel zu gewinnen wie nie ein Mensch zuvor –, gilt die volle Konzentration vor und nach jedem

Rückschlag allein diesem Ziel. Ein Misserfolg ändert nichts an der eigenen Einstellung dazu, und darum gibt es kein Scheitern. Man lernt aus der Erfahrung, indem man sich selbst verzeiht, dass man in den entscheidenden Momenten nicht besser gespielt hat, und überlegt, wie man sich verbessern kann. Anschließend richtet man den Blick wieder nach vorn.

Im Gespräch mit Chervin Jafarieh erklärte Djokovic, dass Sportler keineswegs die „allmächtigen" Überwesen oder „Halbgötter" sind, die manche Menschen in ihnen sehen. Ihm ist aufgefallen, dass sich einige Fans an jeden herausragenden Moment von ihm erinnern können, an jede Situation, in der seine mentale Stärke zutage getreten ist. Liegt das daran, dass sie Parallelen ziehen zwischen ihrem eigenen Leben und den Widrigkeiten, denen Djokovic auf dem Tennisplatz begegnet, sodass sie, wenn er erfolgreich ist, glauben, sie hätten in irgendeiner Weise Anteil daran? Allerdings gab es auch Zeiten, in denen es Djokovic nicht gelungen ist, im richtigen Moment den richtigen Schlag zu wählen. Der Druck war da, aber er konnte sich nicht, wie zu erwarten gewesen wäre, zum Sieg aufschwingen. So unterlief Djokovic im entscheidenden Moment beispielsweise ein Doppelfehler, oder er verschlug einen einfachen Ball. Ein Tennisspieler von Djokovics Klasse wird unweigerlich reihenweise Titel gewinnen, aber er wird auch Matches erleben, in denen es nicht läuft, und Djokovic wünscht sich, dass dem mehr Aufmerksamkeit geschenkt würde. Denn das würde dem Tennispublikum einen differenzierteren Blick auf die Spieler eröffnen. Auch wenn Djokovic in der Vorbereitung seiner Matches ein Perfektionist ist, akzeptiert er, dass sein Spiel nicht jeden Tag makellos sein wird.

Eine von Djokovics Superkräften kam nach dem Wimbledon-Finale 2023 zum Tragen, nämlich die Fähigkeit, sich nach einer Niederlage nicht in Trauer und Selbstvorwürfen zu verlieren, sondern durch Rückschläge zu einem stärkeren Spieler zu werden.

Hätte Djokovic nicht bei einem Breakball im zweiten Spiel des fünften Satzes einen Topspin-Volley ins Netz geschlagen, hätte er eine gute Chance gehabt, Carlos Alcaraz zu schlagen. Der Schlag war unangenehm, da der Wind auf dem Centre Court den Ball erfasste und Djokovic deswegen keinen Schmetterball spielen konnte, sondern in der Rückwärtsbewegung einen Topspin-Volley schlagen musste. In einem Paralleluniversum hätte Djokovic mit dem Volley den Punkt gemacht und sich in der Folge erneut zum Wimbledon-Champion gekrönt, wodurch er später im Jahr mit der Chance auf den echten Grand Slam bei den US Open in New York eingetroffen wäre. Dennoch grübelte er nicht den gesamten restlichen Sommer über das, was auf dem Centre Court hätte sein können, oder darüber, dass er einem zwanzigjährigen Kontrahenten unterlegen war, der vom Alter her seinem Sohn Stefan näher war als ihm selbst.

Gegen die junge Generation anzutreten, kann, so Djokovic bei *60 Minutes*, „das Tier in mir wecken". Von der Niederlage im Wimbledon-Finale war er so „angepisst", dass er jedes einzelne Match der folgenden nordamerikanischen Hardcourt-Saison gewinnen wollte. Doch sosehr ihm diese Niederlage auch wie ein Stachel im Fleisch saß, sie war zugleich hilfreich für ihn. Denn daraufhin schraubte er seine Erwartungen an sich selbst noch weiter in die Höhe, quälte sich noch mehr und wurde so zu einem besseren Spieler. In gewisser Weise, so erklärte Djokovic sechs Monate darauf der *Sunday Times*, war er froh, das Finale verloren zu haben. Denn es war eine Niederlage, die ihn „antrieb". Ein aufgewühlter Djokovic wehrte in der Hitze von Cincinnati einen Matchball von Alcaraz ab und entschied schließlich das Finale nach knapp vier Stunden in drei Sätzen für sich, was er im Stil des Incredible Hulk feierte, indem er sich sein Shirt mit bloßen Händen am Leib zerriss. Es war zweifellos ein bedeutsamer Moment, die unmissverständliche, emotional aufgeladene Antwort an all jene in der Tenniswelt, die sich gefragt haben mochten, ob er sich nach der knappen Wimbledon-Niederlage aus dem Kreis der potenziellen Grand-Slam-Gewinner verabschiedet hatte.

Zu alt, um ein Major zu gewinnen? Wohl kaum. In dem Sommer stand Djokovic, überwältigt von seinen Gefühlen, zitternd auf dem Platz, nachdem er sich zum ältesten US-Open-Champion bei den Herren aller Zeiten gespielt hatte. Vor allem jedoch wurde Djokovic mit seinem 24. Grand-Slam-Erfolg zum erfolgreichsten Spieler – bei den Männern wie den Frauen – seit Beginn der Profi-Ära 1968. Doch gerade als es für Djokovic um seinen Platz in den Geschichtsbüchern ging, war es für ihn noch entscheidender, ganz im Hier und Jetzt Hizu bleiben und nicht etwa Gedanken an den Rekord zu verschwenden, den er jagte. Deshalb hatte er sein Team und seine Familie gebeten, vor seiner Begegnung mit Medwedew kein Wort über die historische Dimension der Partie zu verlieren. Serena Williams hatte 23 Major-Titel gewonnen. Doch durch den Sieg über Medwedew stand Djokovic nun bei einem Titel mehr. Es war einer der härtesten Drei-Satz-Erfolge seiner Karriere, für den der Serbe auf die, wie er es ausdrückte, „unschuldige Kinderenergie“ seiner lächelnd am Rand sitzenden Tochter Tara zurückgreifen musste, da allein der erst im Tiebreak entschiedene zweite Satz eindreiviertel Stunden dauerte.

Unter all den speziell angefertigten Kleidungsstücken, die Djokovic 2023 zur Feier seiner historischen Leistungen trug – wie etwa die mit den entsprechenden Zahlen geschmückten Jacken in Melbourne, Paris und New York –, hatte für ihn keines eine solche Bedeutung wie das T-Shirt, das er sich nach dem Gewinn der US Open überstreifte. Die 24 war auch die Trikotnummer von Kobe Bryant bei den Los Angeles Lakers gewesen, und Djokovic wollte die Gelegenheit nutzen, seines Freundes mit einem T-Shirt zu gedenken, das ein Foto der beiden mit dem Schriftzug „Mamba Forever“ zeigte.

In jenem Jahr gewann Djokovic zum vierten Mal – nach 2011, 2015 und 2021 – drei Grand-Slams. Und zum dritten Mal nach 2015 und 2021 bestritt er in einer Saison die größtmögliche Anzahl von Matches bei den Major-Turnieren, 28, wovon er 27 gewann, sodass ihm lediglich ein Sieg zum echten Grand Slam fehlte (2015 hatte er nur das Finale von Roland-Garros gegen Stan Wawrinka verloren). Am bemerkenswertesten war dabei fraglos die Saison 2023, da er in dem Jahr seinen sechsunddreißigsten Geburtstag feierte. Doch obwohl er damit näher an der Vierzig als an der Dreißig war, rief er gegen zehn oder sogar fünfzehn Jahre jüngere Gegner sein bestes Tennis ab.

Durch den Gewinn der US Open 2023 zog Djokovic mit Margaret Court gleich, allerdings gibt es einige berechtigte Vorbehalte gegen die Leistung der Australierin. Dazu gehört, dass sie 13 dieser Titel noch in der Amateur-Ära des Tennissports gewann. Oder dass sie allein elfmal bei den Australian Open gesiegt hatte, als etliche Spieler und Spielerinnen – auch nach Beginn der Profi-Ära – noch nicht die mühselige Reise nach Down Under auf sich nahmen, sodass das Feld dort erheblich schwächer besetzt war. Dennoch stellte Court für Djokovic eine zusätzliche Motivation dar, auch 2024 nicht nachzulassen. Angetrieben von dem Verlangen, die Annalen der Grand-Slam-Turniere mit immer neuen Rekorden zu füllen, wollte er noch einiges erreichen.

Jeder hat einmal einen schwachen Tag, selbst Djokovic, der bei den Australian Open 2024 nicht ganz er selbst war und im Halbfinale Jannik Sinner unterlag, seine erste Niederlage im Melbourne Park seit 2018. Djokovics Ziel war ein 25. Major-Titel gewesen, um auch noch Margaret Court zu überflügeln, doch dann war er selbst von seinem unerklärlich niedrigen Niveau in der Rod Laver Arena überrascht, ausgerechnet der Bühne, auf der er so viele Höhepunkte erlebt hatte. Bei der Vier-Satz-Niederlage kam es Djokovic in den ersten beiden Sätzen so vor, als wollte ihm überhaupt nichts gelingen. In seiner Analyse bezeichnete er das Match als eines seiner schlechtesten überhaupt auf Grand-Slam-Ebene. Es war ein ungewohntes Gefühl für Djokovic. Zehnmal hatte er den bestmöglichen Start in die Saison hingelegt, indem er zu Jahresbeginn die Australian Open gewonnen und damit den Grundstein für ein gelungenes Tennisjahr gelegt hatte. Doch diesmal nicht. So überraschend sein Auftritt gewesen sein mag, er rief zugleich auch in Erinnerung, was für außergewöhnliche Leistungen Djokovic viele Jahre lang in Melbourne geboten hatte, sodass die meisten seine Einzigartigkeit als selbstverständlich betrachtet hatten. Absurderweise rechnete niemand damit, dass auch Djokovic einmal einen schlechten Tag haben könnte.

Wenn jemand in Indian Wells eine Pleite erlebt, müssen ihm die Plakate in der kalifornischen Wüstenlandschaft, auf denen das Turnier als „Tennisparadies" angepriesen wird, wie Hohn und Spott erscheinen. Dort, im Indian Wells Tennis Garden, nahm Djokovic im März wieder am Turniergeschehen teil, unterlag jedoch in der dritten Runde Luca Nardi, einem zwanzigjährigen Italiener, der nicht unter den Top 100 der Welt stand und nur als „Lucky Loser" an dem Turnier teilnehmen konnte. Er war schon in der Qualifikation ausgeschieden, dann aber durch die Absage eines anderen Spielers ins Feld gerückt. Einige Tage darauf gab Djokovic bekannt, er werde nicht bei dem Turnier in Miami spielen, der zweiten Hälfte des sogenannten US-amerikanischen Sunshine Double, mit der Begründung: „In dieser Phase meiner Karriere muss ich ein Gleichgewicht zwischen meinen privaten und beruflichen Verpflichtungen finden." Dadurch kam es zu etwas bis dahin Undenkbarem: Djokovic begann die europäische Sandplatzsaison, ohne bis dahin einen einzigen Titel geholt zu haben. Aber für seine Fans stand fest, dass das kein Grund zur Panik war. Schließlich hatte er auch zuvor bereits Rückschläge erlebt, doch hatte er die nicht stets überwunden und seiner Größe weitere Facetten hinzugefügt?

Vor den Australian Open war es Djokovics Ziel gewesen, 2024 alle vier Majors und erstmals auch die olympische Goldmedaille zu gewinnen und damit eine im Herrentennis beispiellose Saison zu spielen. Obwohl dieser sogenannte Golden Slam nun nicht mehr im Bereich des Möglichen lag, verlor Djokovic nicht den Mut: Er würde auch weiterhin rennen, rutschen und rastlos suchen.

*

Ist es eigentlich angemessen, sich bei der Diskussion über Djokovics Größe auf den Tennis-Kontext zu beschränken?

Tatsächlich scheint dieser Rahmen seit einigen Jahren zu eng für ihn zu werden, daher sollte man ihn eher mit Athleten aller Sportarten vergleichen. „Inzwischen geht es nicht mehr allein um Tennis. Bei der Frage nach den größten Sportlern unserer Zeit kommt man an Novak nicht vorbei", erklärt Chris Evert. „Mittlerweile haben das alle erkannt." Auch Viktor Troicki hält Djokovic für einen der weltweit Größten, und das vermutlich nicht nur, weil sie Freunde und Landsleute sind. „Durch all das, was er erreicht hat, gehört Novak ohne Frage zu den besten Sportlern der Welt", sagt er. „Ob man ihn den größten Sportler überhaupt nennen kann? Athleten aus verschiedenen Sportarten zu vergleichen, ist problematisch, zudem gibt es überall auf der Welt und quer durch alle Disziplinen so viele großartige Sportler. Aber auf jeden Fall kann man sagen, dass Novak ein Kandidat für den Titel ist, dass er auf der Liste steht." Gaël Monfils spricht wahrscheinlich für viele Spieler auf der Tour, wenn er sagt: „Ob Novak der größte Sportler unserer Zeit ist? Die Antwort darauf ist subjektiv. Letztlich ist das eine persönliche Entscheidung und hängt auch davon ab, welchen

Stellenwert man Tennis zuschreibt. Aber wenn man an die zehn größten Sportler der Welt denkt, dann gehört Novak auf jeden Fall dazu."

In Djokovics mitternachtsschwarze Haare haben sich inzwischen graue Strähnen geschlichen, aber mental ist er so entschlossen und stark wie eh und je, insbesondere in den wichtigen Momenten – wie anders ließe sich erklären, dass er von den 18 Tiebreaks, die er 2023 bei den Majors absolvierte, 16 gewann? In der Regel spielt kein Tennisprofi in seinen mittleren bis späteren Dreißigern noch so gut wie er. Aber auf derartige Normen hat Djokovic noch nie etwas gegeben. Bei ihm wird aus dem Wort „impossible" („unmöglich") „I'm possible" („Ich bin möglich"). Djokovic glaubt nicht an Grenzen. Sie sind nicht mehr als eine geistige Illusion, hat er einmal gesagt, warum also sollte er sich damit abgeben? Zumal so viel in Djokovics Kopf vor sich geht, das weitaus interessanter ist.

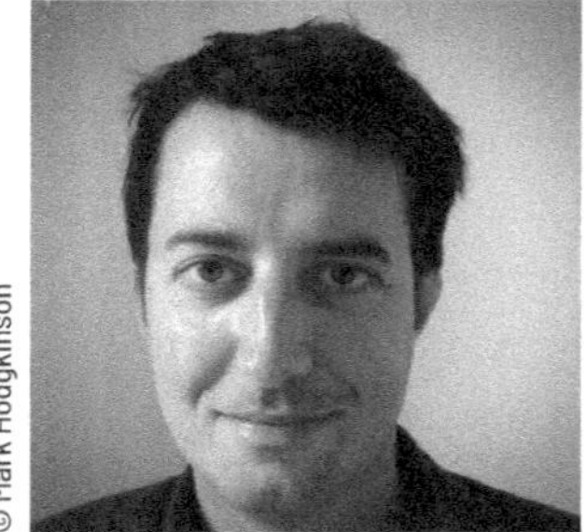

© Mark Hodgkinson

ZUM AUTOR

Mark Hodgkinson ist Sportjournalist mit dem Schwerpunkt Tennis. Er schreibt regelmäßig für *ATP* und *WTA*, das Portal *ESPN*, *GQ*, *Daily Telegraph* und *Wimbledon.com*. Als Autor veröffentlichte er unter anderem Biografien über Andy Murray und Ivan Lendl.

IMPRESSUM

Projektkoordination: *Dr. Marten Brandt*
Übersetzung aus dem Englischen: Frederik Kugler, Sven Scheer
Layout und Satz: *Datagrafix GSP GmbH, Berlin | www.datagrafix.com*
Gestaltung von Umschlag und Bildstrecke: *Groothuis. Gesellschaft der Ideen und Passionen mbH | www.groothuis.de*
Lithografie: *Frische Grafik, Hamburg*
Druck und Bindung: *GGP Media GmbH, Pößneck*

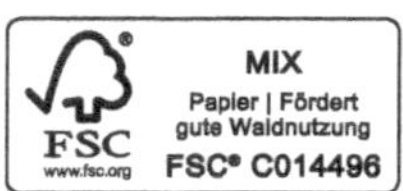

1. Auflage 2024
© 2024 Edel Verlagsgruppe GmbH
Neumühlen 17
D-22763 Hamburg
ISBN: 978-3-98588-105-5

LIEBE LESERINNEN, LIEBE LESER

wie schön, dass Sie ein Buch von EDEL SPORTS lesen! Wir lieben große Geschichten, herausragende Persönlichkeiten und starke Meinungen aus der faszinierenden Welt des Sports und freuen uns sehr, dass Sie diese Leidenschaft mit uns teilen. Sport ist Emotion, Entertainment und Business zugleich. Geben Sie uns gern Ihr Feedback auf Instagram (@edel.sports) oder schreiben uns an: *info@edelsports.com*

UNSER VERLAGSHAUS

Mit Standorten in Hamburg und München zählt die Edel Verlagsgruppe zu den größten unabhängigen Buchanbietern Deutschlands. Zur Gruppe gehören die Verlage Dr. Oetker Verlag, Edel Sports, KARIBU und ZS.

EDEL Sports – Ein Verlag der Edel Verlagsgruppe
www.edelsports.com
www.instagram.com/edel.sports